中國佛教典籍選刊

宗鏡録校注

九

〔五代〕延壽集
富世平校注

中華書局

校注

〔一〕「以」，磧砂藏、嘉興藏本作「已」。按，「以」同「已」。

〔二〕王三昧：又稱「三昧王」「三昧王三昧」，即三昧之王，三昧中之最勝者。龍樹造、鳩摩羅什譯大智度論卷七：「云何名三昧王三昧？是三昧，於諸三昧中，最第一自在，能緣無量諸法。如諸人中王第一，王中轉輪聖王第一，一切天上天下佛第一。此三昧亦如是，於諸三昧中最第一。」

〔三〕隋慧遠撰大乘義章卷九滅盡定義九門分別：「無心定者，偏對心王以彰其名。心識盡謝，故曰無心。離於有心分別散動，名無心定。」

〔四〕曼陀羅仙譯文殊師利所説摩訶般若波羅蜜經卷下：「文殊師利言：思議定者，是可得相；不可思議定者，不可得相。一切衆生，實成就不思議定。何以故？一切心相即非心故，是名不思議定。是故一切衆生相及不思議三昧相，等無分別。」

〔五〕真如三昧：破除妄惑，住於真如之境的禪定。真諦譯大乘起信論：「真如三昧者，不住見相，不住得相。乃至出定，亦無懈慢，所有煩惱，漸漸微薄。若諸凡夫不習此三昧法，得入如來種性，無有是處。」

〔六〕一行三昧：指心專於一行而修習的禪定。曼陀羅仙譯文殊師利所説摩訶般若波羅蜜經卷下：「法界一相，繫緣法界，是名一行三昧。若善男子、善女人，欲入一行三昧，當先聞般若波羅蜜，如説修學，然後能入一行三昧。如法界緣，不退不壞，不思議，無礙無相。善男子、善女人，欲入一行三昧，應處空閑，捨諸亂意，不取相貌，繫心一佛，專稱名字。隨佛方所，端身正向，能於一佛念念相續，即是念中，能見過去、未來、現在諸佛。何以故？念一佛功德無量無邊，亦與無量諸佛功德無二，不思議佛法等無分別，皆乘一如，成最正覺，悉具無量功德、無量辯才。如是入一行三昧者，盡知恒沙諸佛、法界，無差別相。」三藏法數卷一：「一行三昧者，惟專一行，修習正定也。」

〔七〕金剛三昧：能破除一切煩惱的禪定，喻如金剛一般無堅不摧。龍樹造、鳩摩羅什譯大智度論卷四七：「金剛三昧者，譬如金剛，無物不陷。此三昧亦如是，於諸法無不通達，令諸三昧各得其用。如車渠、瑪瑙、琉璃，唯金剛能穿。」

〔八〕法性三昧：領悟諸法本性不改不變而安住於一境的禪定。法性即諸法真實體性，也就是宇宙一切現象具有的真實不變的本性。

〔九〕「易」，磧砂藏、嘉興藏本作「異」。

故知理無興廢，寂照靈知，弘之在人，覺有前後，人有照分，功由理發，失理則失照，要見此理，方成佛耳。此理即是一心，揔該萬有，頓悟頓修，更無漸次。爲未了不入者，於一心法分出多門，義演恒沙，乃至無盡。故法華經偈云：「少智樂小法，不自信作佛，是故以方便，分別説諸果。」〔一〕

是以信心是佛，罕遇其機，乃諸佛出世之本懷，祖師西來之正意。自古先德一聞即心是佛之言，疑根頓盡。或欲燈傳後嗣，便坐道場；或樂灰息遊心，住深蘭若。其或障濃信薄，唯思向外馳求，隨他意似鸚鵡之徒〔二〕，借彼眼如水母之屬〔三〕，纔生不信，便起謗心。

校注

〔一〕見妙法蓮華經卷一方便品。

〔二〕大乘入楞伽經卷六偈頌品：「始發於語言，猶如鸚鵡等，隨衆生意樂，安立於大乘。」

〔三〕大佛頂如來密因修證了義諸菩薩萬行首楞嚴經卷七：「諸水母等，以蝦爲目。」子璿集首楞嚴義疏注經卷七：「如水母等，以水沫成身，以蝦爲目。」

今則廣引偏搜，探微撮要，所冀證成後學，決定無疑，頓悟自心，成佛妙軌。若論法利，功德無邊，虚空可量，斯旨難盡。所以台教云：「若人欲得一切佛法、相好威儀、説法音聲、十方無畏者，當行此一行三昧，勤行不懈，則能得入，如摩尼珠隨磨隨光，證不思議功德。」〔一〕

一行三昧者，繫緣法界，一念法界，信一切法皆是佛法，無前、無後，無復際畔。住佛所住，如諸佛住，安處寂滅法界〔二〕。秘密藏中，則理無不圓，事無不足，故稱秘密，亦號惣持。究竟指歸，自、他俱利。云何俱利？以平等故。云何平等？以無相故。如入佛境界經偈云：「入諸無相定，見諸法寂靜，常入平等故，敬禮無所觀。」〔三〕

又，一切諸法，有事有理，具體具用，不可偏執，乖此圓乘。以自性定爲理，用引發定爲事，因事顯理，理則昭然；因理成事，事方圓足。以性實之理、相虛之事，體用交徹，隱顯同時，無礙雙行，能契宗鏡。若唯修事定，但集世禪〔四〕，雖曰修行，猶生惡覺，以不制意地，未斷其原，長劫練磨，返沉苦道。所以大涅槃經云：「一切凡夫，雖護身心，猶故生於三種惡覺。」〔五〕三惡覺者，欲覺、恚覺、害覺。以貪欲故，即生瞋恚。因瞋恚故，便行損害。夫修行趣道，本爲出五欲之泥，翻求利養名聞，如踐虵虺之地。凡修禪定護念之人，尚被外緣覺觀破壞，何况縱情放逸之人？故知日夜常爲煩惱欲火焚燒，覺觀怨賊侵害。

校注

〔一〕見智顗說、灌頂記摩訶止觀卷二上。

〔二〕智顗說、灌頂記摩訶止觀卷二上：「意止觀者，端坐正念，蠲除惡覺，捨諸亂想，莫雜思惟，不取相貌，但專繫緣法界，一念法界。繫緣是止，一念是觀。信一切法皆是佛法，無前、無後，無復際畔，無知者、無說者。若無知無說，則非有非無，非知者、非不知者。離此二邊，住無所住。如諸佛住，安處寂滅法界。聞此深法，勿生驚怖。此法界亦名菩提，亦名不可思議境界，亦名般若，亦名不生不滅。如是等一切法，與法界無二無別。」

〔三〕見如來莊嚴智慧光明入一切佛境界經卷下。

〔四〕世禪：即世間禪，即色界、無色界之禪定，包括色界之四禪定與無色界之四空定。隋慧遠大乘義章卷二〇五分法身義四門分別：「定有二種：一者、事定，謂世八禪，事中安心，息除事亂，故名事定。二者、理定。三三昧等，理中安心，息除性亂，故名理定。取性違理，名爲性亂。」澄觀撰大方廣佛華嚴經疏卷一六：「定、慧雖多，不出二種：一、事；二、理。制之一處，無事不辦，事定門也；能觀心性，契理不動，理定門也。」

〔五〕見大般涅槃經卷二三，南本見卷二〇。

是以鬱頭藍弗〔一〕以世俗智，伏下地惑，獲非想定，具五神通。時君敬重，就宫供養。王女珍敬，接足作禮。鬱頭藍弗每來與去，皆乘神通，赴宫供養。王因出巡，命其愛女依前舊儀，供養藍弗。王女珍敬，接足作禮。鬱頭藍弗觸女身手，因茲起貪，便生欲覺，遂失神通。飯食已訖，矯施異計，語王女言：「我頃來去，皆乘神通，國人思敬，莫由見我。我今食竟，意欲步歸，令國内人咸得見我。」王女謂實，送出閤門，步遊歸山。既失神通，情懷悵怏，端坐林藪，潔志安禪。林間鳥鳴，喧噪鬧亂，久不得定。移就池邊，安布求禪，池中魚遊，驚聒禪思，又不得定。因兹起瞋，便生恚覺，遂發惡願：「願我來生作著翅水獺身，上樹害鳥，入水食魚，報魚鳥怨，誓不相放。」因兹便起害覺現前。復移異處，專志習禪，久方得定，依前證得非想三昧。命終之後，生非想天，順生受業，八萬大劫受異熟果。八萬劫滿，順後受業，酬前惡願，生于欲界，作水獺身，亦云飛狸身。若到所在，水陸空行一切物命，悉皆喫盡〔二〕。故經云：「雖斷煩惱，生非想處，猶故還墮三惡道中。」〔三〕即其義也。

校注

〔一〕鬱頭藍弗：修四禪八定之外道師。佛本行集經卷三三云優陀羅迦羅摩子、大智度論卷一七云鬱陀羅伽仙人。

〔二〕按，上述鬱頭藍弗事，參見佛本行集經卷三三、大智度論卷一七。

〔三〕見大般涅槃經卷二三，南本見卷二〇。

故須先入宗鏡，達一心萬行根本，然後福智莊嚴，則不枉功程，永無退轉。得其旨，則大智圓明；得其事，則大用成就。如師子奮迅〔一〕，成熟法界衆生；猶象王迴旋〔二〕，啓發十方含識。故華嚴論云：「師子奮迅三昧者，於十方世界，普同一切衆生想念作用而成熟之。大用而無作，是奮迅義。」〔三〕

校注

〔一〕師子奮迅：喻指佛或佛所説法的威德神力。智顗撰法界次第初門卷中上師子奮迅三昧初門第三十一：「所言師子奮迅者，借譬以顯法也。如世師子奮迅，爲二事故：一、爲奮卻塵土，二、能前走卻走，捷疾異於諸獸。此三昧亦爾，一則奮除障定細微無知之惑，二能入出捷疾無間，異上所得諸禪定也，故名師子奮迅三昧。」吉藏法華義疏卷一〇：「師子本伏今起，名爲奮迅。所以奮迅凡有三義：一、欲祛塵，二、欲申舒，三、顯無畏。」

〔二〕象王：象中之王，多用以譬佛或菩薩。佛八十隨形好中，四十四爲儀容如師子，四十五爲進止如象王。「象王迴旋」者，澄觀述大方廣佛華嚴經隨疏演義鈔卷二一：「身子令六千比丘觀文殊十德。六千請往，欲見文殊，身子令見。爾時，文殊師利童子，無量自在菩薩圍繞，并其大衆，如象王迴觀諸比丘，故云『象王迴旋』。」實叉難陀譯大方廣佛華嚴經卷六一：「爾時，文殊師利童子，無量自在菩薩圍遶并其大衆，如象王迴觀諸比丘。時諸比丘頂禮其足，合掌恭敬，作如是言：『我今奉見，恭敬禮拜，及餘所有一切善根。唯願仁者文殊師利、和尚舍利弗、世尊釋迦牟尼，皆悉證知！如仁所有如是色身、如是音聲、如是相好、如是自在，願我一切悉當具得。』」

〔三〕見李通玄撰新華嚴經論卷二九。

夫入宗鏡，萬事周圓，鏡外更無一法可得。如遺教經云：「是故汝等，當好制心。」「制之一處，無事不辦。」〔一〕若不制心，無有是處。一念纔起，生死如煙，駕五陰、六入之舟航，結十二種類之窟宅，如從一妄念中，結成十二類，根塵相對，發識造業，因色有情，見時生想，於此情、想二法，各生四相。從情上生：一、有色，二、無色，三、非有色，四、非無色；從想上生：一、有想，二、無想，三、非有想，四、非無想。胎因情有，卵爲想生，情想合爲濕生，情想離爲化現。情上無色，則是空散消沉；想上無想，則爲土木株杌。此二雖屬無情，然皆從識變，若一念不生，則諸類皆絶。所以信心銘云：「心若不異，萬法一如。眼若不睡，諸夢自除。」〔二〕又如〔三〕云：「譬如動目，能摇湛水。」〔四〕以眼勞觀水，見水有動。眼若不瞬，池水則不摇。妄見若除，亦無草木成壞之相。若舉眼見色，由有色陰；舉身受苦樂，由有受陰；舉心即亂，由有想陰；舉眼見生滅，由有行陰；精明湛不摇處，即識陰。又，若以偏身針刺俱知，不帶分别，則是識陰；若次第分别，則餘識陰。故知一念纔起，五陰俱生；微識未亡，六塵不滅。若唯識之義燈常照，妄何由生？一心之智鏡恒明，旨終不昧。

校注

〔一〕佛垂般涅槃略説教誡經：「此五根者，心爲其主。是故汝等，當好制心。心之可畏，甚於毒蛇、惡獸、怨賊，大火越逸，未足喻也。動轉輕躁，但觀於蜜，不見深坑，譬如狂象無鉤，猿猴得樹，騰躍跳躑，難可禁制，當急挫之，無令放逸。縱此心者，喪人善事。制之一處，無事不辦。是故比丘，當勤精進，折伏其心。」

〔二〕見僧璨信心銘。

〔三〕「如」，嘉興藏、清藏本作「經」。

〔四〕見大方廣圓覺修多羅了義經。

問：四弘〔一〕十度〔二〕，皆可發行，云何須依一心，具足菩提之道？

答：若不依一心，求大乘之人疑情不斷。古德云：求大乘者，所疑有二〔三〕：夫大乘法體，爲一？爲多？如其是一，即無異法。無異法故，無諸衆生，菩薩爲誰發弘誓願？若是多法，即非一體。非一體故，物我各别，如何得起同體大悲？由是疑惑，不能發心。今爲遣此二疑〔四〕，立一心法，開真如、生滅體、用二種門。立一心法者，遣彼初疑，明大乘法唯有一心，一心之外，更無別法。但有無明迷自一心，起諸波浪，流轉六道。雖起六道之浪，不出一心之海。良由一心動作六道，故得發弘誓之願；六道不出一心，故能起同體大悲。如是依於一心，能遣二疑，得發大心，具足佛道〔五〕。

校注

〔一〕四弘：即四弘誓願。智顗説釋禪波羅蜜次第法門卷一之上修禪波羅蜜大意第一：「四弘誓願者，一、未度者令度，亦云衆生無邊誓願度；二、未解者令解，亦云煩惱無數誓願斷；三、未安者令安，亦云法門無盡誓願知；四、未得涅槃令得涅槃，亦云無上佛道誓願成。」

〔二〕十度：六度（布施、持戒、忍辱、精進、禪定、智慧）外，第七、方便度，第八、願度，第九、力度，第十、智度。詳見本書卷二七注。

〔三〕按，「所疑有二」者，一、疑法，二、疑門。此處引文脱漏「疑門」。參後注。

〔四〕按，「今爲遺此二疑」前脱漏「疑門」。參後注。

〔五〕元曉起信論疏卷上：「求大乘者，所疑有二：一者、疑法，障於發心；二者、疑門，障於修行。言疑法者，謂作此疑：大乘法體爲一？爲多？如是其一，則無異法。無異法故，無諸衆生，菩薩爲誰發弘誓願？若是多法，則非一體。非一體故，物我各別，如何得起同體大悲？由是疑惑，不能發心。言疑門者，如來所立教門衆多，爲依何門，初發修行？若共可依，不可頓入；若依一二，何遺何就？由是疑故，不能起修行。故今爲遺此二種疑，立一心法，開二種門。立一心法者，遺彼初疑，明大乘法唯有一心，一心之外更無別法。但有無明迷自一心，起諸波浪，流轉六道。雖起六道之浪，不出一心之海。良由一心動作六道，故得發弘濟之願；六道不出一心，故能起同體大悲。如是遺疑，得發大心也。開二種門者，遺第二疑，明諸教門雖有衆多，初入修行，不出二門。依真如門，修止行；依生滅門，而起觀行。止、觀雙運，萬行斯備。入此二門，諸門皆達。如是遺疑，能起修行也。」故「古德」者，當即元曉。

華嚴演義記云：「釋如來法身觀者〔一〕，先應〔二〕發起普賢菩薩微妙行願，復應以三密〔三〕加持身心，則能入文殊師利大智慧海。然修行最初，於空閑處攝念安心，閉目端身，結加趺〔四〕坐，運心普緣無邊刹海，諦觀三世一切如來，徧於一一佛菩薩前，殷勤恭敬，禮拜旋遶，又以種種供具雲海，奉獻如是等一切聖衆。廣大供養已，復應觀自心：心本不生，自性成就，光明徧照，猶如虛空。復應深起悲念：哀愍衆生不悟自心，輪迴諸趣，我當普化拔濟，令其開悟，盡無有餘。復應觀察自心，諸衆生心及諸佛心本無有異，平等一相，成大菩提。瑩徹清浄，廓然周徧，圓明皎潔，成大月輪，量等虚空，無有邊際。」〔五〕是以垢浄世界，大小法門乃至六度萬行，皆從凡、聖心現。故經云：「菩薩摩訶薩以離垢心，現見無爲真如法界，以自在心現生三界，爲教化彼諸衆生故。」〔六〕又，經云：「依自虚妄染心，衆生染；依自性清浄心，衆生浄。」〔七〕

校　注

〔一〕「釋如來法身觀者」，大方廣佛華嚴經隨疏演義鈔、大方廣佛花嚴經入法界品頓證毗盧遮那法身字輪瑜伽儀軌作「夫欲頓入一乘修習毗盧遮那如來法身觀者」。

〔二〕「應」，原作「觀」，據大方廣佛華嚴經隨疏演義鈔、大方廣佛花嚴經入法界品頓證毗盧遮那法身字輪瑜伽儀軌改。

〔三〕三密：身密、語密、意密。龍樹造、鳩摩羅什譯大智度論卷一〇：「如説密迹金剛經中，佛有三密：身密、語密、意密。一切諸天人皆不解、不知。」

〔四〕「趺」，原作「跏」，據諸校本及大方廣佛花嚴經入法界品頓證毗盧遮那法身字輪瑜伽儀軌改。

〔五〕出不空譯大方廣佛花嚴經入法界品頓證毗盧遮那法身字輪瑜伽儀軌，澄觀述大方廣佛華嚴經隨疏演義鈔卷八九引。此云「華嚴演義記云」者，延壽不察，以之爲大方廣佛華嚴經隨疏演義鈔文耳。

〔六〕見究竟一乘寶性論卷三一切衆生有如來藏品。

〔七〕見究竟一乘寶性論卷四無量煩惱所纏品。

諸法無行經云：「雖讚發菩提心，而知心性即是菩提；雖讚大乘經，而知一切諸法皆是大相；雖説菩薩道，而不分别阿羅漢、辟支佛、諸佛；雖讚布施，而通達布施平等相；雖讚持戒，而了知諸法同是戒性；雖讚忍辱，而知諸法無生、無滅、無盡相；雖讚精進，而知諸法不發不行相；雖種種讚歎禪定，而知一切法常定相；雖種種讚於智慧，而了智慧之實性；雖説貪欲之過，而不見法有可貪者；雖説瞋恚之過，而不見法有可瞋者；雖説愚癡之過，而知諸法無癡無礙；雖示衆生墮三惡道怖畏之苦，而不得地獄、餓鬼、畜生之相。如是諸菩薩，雖隨衆生所能信解，以方便力而爲説，而自信解一相之法。」〔一〕

故知心外無法，於第一義而不動。爲未信者，以方便力雖説種種道，其實爲一乘。所以「般若説一切法皆摩訶衍，靡不運載〔二〕；思益明解諸法『是菩薩徧行』〔三〕；華嚴入法界不動祇園〔四〕；净名『一念知一切法是道場』」〔五〕。故知一法周備，無事不該，可謂圓滿菩提，成就佛道。乃至坐禪見境，諸魔事起，但了一心，境界自滅，可謂降魔妙術，治惑靈方，匪用心神，安然入道。

校注

〔一〕見諸法無行經卷上。

〔二〕按，此是摩訶般若波羅蜜經經意，卷五廣乘品明。

〔三〕詳見思益梵天所問經卷一分別品。

〔四〕智旭述教觀綱宗：「華嚴前八會中，永無聲聞，故云不見不聞。至第九會入法界品，在祇園中，方有聲聞。爾時已證聖果，尚於菩薩境界如啞如聾，驗知爾前縱聞華嚴，亦決無益。」

〔五〕見智顗説妙法蓮華經玄義卷一下。「浄名」者，見維摩詰所説經卷上菩薩品。

起信論云：「修行止者，住寂静處，結加趺坐，端身正意，不依氣息，不依形色，不依虚空，不依地、水、火、風，乃至不依見聞覺知，一切分別想念皆除，亦遣除想，以一切法不生不滅，皆無相故。前心依境，以〔一〕捨於境；後念依心，復捨於心。以心馳外境，攝住内心，後復起〔二〕心，不取心相，以離真如不可得故。乃至〔三〕魔事現前，念彼一切皆是思惟，刹那即滅，遠離諸相，入真如三昧。心相既離，真相亦盡。」〔四〕

校注

〔一〕「以」，磧砂藏、嘉興藏本作「已」，同。

〔二〕「起」，原作「超」，據諸校本及大乘起信論改。

〔三〕乃至：表示引文中間有刪略。

〔四〕見實叉難陀譯大乘起信論卷下。

摩訶衍論釋云：「若真若僞，唯自妄心現量境界，無有其實，無所著故。」又，「若真若僞，皆一真如，皆一法身，無有別異，不斷除故」〔一〕。

校注

〔一〕見筏提摩多譯釋摩訶衍論卷九。

是以但了一心，不忘正念，一切境界自然消滅。可謂應念斷除，豈勞功行？此乃西來的旨，諸佛正宗，圓信圓修，不同權漸。直下得力，如師子就人；一槌便成，猶王之寶器。可謂等賜高廣大車，悉與如來平等滅度，豈同貧所樂法，下劣之乘者哉？若有人不信此宗鏡正義，反墮邪思，徇假執權而迷真實，如金易鍮石〔一〕、鳳換山鷄〔二〕，如此愚盲，過在無眼。如昔人乘馬，腰著金帶，見乘驢者著驢條帶，即便問之：「市〔三〕中何物貴？」彼即答云：「驢條甚貴。」其人即易之。或爲色聲而棄正法，其猶如是〔四〕。

校注

〔一〕鍮石：一種礦石或合金。慧琳一切經音義卷一五：「鍮石，吐侯反。案，偷石者，金之類也，精於銅，次於金，上好者與金相類，出外國也。」卷三九：「鍮石，上湯樓反。考聲云：鍮石似金。又云：西域以銅鐵雜藥合爲之。古今正字：從金，偷省聲。」「金易鍮石」者，見後注。

〔二〕「鳳换山鷄」者，出尹文子大道上。詳見本書卷四六引。

〔三〕「市」，原作「或」，據諸校本及大般涅槃經疏改。參後注。

〔四〕大般涅槃經卷二六：「我涅槃後，有聲聞弟子愚癡破戒，喜生鬭諍，捨十二部經，讀誦種種外道典籍、文頌、手筆，受畜一切不浄之物，言是佛聽。如是之人，以好栴檀貿易凡木，以金易鍮石，銀易白鑞，絹易氈褐，以甘露味易於惡毒。」灌頂撰大般涅槃經疏卷二三德王品之六：「『金易鍮石』者，昔人乘馬，腰著金帶，見乘驢者著驢絛帶，即便問之：『市中何物貴？』彼即答云：『驢絛甚貴。』其即易之。人爲色聲而棄正法，其猶如是。」

問：既一心圓滿覺道，云何又發菩提等諸心？若有能發，則有所證，能、所既成，唯一之義即墮。

答：夫言發者，即無所發，終不離心有菩提、離菩提有心。大寶積經云：「菩提中，心不可得；心中，菩提亦不可得。離菩提，心不可得；離心，菩提亦不可得。」〔一〕乃至〔二〕「若言見有菩提而取證者，當知此輩即是增上慢人。若能如是信解，乃爲真發菩提之者」〔三〕。

校注

〔一〕見大寶積經卷一一五。

〔二〕乃至：表示引文中間有删略。

〔三〕見大寶積經卷一一六。

般若經云：若菩薩知心性即是菩提，而能發起大菩提心，是名菩薩〔一〕。

校注

〔一〕大般若波羅蜜多經卷五九四：「若能遠離大有情想，名摩訶薩。彼於一切心及心所法雖無所得，而能了知心之本性。彼於菩提及菩提分法雖無所得，而能了知菩提本性。彼由此智，非於心内見有菩提，亦非離心見有菩提，非於菩提内見有實心，亦非離菩提見有實心。如是除遣無所修習、無所除遣，於所修習及所除遣俱無所得、無所恃怙、無所執著，雖不見有菩提心性，而能發起大菩提心。若能如是發菩提心，乃可名爲真實菩薩。彼雖如是發菩提心，而於菩提無所引發。」

又，無所發菩薩云：知一切法皆無所發，而發菩提心〔一〕。

校注

〔一〕法集經卷四：「無所發菩薩言：『大德舍利弗，若有菩薩休息一切身、口、意業，不著一切所作之事，不求一法，不離煩惱，不欲得法，見過去、未來諸法真如平等，亦不見法有下、中、上，是故名爲無所發。復次，大德舍利弗，一切諸法皆無所發，以本無故。舍利弗，法若有始，則有所發。諸法無始，無始云何言有所發？』」

然於所證真如，如外無智；能發妙智，智外無如。雙照雙遮，不存不泯。不二而二，理智似分；二而不二，能、所俱寂。則是一心菩提，萬行之本，既能通達，法爾利他。運同體之大悲，豈有〔一〕能、所？以無得之方便，誰立自、他？

止觀云：「發真正菩提心者，既深識不思議境，知一苦一切苦，自悲昔苦，起惑躭湎麁弊色、聲〔二〕，縱身、口、意，作不善業，輪環惡趣，嬰〔三〕諸熱惱，身苦、心苦而自毀傷。而今還以愛繭自纏，癡燈所害，百千萬劫，一何痛哉！設使欲捨三塗，欣五戒十善，相心修福，如市易博換，翻更益罪〔四〕；似魚入筌口，蛾赴燈中。狂計邪黠，逾迷逾遠，渴更飲鹹〔五〕。龍鬚縛身，入水轉痛；牛皮繫體，向日彌堅〔六〕。盲入棘林，溺墮洄洑〔七〕。把刃抱炬，痛那可言？虎尾虵頭，悚焉悼慄〔八〕。自惟若此，悲他亦然。假令隘路叛出怨國，備歷辛苦，絶而復穌，往至貧里，傭賃一日，止宿草庵，不肯前進，樂爲鄙事，不信不識，可悲可怪〔九〕。思惟彼我，哽〔一〇〕痛自他，即起大悲，興兩誓願：衆生無邊誓願度，煩惱無邊誓願斷。雖知衆生如虚空，誓度如虚空之衆生；雖知煩惱無所有，誓斷無所有之煩惱。雖知衆生數甚多而度多多之衆生，雖知煩惱無邊底而斷無底之煩惱，雖知衆生如如佛如而度如佛如之衆生，雖知煩惱如實相而斷如實相之煩惱。何者？若但拔苦因，拔苦果，此誓雜毒，故須觀空。若偏觀空，則不見衆生可度，是名著空者，諸佛所不化。若偏見衆生可度，即墮愛見大悲，非解脱道。今則非毒非僞，故名爲真；非空邊非有邊，故名爲正。如鳥飛空，終不住空。雖不住空，跡不可尋。雖空而度，雖度而空。是故誓與虚空共鬭，故名真正發菩提心，即此意也。

「又，識不思議心，一樂心、一切樂心。我及衆生昔雖求樂，不知樂因，如執瓦礫謂如意珠，妄指螢光呼爲日月。今方始解，故起大慈，興兩誓願：謂法門無量誓願知，佛道無上誓願成。雖知法門永寂如空，誓願修行永寂如空；雖知菩提無所有，無所有中吾故求之；雖知法門如空無所有，誓畫繢莊嚴虚空；雖知佛道非成所成，如虚空中種樹，使得華得果〔一一〕；雖知法門及佛果非修非不修，而修非證非得，以無所證得而證而得，是名非僞非毒名爲真，非空非見愛名爲正。如此慈悲誓願與不可思議境智，非前非後，同時俱起，慈悲即智慧，智慧即慈悲，無緣無念，普覆一切〔一二〕。任運拔苦，自然與樂，不同毒害，不同但空，不同愛見，是名真正發菩提心義。」〔一三〕

校注

〔一〕「有」，諸校本作「存」。

〔二〕妙法蓮華經卷二譬喻品：「汝等莫得樂住三界火宅，勿貪麁弊色、聲、香、味、觸也。若貪著生愛，則爲所燒。汝速出三界，當得三乘——聲聞、辟支佛、佛乘。」

〔三〕「嬰」，摩訶止觀作「縈」。按，「嬰」，義同「縈」，絆也。

〔四〕湛然述止觀輔行傳弘決卷五之三：「『設使』下，明無道滅，但有人天。設謂假設。常在流轉，假使欲捨，但欣戒善，不求無漏，名爲相心。『如市易』等，並喻相福，反更益罪。若修相福，得人天樂，换三途苦，復由此樂得三途苦，易人天樂。」

〔五〕湛然述止觀輔行傳弘決卷五之三：「相心如魚如蛾，相福如笱如燈。相心感果，如入如赴。情想虚構，名爲狂計。非出世慧，名爲邪黠。逾猶越也、甚也。結集既厚，名爲逾迷。招苦必深，名爲逾遠。貪愛之心，乏真理水，義之如渴。又，相心修福作五欲因，如更飲鹹，反增生死，如渴更甚。」

〔六〕出曜經卷五愛品：「猶如有人而被二繫：一者、革索，二者、龍鬚索。將至火邊，以火炙之，革索便急，龍鬚索緩；若將入水，革索便緩，龍鬚索急。」湛然述止觀輔行傳弘決卷五之三：「有相之福，如龍須、牛皮。戒、定、慧三，如身如體。有相心修，如縛如繫。受人天果，如入如向。卻墮三途，如彌堅轉痛。故大論云：夫利養者，如龍須繩縛身入水，初損戒皮，次損定肉，後損慧骨。今由相福，得人天利，失於三學，亦復如是。」

〔七〕湛然述止觀輔行傳弘決卷五之三：「無明如盲，戒善如入，所感果報如在棘林。有相心修，猶如不固；所獲相福，猶如溺墮。生死難出，猶如洄洑。溺是墮水。洄洑者，逆旋流也。」

〔八〕湛然述止觀輔行傳弘決卷五之三：「『把刃』下，歎無道滅，一豪之善，本趣菩提，如操刀執炬，得其要柄。若以相心，如把刃抱火。覩前相心生死苦集，如履虎尾蛇頭等也。悚謂驚懼，悼者傷也，慄謂戰慄。」

〔九〕湛然述止觀輔行傳弘決卷五之三：「三藏觀境不能即事，名爲『隘路』。故大經第二云：聲聞緣覺，猶如隘路，不受二人並行。色空相即，故名爲並；滅色存空，故云不並。滅色之空，名爲隘路。修菩薩行，義如公行。背捨生死，義如『叛出』。煩惱生死，損害涅槃，是故如冤。三界皆是生死住處，名爲冤國。周遍五道，名爲備歷。三界無安，名爲辛苦。失菩提願，名之爲絶。更發小志，名爲復穌。背大乘父，名之爲往。五塵求解，如至貧里。除煩惱糞，求智慧錢，名爲傭賃。生死爲夜，涅槃爲日。小果息處，名爲草菴。未發大心，名不肯前進。揣度破惑，名爲鄙事。『不信』等者，憫傷之由，由二乘人背大向小，是故憫傷。方等已前未免生謗，名爲不信。方等雖聞，不解不行，名爲不識。故迦葉云：猶如盲人。不知別惑，是故可悲；不識別理，是故可怪。又，可悲之甚，名之曰怪。」

〔一〇〕「哽」，摩訶止觀作「鯁」。湛然述止觀輔行傳弘決卷五之三：「鯁痛是悲願習成。鯁者，謂魚骨鯁喉。

如是傷痛，至甚之相也。」

〔一〕摩訶般若波羅蜜經卷二三道樹品：「世尊，諸菩薩摩訶薩不得衆生，而爲衆生求阿耨多羅三藐三菩提，是爲甚難。世尊，譬如人欲於虚空中種樹，是爲甚難。（中略）須菩提，譬如人種樹，不識樹根莖、枝葉、華果而愛護溉灌，漸漸長大，華葉果實成就，皆得用之。如是，須菩提，諸菩薩摩訶薩爲衆生故，求阿耨多羅三藐三菩提，漸漸行六波羅蜜，得一切種智成佛樹，以葉華果實益衆生。」

〔二〕湛然述止觀輔行傳弘決卷五之三：「智慧與慈悲相即，智秖是解，依境生解，依解起願。境爲所緣，誓爲能緣，以無緣慈悲緣不思議境。境名無緣，誓名無念。運此慈悲，遍覆法界，故能任運拔苦，自然與樂。」

〔三〕見智顗説、灌頂記摩訶止觀卷五上。

問：華嚴經頌云：「禪定持心常一緣，智慧了境同三昧。」〔一〕云何悟入一心，能令根、境悉成三昧？

答：内外一切境界，皆從真如一心而起，真心不動，故稱爲三昧王。以統御一切萬法萬行故，得稱爲王。無有一法不從一心真如三昧起，此是一切三昧根本。了此根本，則從本所現念念塵塵，盡成三昧，以本末無異故。

校　注

〔一〕見實叉難陀譯大方廣佛華嚴經卷三三。

寶積經偈云：「如鑽木出火，要假衆緣力，若緣不和合，火終不得生。是不悅意聲，畢竟無所有，知聲性空故，瞋亦不復生。瞋不在於聲，亦不身中住，因緣和合起，離緣終不生。如因乳等緣，和合生酥酪，瞋自性無起，因於麁惡事。愚者不能了，熱惱自燒然，應當如是知，究竟無所有。瞋性本寂靜，但有於假名，瞋恚即實際，以依真如起，了知如法界，是名瞋三昧。」〔二〕

又偈云：「是大夜叉身，從於自心起，是中無有實，妄生於恐怖，亦無有怖心，而生於怖畏。觀法非實故，無相無所得，空無寂靜處，現此夜叉身，如是知虛妄，是夜叉三昧。」且夜叉一身，於外相分甚爲麁惡，令人怖畏。瞋之一門，是根本煩惱，最能煩亂。此內、外二法，尚成三昧，舉一例諸，可爲龜鏡，其餘一切心境，即無非三昧矣。

校　注

〔二〕見大寶積經卷二九。下一處引文同。

楞伽經云：「佛言：大慧，云何三昧樂正受意生身？謂第三、第四、第五地，三昧樂正受故，種種自心，寂静安住，心海起浪，識相不生，知自心現境界性非性，是名三昧樂正受意生身。」〔一〕故知了境即心，更無一物，會於本寂，即心海常安。分别不起，即是正受。是以無物可納，名爲正受；無境可動，名爲正定。

校注

〔一〕見楞伽阿跋多羅寶經卷三。宗泐、如玘注楞伽阿跋多羅寶經注解卷三：「此菩薩從三地至四地斷見惑，從五地至七地斷思惑，得真空三昧之樂。三昧，翻『正受』。言『三昧』又言『正受』，華梵兼舉耳。意生身者，謂作意成真空法性身也。『種種自心』等，謂菩薩證空，不同二乘心生味著，爲相風所動，故曰『安住心海』。又不同凡夫起六識波浪，蓋了一切境界，唯自心現，皆無自性，是爲初意生身。此自行也。」

首楞嚴三昧經云：「問現意天子：『菩薩當修何法，得是三昧？』天子答：『欲得三昧，當行凡法。若見凡法不合不散，是名修行楞嚴三昧。』又問：『諸佛法中有合散耶？』天子曰：『凡法尚無合散，況佛法耶？』『云何修習？』『若見凡法、佛法不二，是名修習。』」〔二〕

校注

〔一〕按，此處引文據湛然述止觀輔行傳弘決卷一之五。「首楞嚴三昧經云」者，詳見首楞嚴三昧經卷上。

是以了一心成現之門，則無修而修；達萬法具足之體，乃不習而習。出入無際，心境一如，即於一切差別法中，念念入、念念起故。所以華嚴經云：「佛子，菩薩摩訶薩入一切衆生差別身三昧。於此三昧，内身入，外身起；外身入，内身起；同身入，異身起；異身入，同身起。乃至〔一〕眼處入，耳處起；耳處入，眼處起；鼻處入，舌處起；舌處入，鼻處起；身處入，意處起；意處入，身處起；自處入，他處起；他處入，自處起；一微塵中入，無數世界微塵中起；無數世界微塵中入，一微塵中起。」〔二〕

校注

〔一〕乃至：表示引文中間有删略。

〔二〕見實叉難陀譯大方廣佛華嚴經卷四二。

不唯根、境盡成三昧，萬法咸作智門。承此宗鏡之光，可謂盡善盡美。何者？體含虚寂，不能讚其美；理絶見聞，不能書其過。降兹已下，皆墮形名，則難逃毁讚矣。

如昔人云：「夫大道混然無形，寂然無聲，視之不見，聽之不聞，非可以影響知〔一〕，不得以毁譽稱也。降此以往，則事不雙美，名不並盛矣。雖天地之大，三光之明，聖賢之智，猶未免於毁譽也。故天有坼之象，地有裂之形，日月有謫蝕之變，五星有勃彗之妖，堯有不慈之誹，舜有諏父之謗，湯有放君之稱，武王有弑主之譏，齊桓有貪婬之目，晉文有不臣之聲，伊尹有無君之迹，管仲有僭上之名。以夫二儀七曜之靈，不能無虧沴；堯舜湯武之聖也，不能免嫌謗；桓文伊管之賢也，不能遺纖過。由此觀之，宇宙庸流，奚能自免怨謗而無悔恡也？」〔二〕若以心智通靈，成無爲之化，則萬累不能干矣。

校注

〔一〕「知」，劉子作「求」。

〔二〕出劉子卷五妄瑕。

問：一心旨趣，蓋是惣門，法義難明，廣須開演，如何是法？如何是義？

答：法本無差，隨義有别。從法生義，差别難明；因義顯法，一心易了。禪原集以況解釋法、義二門：「如真金隨工匠等緣，作鐶、釧等物〔一〕，金性必不變爲銅鐵，金即是法，不變隨緣是義。設有人問何物不變，何物隨緣，只令答云金也。以喻一藏經論義理，只是説

心。心即是法，一切是義。」〔二〕

校注

〔一〕「作鐶、釧等物」，禪源諸詮集都序作「作鐶、釧、椀、盞種種器物」。

〔二〕見宗密述禪源諸詮集都序卷上之一。

故論云：「所言法者，謂衆生心。」〔一〕「經云：『無量義者，從一法生。』〔二〕然無量義統唯二種：一、不變，二、隨緣。諸經只説此心隨迷悟緣，成垢浄、凡聖等。亦只説此心垢、浄等時，元來不變，常自寂滅，真實如如等。設有人問何法不變，何法隨緣，只答云心也。不變是性，隨緣是相，當知性、相皆是一心上義。今性、相二宗互相非者，良由不識真心，每聞心字，將謂只是八識，不知八識但是真心上隨緣之義。故馬鳴以一心爲法，以真如、生滅二門爲義。論云：『依於此心，顯示摩訶衍義。』〔三〕心真如是體，心生滅是相用，只説此心不虚妄故云『真』，不變易故云『如』。」〔四〕不守自性故隨緣，以隨緣故成無量義。

校注

〔一〕見真諦譯大乘起信論。

〔二〕見無量義經説法品。

〔三〕見真諦譯大乘起信論。
〔四〕見宗密述禪源諸詮集都序卷上之一。

又，由不變故，始能隨緣；由隨緣故，方能不變。何者？謂若變自體，將何隨緣？如無水豈能成波浪〔一〕？故知一心不動，義徧恒沙。雖徧恒沙，皆是一心之義。

校注

〔一〕澄觀述大方廣佛華嚴經隨疏演義鈔卷九：「由不變故，始能隨緣；由隨緣故，方能不變。何者？謂若變自體，將何隨緣？如無濕性，將何隨風而成波浪？」

問：欲浄其土，當浄其心〔一〕，則心外有土，何成自浄？

答：至極法身，常寂光土，離身無土，離土無身。依報是心之相，正報是心之體，體、相無礙，依、正本同〔二〕。所以攝境歸心真空觀〔三〕中，則攝相歸體，顯出法身。從心現境妙有觀〔四〕中，則依體起用，修成報身。若心境秘密圓融觀〔五〕中，則心、境交參，依、正無礙。心謂無礙心，諸佛證之以成法身；境謂無礙境，諸佛證之以成浄土。

校注

〔一〕維摩詰所説經卷上佛國品：「若菩薩欲得淨土，當淨其心。隨其心淨，則佛土淨。」

〔二〕依報：即所依之國土；正報，即能依之色身。大明三藏法數卷二一：「依謂依報，即世間國土也。爲身所依，故名依報。正謂正報，即五陰身也。正由業力感報此身，故名正報。既有能依之身，即有所依之土，故國土亦名報也。」

〔三〕攝境歸心真空觀：妄盡還源觀六門（顯一體、起二用、示三遍、行四德、入五止、起六觀）中六觀之一。法藏述修華嚴奥旨妄盡還源觀：「起六觀：一者、攝境歸心真空觀；二者、從心現境妙有觀；三者、心境祕密圓融觀；四者、智身影現衆緣觀；五者、多身入一境像觀；六者、主伴互現帝網觀。」又，「一者、攝境歸心真空觀，謂三界所有法，唯是一心造，心外更無一法可得，故曰『歸心』。謂一切分別，但由自心，曾無心外境，能與心爲緣。何以故？由心不起、外境本空。（中略）以此方知由心現境，由境現心，心不至境，境不入心。當作此觀，智慧甚深，故曰攝境歸心真空觀也」。詳見本書卷九九引。

〔四〕法藏述修華嚴奥旨妄盡還源觀：「二者、從心現境妙有觀，即事不滯於理，隨事成差。謂前門中攝相歸體，今此門中依體起用，具修萬行，莊嚴報土。又前門中攝相歸體，顯出法身；今此門中依體起用，修成報身，故曰從心現境妙有觀也。」

〔五〕法藏述修華嚴奥旨妄盡還源觀：「三者、心境祕密圓融觀。言心者，謂無礙心，諸佛證之以成法身；境者，謂無礙境，諸佛證之以成淨土。謂如來報身及所依淨土圓融無礙，或身現刹土，（中略）或刹現佛身，（中略）如是依正混融，無有分齊，謂前兩觀各述一邊，今此雙融會通心境，故曰心境祕密圓融觀也。」

淨名疏中觀心釋四種境界者，一、因緣境，二、空境，三、假境，四、中道境。境是心所依住，即是土也。衆生者，佛告比丘：汝等日夜常生無量百千衆生。今因緣心多，境亦多；心少，境亦少。觀心照少境，即是小國土；觀心照多境，亦是多國土。如是觀因緣境，即是化衆生。或調惡境而悟，即是穢土入佛智慧；或觀善境而悟，即是淨土入佛智慧。「起菩薩根」者，隨所觀善惡之塵，了知此塵即是一切法。此法本來畢竟常寂，常寂之境發於真智。真智所依佛土，即常寂光土也。復次，行人觀是四境，非爲貪著境界，但化伏煩惱心數衆生，用此四心而起誓願，願法界衆生，皆得如我，化此心數，悉令清淨，即是淨土安立有爲緣集衆生也。行人當知，一切菩薩淨佛國土根本從此而起，合抱之樹起於毫末〔一〕。

校注

〔一〕「淨名疏中觀心釋四種境界者」至此，詳見智顗撰維摩經文疏卷七。

又，凡、聖共居同一妙土，真、俗所依唯一法身，所依不二，能依自殊。所既不殊，能亦何別？無始妄習，謂依、正殊〔二〕。若能一切皆融，豈有身、土別見？如此觀心，實真淨土，是真了義。若離此者，多是執文，隨語生見〔二〕。

校注

〔一〕「凡、聖共居同一妙土」至此，詳見湛然述維摩經疏記卷下。

〔二〕智顗説、湛然略維摩經略疏卷二：「一往雖云觀心，實是真淨佛土義也，此是了義。若離此者，多是執文，隨語生見。」

義海云：「塵毛刹海是依，佛身智慧光明是正。今此塵是佛智現，舉體全是佛智，是故光明中見佛刹等〔一〕。又，刹海塵等〔二〕，全以佛法界如如〔三〕爲塵體，是故塵中現一切佛事〔四〕。當知依即正，正即依，乃至一事一法、一毛一塵〔五〕，各各如是，合〔六〕佛依、正也。」〔七〕故知萬像繁興，唯一致矣。

校注

〔一〕「佛刹等」，華嚴經義海百門作「微塵佛刹」。

〔二〕「塵等」，華嚴經義海百門作「微塵」。

〔三〕「以佛法界如如」，華嚴經義海百門作「法界性而」。

〔四〕「佛事」，華嚴經義海百門作「佛説法化生等事」。

〔五〕「一事一法、一毛一塵」，華嚴經義海百門作「至塵毛國土一一事法」。
〔六〕「合」，華嚴經義海百門作「全」。
〔七〕見法藏述華嚴經義海百門種智普耀門。

釋音

括，古活反。　嗣，祥史反。　踐，慈演反。　虺，呼壞反。　鬱，紆物反。　嬌，舉喬反。　怏，於亮反，情不足也。　藪，蘇后反。　潔，古屑反。　噪，蘇到反。　鬧，奴教反，不静也。　獺，他達反。　奮，方問反，揚也。　狸，里之反。　迅，私閏反，疾也。　槌，直追反，棒槌也。　鍮，託侯反。　絛，土刀反，編絲繩也。　躭，丁含反。　湎，彌兖反。　嬰，於盈反。　繭，古典反，蠶繭。　箄，府移反，取魚器也。　蛾，五何反。　黠，胡八反。　泂，户恢反。　洑，房六反。　悚，息拱反，怖也。　悼，徒到反。　慄，力質反。　隘，烏懈反。　叛，薄半反，奔他國也。　傭，餘封反。　鄙，方美反。　哽，古杏反，咽也。　繢，胡對反。

戊申歲分司大藏都監開板

宗鏡録卷第八十二

慧日永明寺主智覺禪師延壽集

夫云何一心而成止觀？

答：「法性寂然名止，寂而常照名觀。」〔一〕非能、所觀，但是一法。

校注

〔一〕見智顗説、灌頂記摩訶止觀卷一上。

若台教，惣論二種止觀：一、相待止觀，二、絶待止觀。前是拙度，後是巧度。相待止觀者，有三止三觀。三止者，一、止息義，二、停止義，三、不止止義。三觀者，一、觀穿義，二、觀達義，三、不觀觀義。絶待止觀者，有三止三觀。三止者，一、體真止，二、方便隨緣止，三、息二邊分別止。三觀者，一、從假入空，名二諦觀；二、從空入假，名平等觀；三、二觀爲方便道，得入中道，雙照二諦，心心寂滅，自然流入薩婆若海，名中道第一義諦觀〔一〕。

今宗鏡所明，唯論一心圓頓之旨。

「圓頓止觀相者，以止緣於諦，則一諦而三諦；以諦繫於止，則一止而三止。譬如三相在一念心，雖一念心而有三相。止諦亦如是，所止之法雖一而三，能止之心雖三而一也。以觀觀於境，則一境而三境；以境發於觀，則一觀而三觀。如摩醯首羅面上三目〔二〕，雖是三目，而是一面。觀境亦如是，觀三即一，發一則三，不可思議，不權不實，不優不劣，不前不後，不並不別，不大不小。故中論云：因緣所生法，即空、即假、即中〔三〕。又如金剛般若經云：『譬如人有目，日光明照，見種種色。』〔四〕若眼獨見，不應須日。若無色者，雖有日、眼，亦無所見。如是三法不異時，不相離，眼喻於止，日喻於觀，境喻於色。如是三法，不前不後，一時論三。三中論一，亦復如是。若見此意，即解圓頓教止觀相也，何但三一、一三？惣前諸義，皆在一心。

「其相云何？體無明顛倒即是實相之真，名體真止；如此實相，徧一切處，隨緣歷境，安心不動，名隨緣方便止；生死涅槃，靜散休息，名息二邊止。體一切諸假悉皆是空，空即實相，名入空觀；達此空時，觀冥中道，能知世間生滅法相，如實而見，名入假觀；如此空慧，即是中道，無二無別，名中道觀。體真之時，五住盤石砂礫〔五〕一念休息，名止息義；心緣中道，入實相慧，名停止義；實相之性，即非止非不止義。又，此一念能穿五住，達於實

〔七〕出維摩詰所説經卷上佛國品。

又，「三止三觀爲因，所得三智三眼爲果」。三智者，一切智、道種智、一切種智；三眼者，慧眼、法眼、佛眼。「若一心眼智者，眼即是智，智即是眼。眼故論見，智故論知。知即是見，見即是知。佛眼具五眼，佛智具三智，王三昧、一切三昧悉入其中，首楞嚴定攝一切定。」「如來雖具五眼，實不分張，只約一眼，備有五用，能照五境。所以者何？佛眼亦能照麁色，如人所見，亦過人所見，名肉眼；亦能照細色，如天所見，亦過天所見，名天眼；達麁、細色空，如二乘所見，名慧眼；照達假名不謬，如菩薩所見，名法眼；於諸法中，皆見實相，名佛眼。當知佛眼圓照無遺。故經云：『五眼具足成菩提，永與三界作父母。』〔一〕而獨稱佛眼者，如〔二〕衆流入海，失本名字，非無四用也。佛智照空，如二乘所見，名一切智；佛智照假，如菩薩所見，名道種智；佛智照空假中，皆見實相，名一切種智。故言三智一心中得〔三〕。故知一心三止，所成三眼，見不思議三諦，此見從止得，故受眼名；一心三觀，所成三智，知不思議三境，此智從觀得，故受智名。境之與諦，左右異耳；見之與知，眼目殊稱，不應別説。雖作三止三觀之三説，實是不思議一法耳。」〔四〕

相，實相非觀，亦非不觀。如此等義，但在一念心中，不動真際而有種種差別。經言：『善能〔六〕分別諸法相，於第一義而不動。』〔七〕雖多名字，蓋乃般若之一法。佛説種種名，衆名皆圓，諸義亦圓。相待、絶待對體，不可思議。不可思議故，無有障礙。無有障礙故，具足無減，是圓頓教相顯止觀體也。」

校注

〔一〕「若台教」至此，詳參智顗説、灌頂記摩訶止觀卷三上。

〔二〕摩醯首羅：意譯「大自在」，謂此大王於大千界中得自在故，爲色究竟天主。龍樹造、鳩摩羅什譯大智度論卷二：「摩醯首羅天，秦言『大自在』。八臂，三眼，騎白牛。」

〔三〕龍樹造、鳩摩羅什譯中論卷四觀四諦品：「衆因緣生法，我説即是空。何以故？衆緣具足和合而物生，是物屬衆因緣故無自性。無自性故空，空亦復空，但爲引導衆生故，以假名説。離有、無二邊故，名爲中道。」

〔四〕見鳩摩羅什譯金剛般若波羅蜜經。

〔五〕「盤」，磧砂藏、嘉興藏本作「槃」，摩訶止觀作「磐」，通。五住：即五住地，指一切煩惱的根本。隋慧遠大乘義章卷五五住地義八門分別：「五住之義，如勝鬘説，一、見一處住地，二、欲愛住地，三、色愛住地，四、有愛住地，五、無明住地。」詳見本書卷七三注。盤石砂礫，喻指五住。

〔六〕「善能」，維摩詰所説經作「能善」。按，摩訶止觀已作「善能」。

校　注

〔一〕見請觀世音菩薩消伏毒害陀羅尼呪經。

〔二〕「如」，原作「而」，據摩訶止觀改。

〔三〕龍樹造、鳩摩羅什譯大智度論卷二七：「一心中得一切智、一切種智，斷一切煩惱習。」

〔四〕按，上引文見智顗説、灌頂記摩訶止觀卷三上。

又云：善巧安心者，以觀止安於法性。無明癡惑，本是法性，以癡迷故，法性變作無明。如眠來變心有種種夢，雖顛倒起滅，如旋火輪，不信顛倒起滅，唯信此心，但是法性。起是法性起，滅是法性滅，體其實不起滅，妄謂起滅。以法性繫法性，以法性念法性，常是〔一〕法性，無不法性時。體達既成，不得妄想，亦不得法性，還原反本，法界俱寂，是名爲止。觀者，觀察無明之心，上〔二〕等於法性，本來皆空，譬如劫盡；下等一切妄想善惡，皆如虚空，無二無别。又如劫盡，從地上至初禪，炎炎無非是火。如虚空藏菩薩所現之相，一切皆空〔三〕；如海慧如來所現，一切皆水〔四〕。介爾念起，所念念者，無不即空，空亦不可得，如火木能使薪燃，亦復自燃。法界洞朗，咸皆大明，名之爲觀〔五〕。

校　注

〔一〕「是」，原無，據摩訶止觀補。

〔二〕「上」，原無，據摩訶止觀補。

〔三〕詳見虚空藏菩薩經。

〔四〕千佛因緣經：「（海慧如來）常入禪定，默然不言，終不説法，但放白毫大人相光，施作佛事。（中略）如是白毫大人相中，現無量無數恒河沙印。」

〔五〕「善巧安心者」至此，詳見智顗説、灌頂記摩訶止觀卷五上。

上所言止者，尚不得法性，何況妄想！所言觀者，尚不得空，何況有法！則有、無俱寂，染、浄雙融，方成究竟一心止觀耳。

又，「絶待止觀者，絶横豎諸待，絶諸思議，絶諸教觀，悉皆不生，故名止，止亦不可得。觀冥如境，境既寂滅清浄，尚無清浄，何得有觀」〔一〕。世人約種種語釋絶待義〔二〕，終不得絶。「若得意忘言，心行亦斷，隨智妙悟，無復分別。緣理分別，皆名爲待。真慧開發，絶此諸待，絶即復絶。『諸法不相待，乃至一念不住故。』〔三〕即此意也。」〔四〕

校　注

〔一〕見智顗説、灌頂記摩訶止觀卷三上。

〔二〕按，具體内容詳見智顗説、灌頂記摩訶止觀卷三上。

〔三〕見維摩詰所説經卷上弟子品。

〔四〕見智顗説、灌頂記摩訶止觀卷三上。

輔行記云「若無生門，千萬重疊，唯是一心」〔一〕者，爲「欲修觀人措心難當，故撮示其正意，名爲一心。此即正明一心無生之門。乃至〔二〕既於念念止觀現前，約此心念名爲衆生。何者？揔撮前來若横若竪，既入一心，凡一念起，不離於我，我即衆生，達念念心而寂而照，寂故名止，照故名觀。一心既爾，諸心例然。止觀爲因，眼智爲果，一一念中，無非止觀眼智也」〔三〕。

校注

〔一〕智顗説、灌頂記摩訶止觀卷六下：「若無生門，千萬重疊，秖是無明一念因緣所生法。」

〔二〕乃至：表示引文中間有删略。

〔三〕見湛然述止觀輔行傳弘決卷六之四。

如上三一，若「有三可三，便成差別；有一可一，便成無差。若差則失無差，若無差則失差，開一爲三則失一，合三爲一則失三。今明不爾。昔三猶是今一，今一猶是昔三，開三不失一，合一不失三，即是差即無差，無差即差。若得此意，本有今無，三世有法，無有是處。亦應例云：本無今有，三世有法，斯有是處。無常非無常，境智非境智，因果非因果，例皆如是」〔一〕。

「昔三猶是今一，今一猶是昔三」者，即是不動衆生之性，能成諸佛之性；亦是從實開權，會權歸實；亦是因果同時，迷悟一際。故云：「汝等所行，是菩薩道。」〔二〕一切衆生，即涅槃相〔三〕。

又説一心三觀、三觀一心，若三觀一心，即約縱説；一心三觀，即約横説〔四〕。今非縱故不一，非横故不三，三一、一三，但是真心上義，不可定執爲一爲三、非三非一之解，以宗非數量，道絶名言故。

校注

〔一〕見灌頂大般涅槃經疏卷一二菩薩品。

〔二〕見妙法蓮華經卷三藥草喻品。

〔三〕維摩詰所説經卷上菩薩品：「諸佛知一切衆生畢竟寂滅，即涅槃相，不復更滅。」

〔四〕智顗説、灌頂記仁王護國般若經疏卷一：「一心三觀，三觀一心，如彼天目，不縱不横而得自在。」又，智顗説、灌頂記摩訶止觀卷七上：「若一心三觀法相，即破豎中之通塞；三觀一心，破横中之通塞。」湛然述止觀輔行傳弘決卷七之一：「初破横豎中破豎者，豎通漸入，雖屬一人，前後次第三時各異。以各異故，故非一三。今一心具三，破次第之三，故云『一心三觀，破竪通塞』。三觀一心能破横者，彼横三觀，離屬三人，並在初心，故三不合一。今以三秖是一，破彼分張之三，故云『三觀一心，破横通塞』。應知『一心三觀』與『三觀一心』言互理同，爲破横竪，翻對而説。」

問：經云：「一切無礙人，一道出生死。」〔一〕云何立多種觀門，行相差别？

答：所觀是一，能觀自殊，諸佛徇機，密施善巧。又，法是心體，觀是心用，自心起用，還照自體。如炷生燄，明還照炷；似珠吐光，反照珠體。如華嚴經善財參見彌伽長者，徹見十方佛海〔二〕。顯此定者，唯心之觀，知衆生界無量無邊，皆心現故；明隨心念佛，諸佛現前，以唯心觀，徧該萬有。是以湛然尊者云：「上根唯觀一法，謂觀不思議境。境爲所觀，觀爲能觀。所觀者，謂陰、界、入不出色、心，色從心造，全體是心。此之能造，具足諸法，衆生理具，諸佛已成，成之與理，莫不性等。頌云：一一心中一切心，一一塵中一切塵。一一心中一切塵，一一塵中一切心。一一塵中一切刹，一切刹塵亦復然。諸法諸塵諸刹身，其體悉然無自性。無性本來隨物變，所以相入事恒分。故我身心刹塵徧，諸佛衆生亦復然。一一身土體恒同，何妨心佛衆生異？異故分别染浄緣，緣體本空空不空。三諦三觀三非三，三一一三無所寄。諦觀名别體復同，是故能、所二非二。如是觀時，名觀心性，隨緣不變故名爲性，不變隨緣故名爲心。」〔三〕故此妙境爲諸法本，故此妙觀爲諸行原。上根一觀，横豎該攝，便識無相，衆相宛然〔四〕。若中、下根，不逗此門，則隨機差別，教分多種。雖説種種道，其實爲佛乘，佛乘不動，種種隨心，猶玻瓈珠，隨前塵而變衆色；若金剛寶，置日中而無定形。

校　注

〔一〕出實叉難陀譯大方廣佛華嚴經卷一三。

〔二〕詳見實叉難陀譯大方廣佛華嚴經卷六三。

〔三〕出湛然述止觀大意。

〔四〕湛然述止觀大意：「故此妙境爲諸法本，故此妙觀是諸行源。如是方離偏小邪外，所以居在十法之首。上根一觀，横豎該攝，便識無相，衆相宛然。」

問：自性清淨心本無垢染，云何説斷惑之義？

答：有二種心：一、自性清淨心，二、離垢清淨心。以自性心雖本清淨，以客塵不染而染，修諸對治，得成離垢。未必有垢可離，以自性離故。此即不斷而斷，雖有能斷而無所斷，此是圓斷惑義。如古師云：「斷惑相者，要性相無礙。由能斷無性，方爲能斷；所斷本空，方成所斷。若定有者，則墮於常，不可斷故；若定無者，則墮於〔一〕斷，失聖智故。」〔二〕中論偈云：「能説是因緣，善滅諸戲論。」〔三〕拙度爲不善滅，巧度爲善滅也。善滅者，不斷斷；不善滅者，是定斷也〔四〕。

校注

〔一〕「於」，原無，據嘉興藏、清藏本及大方廣佛華嚴經疏補。

〔二〕見澄觀撰大方廣佛華嚴經疏卷三三。「古師」者，即澄觀。

〔三〕出龍樹造、鳩摩羅什譯中論卷一觀因緣品。

〔四〕智顗撰維摩經玄疏卷二：「故中論云：『能説是因緣，善滅諸戲論。』拙度爲不善滅，説巧度爲善滅也。問曰：此有何殊？答曰：善滅者，不斷斷；不善滅者，是定斷也。」

又，「智障有其三門：一是智障，所謂分別有無之心；二是體障，謂觀非有非無之解，立己能知，故曰體障；三是治想，謂妄識中合〔一〕如正慧。若四、五、六地，斷除分別取有之心。入七地時，斷除分別取無之心。八地已上，斷除體障。前第七地，雖除分別有無之心，猶見己心以爲能觀，如爲所觀。其所觀如不即心，能觀之心不即如，心如別故。心外求法，故有功用；法外立心，故有體障。從第七地入八地時，破捨此障，觀察如外由來無心，心外無如。如外無心，心不異如；心外無如，如不異心〔二〕。故能如心泯同法界，廣大不動。以不異故，自〔三〕外推求，故捨功用，不復如外建立神智，故滅體障。體障滅故，名無障想。第三治想，至佛方滅，故入八地雖無障想，而有治想。從八地已上，無生忍體轉轉寂滅，令彼治想運運自亡，至佛乃窮，今此未盡」〔四〕。

校注

〔一〕「合」，大方廣佛華嚴經隨疏演義鈔作「含」。

〔二〕隋慧遠撰大乘義章卷三八識義十門分别：「觀心外無别如理，如理之外亦無别心。如外無心，心不異如；心外無如，如不異心。心不異如，照而常寂；如不異心，寂而常照。」

〔三〕「自」，原作「息」，據本書卷七六引及大方廣佛華嚴經隨疏演義鈔改。

〔四〕見澄觀述大方廣佛華嚴經隨疏演義鈔卷六九。按，此段引文亦見本書卷七六引，參見卷七六注。

又，「若依頓教，一切煩惱本來自離，不可説即與不即。如法界體性經云：佛告文殊師利：『汝依何教法發菩提心？』文殊言：『教發我見心。何以故？我見際即是菩提故。』〔二〕若華嚴圓教，一切煩惱不可説其體性，但約其用，即甚深廣大。以所障法一即一切，具足主伴，故能障惑亦如是也。是故不分使、習、種、現，但如法界，一得一切得，是故煩惱亦一即一切即也。普賢品明一障一切障」〔二〕。經云：以普賢眼，見一切衆生皆已究竟矣〔三〕。

校注

〔一〕入法界體性經：「佛言：『文殊師利，汝云何爲初行男子女人説法？』文殊師利言：『世尊，我於彼諸善男子善女人所，教發我見，即是爲其説法。世尊，我不滅貪欲諸患而爲説法。所以者何？此等諸法，本性無生、無滅故。世尊，若能滅實際，即能滅我見所生際。世尊，我爲初行善男子、善女人，如是説法，不受佛法，不著凡夫法，於諸法不舉、不捨。世尊，我爲初發意男子、女人，當如是説法。』」

〔二〕出法藏華嚴一乘教義分齊章卷三。「普賢品明一障一切障」，華嚴一乘教義分齊章作「故普賢品明一障一切障，小相品明一斷一切斷者，是此義也」。

〔三〕按，法藏華嚴一乘教義分齊章卷三：「一切二乘等並已迴竟，更不復迴。如經中以普賢眼見一切衆生皆已究竟者是。」「經云」者，非。

故知但了真心，無惑可斷。設有餘習，還以一心佛知見而治之。不入此宗，皆成權漸。以此懺罪，何罪不消？除三毒根，如翻大地。以此發行，何行不成？徹十地源，似窮海底。遊行奮迅，猶師子之王；自在翱翔，若金翅之鳥。

問：唯一真心，入平等際，云何學者證有差殊？

答：此於能證智見有淺深，向無爲法自生差别。涅槃疏云：佛性如世間道，有未行者、有欲行者、有正行者、有已行者，雖有未行等不同，不可言道有二。佛性亦爾，有未見、欲見、正見、已見，雖見不同，理無有二。諸佛同一法界，則理無二是；一塵無非法界，則事弗毫差〔一〕。此即是所證一。若能證殊者，如藏、通二教，只見空而不見不空，如尋夢得眠；若别、圓二教，見不空中道之理，如尋夢得心〔二〕。

校注

〔一〕道暹述涅槃經疏私記卷八迦葉品：「『佛性如虚空』者，明衆生依、正未造之時，本如虚空；造已，亦如虚空，遍一切處。又，佛性如世間道，有未行者，有欲行者，有正行者，有已行者。雖有未行等不同，不可言道有二。佛性亦爾，悉皆無二。『理無二是』者，十方三世諸佛同一法界，而無二理；『事弗毫差』者，一生無非法界故也。」

〔二〕智顗説四念處卷二：「譬如因心有眠有夢，夢諭於空，眠諭於假，心諭於中。聲聞觀四諦無生，如幻如化以入空。緣覺觀十二緣無生，如幻化以入空。菩薩觀六度無生，如幻化以入空，不深見假中，故同住灰斷。若能尋夢得眠，尋眠得心，非但見空，亦見不空，亦見非空非不空。」卷三：「若通教只尋六識，如幻如化即空之觀，但斷枝條，不尋根本無明，不見如來藏。以不見故，不得無明，不得法性。不得無明、不得法性故，不見佛性，如尋夢得眠，不得眠心。」又，摩訶止觀卷三下：「大乘體法，名隨理觀色心，如尋幻得幻師，尋幻師得幻法。亦如尋夢得眠，尋眠得心。尋幻色心得無明，尋無明得佛性，體法通理，故名隨理觀。」湛然述止觀輔行傳弘決卷三之四：「若大乘空，此空由於即事而得，故名隨理。理即事故，即義該深，故即空中含於不空，名爲佛性。故幻化空通通通别，所以用於『尋幻』等譬。言『尋幻得幻師』者，譬觀幻化以見通理。言『尋幻師得幻法』者，譬觀空理以見不空。夢喻亦爾，『尋夢得眠，尋眠得心』，比幻可見。」

又，别門猶執教道次第生起，若圓乘，直了心性，即今具足。又，藏、通以滅心爲極果，頓皆〔一〕圓乘。台教云：六識是緣因〔二〕種，善、惡並是六識起；七識是了因〔三〕種，惑之與解皆是七識；八識是正因〔四〕種，無八識則無生死涅槃。若此三種非佛種類，此外何處更有圓頓之法？二乘斷結，結盡便無佛慧之因，不能成一切種智，失了因種也。若除惡有善，惡盡則不能生一切善，豈有緣因種？若離生死入無餘涅槃，滅身不受生者，豈有正因種〔五〕？

校注

〔一〕「皆」，諸校本作「背」。

〔二〕緣因：謂一切功德善根。緣者，緣助。

〔三〕了因：謂智慧。了者，曉了。

〔四〕正因：謂真如。正者，中正。正因如乳生酪，緣因如醪、煖，了因則如燈照物。

〔五〕「台教云」至此，詳見智顗説、湛然略維摩經略疏卷九。

所以圓覺經云：「清浄慧菩薩白佛言：世尊，願爲一切諸來法衆重宣法王圓滿覺性，一切衆生及諸菩薩、如來世尊所證所得，云何差别？乃至〔一〕佛言：善男子，圓覺自性，非性性有，循諸性起，無取無證，於實相中，實無菩薩及諸衆生。何以故？菩薩、衆生，皆是幻化，幻化滅故，無取證者。譬如眼根不自見眼，性自平等。無平等者，衆生迷倒，未能除滅一切幻化，於滅未滅妄功用中，便顯差别。若得如來寂滅隨順，實無寂滅及寂滅者。

「善男子，一切衆生從無始來，由妄想我及愛我者，曾不自知念念生滅，故起憎愛，躭著五欲。若遇善友，教令開悟浄圓覺性，發明起滅，即知此生性自勞慮。若復有人勞慮永斷，得法界浄，即彼浄解爲自障礙，故於圓覺而不自在，此名凡夫隨順覺性。

「善男子，一切菩薩見解爲礙，雖斷解礙，猶住見覺，覺礙爲礙而不自在，此名菩薩未入地者隨順覺性。

「善男子，有照有覺，俱名障礙，是故菩薩常覺不住，照與照者同時寂滅，譬如有人自斷其首，首已斷故，無能斷者。則以礙心自滅諸礙，礙已斷滅，無滅礙者。脩多羅教，如標月指，若復見月，了知所標畢竟非月。一切如來種種言説，開示菩薩，亦復如是，此名菩薩已入地者隨順覺性。

「善男子，一切障礙，即究竟覺。得念、失念，無非解脱。成法、破法，皆名涅槃。智慧、愚癡，通爲般若。菩薩、外道所成就法，同是菩提。無明、真如無異境界，諸戒、定、慧及婬、怒、癡，俱是梵行，衆生、國土同一法性，地獄、天堂皆爲淨土，有性、無性齊成佛道，一切煩惱畢竟解脱，法界海慧照了諸相，猶如虚空，此名如來隨順覺性。

「善男子，但諸菩薩及末世衆生，居一切時，不起妄念，於諸妄心，亦不息滅，住妄想境，不加了知，於無了知，不辯真實。彼諸衆生聞是法門，信解受持，不生驚畏，是則名爲隨順覺性。」

釋曰：「居一切時，不起妄念」者，念雖即空，不可故起，或串習而生，或接續而起，或覺前念非，别生後念改悔，摠皆是病。但一坐之時，内外心不生，即是真如定。設有異境牽生，唯明正念。正念者，即一心本法。心、境俱虚，了無所得。「於諸妄心，亦不息滅」者，即推初念不見起處，何須斷滅？不見起處，是名真滅。「住妄想境，不加了知」者，妄想内、外諸境皆空，何須强生分别？則不取不捨，妙定相應。「於無了知，不辯真實」者，亦不住無分别，非實非虚，心無所寄，則得本之正宗，還原之妙性矣。

校注

〔一〕乃至：表示引文中間有删略。

問：一切衆生皆同法性，故思益經云：衆生如即是漏盡解脱如〔一〕。云何衆生不具性起功德？

答：性有二種：一、種性義，因所起故；二、法性義，若真若應，皆此性故〔二〕。若是法性，凡、聖皆同；若是種性，須萬善熏修。以浄奪染，性方起故；妄雖即性，不順性故。

校注

〔一〕思益梵天所問經卷二難問品：「凡夫如即是漏盡解脱如，漏盡解脱如即是無餘涅槃如。」

〔二〕「性有二種」至此，出澄觀撰大方廣佛華嚴經疏卷四九。

清涼記云：如來出現義，亦名緣起，亦名性起。若八相覽緣出現，故名緣起，謂由衆生業感如來大悲而出現故。八相成道，從法性生〔一〕，故名性起。今以從緣無性緣起，即名性起。又，浄緣起常順於性，亦名性起，故云「應雖從緣，不違性故」〔二〕。即「無不從此法界流」，即相成門，明性成於緣故。此性起自有二義：一、從緣無性而爲性起；二、法性隨緣故名性起，無不還證此法身故。此乃緣起能成性起，即是相成門也。「以净奪染性即起故」者，明相奪門，亦是通妨。謂有問言：性起唯净，緣起即是性起？故爲此通。謂起有二：一、染，二、净。净謂如來大悲、菩薩萬行等，染謂衆生惑業等。若以染奪净，則屬衆生，故唯緣起。今以净奪染，唯屬諸佛，故名性起〔三〕。

校注

〔一〕「生」，原無，據大方廣佛華嚴經隨疏演義鈔補。

〔二〕出澄觀撰大方廣佛華嚴經疏卷四九。下兩處引文同。

〔三〕「清涼記云」者，詳見澄觀述大方廣佛華嚴經隨疏演義鈔卷七九。

乃至萬法出興，皆是真性中緣起，所以菩薩凡有施爲，皆順法性；衆生以無明根本未盡，我執情見不亡，所有施爲，皆違法性，但成有爲生滅之行，不成性起功德之門。

如起信論云：「此菩薩知法性離慳貪相，是清净施度，隨順修行檀波羅蜜；知法性離五欲境，無破戒相，是清净戒度，隨順修行尸羅波羅蜜；知法性無有苦惱，離瞋害相，是清净忍度，隨順修行羼提波羅蜜；知法性離身心相，無有懈怠，是清净進度，隨順修行毗梨耶波羅蜜；知法性無動無亂，是清净禪度，隨順修行禪那波羅蜜；知法性離諸癡闇，是清净

慧度，隨順修行般若波羅蜜。」〔一〕

校注

〔一〕出實叉難陀譯大乘起信論卷下。

故知菩薩所修一度一行，皆順真如一心法性之理，非是於自性外別有所修，以隨順心性故，所有功德皆如性起，無盡無爲，不取不捨。凡夫所造慳貪乃至癡闇，皆是違真背性，起我見心，所以不隨性起，成無漏功德。設有妄修，皆於自心外別有所得，盡成外道天魔，有爲生滅，以不順真如、違法性故。

又，以修顯性，以性成修。若無性，修亦不成；若無修，性亦不顯。如古德云：「本有如真金，修生如嚴具，由嚴具方顯金德，嚴具無體，全攬金成。」〔一〕「喻顯二德者，如修生，在因漸顯於本有，在果圓滿於本有，非本有理有漸有圓。如初生月，明雖漸滿，而常帶圓月，以圓月常在故，故十五日月，徧在初一、二、三等中，則知滿果徧在因位，亦令後後常具前前，前前常具後後，以初一日有二日月乃至十五日月，以十五日月即初月故，法合可知。由此故云『修生本有』，以初圓時先已圓故；『本有修生』，以初生時亦已圓故，忘懷思之。」〔二〕若不能如是思之，而失大利。猶如窮子，於己庫藏以爲他物〔三〕，或持衣珠而乞丐〔四〕，或守金藏以貧窮〔五〕，皆爲不知自心之寶，致兹況矣。

校注

〔一〕見澄觀撰大方廣佛華嚴經疏卷四七。古德者，即澄觀。

〔二〕見澄觀述大方廣佛華嚴經隨疏演義鈔卷七七。

〔三〕詳見妙法蓮華經卷二信解品，文繁不録。

〔四〕詳見妙法蓮華經卷四五百弟子受記品。

〔五〕詳見大般涅槃經卷七。參見本書卷二〇引。

又如首楞嚴經云：「佛言：一切衆生從無始來，迷己爲物，失於本心，爲物所轉，故於是中觀大觀小。若能轉物，則同如來，身心圓明，不動道場，於一毛端，徧能含受十方國土。」〔一〕夫云轉物者，物虚非轉，唯轉自心，以一切法皆從分别生，因想而成，隨念而至。所以金剛三昧經頌云：「法從分别生，還從分别滅，滅諸分别法，是法非生滅。」〔二〕

校注

〔一〕見大佛頂如來密因修證了義諸菩薩萬行首楞嚴經卷二。

〔二〕見金剛三昧經如來藏品。

故知一切諸法，皆從分別識生。若能悟了分別識空，則知諸法寂滅。若生若滅，俱是分別，分別若亡，法非生滅。亦如法華經三變土田〔一〕，唯是變心，非變土耳。

校注

〔一〕詳見妙法蓮華經卷四見寶塔品。三變土田者，意謂三變穢土爲浄土。釋迦如來之十方分身佛，各將一菩薩爲供養多寶塔，來靈鷲山時，釋迦如來以神力，三變穢土而爲浄土：初變娑婆一世界，次變二百萬億那由他之國，後更變二百萬億那由他之國爲浄土。湛然述法華玄義釋籤卷一三：「三變土田者，土田，梵云『佛刹』，物所生處，名爲土田，即佛生處所也，亦是一切諸法之所生處。三變，表三智破三惑。」

首楞嚴經鈔〔一〕云：「若能轉物，即同如來」者，心外無物，物即是心，但心離分別爲正智，正智即是般若，周徧法界，無有障礙。是故西方國土，水鳥、樹林悉皆説法〔二〕，説法之處，即如如心，所以如來一一根門、徧塵刹土乃至毛端而説妙法。如今但得離念，便同如來真實知見。昔有禪師在蜀地綿竹縣無爲山修道，時有三百餘家設齋，俱請和尚〔三〕。皆由心離分別，即應機無礙。

校注

〔一〕按，錢謙益鈔楞嚴經疏解蒙鈔卷首古今疏解品目：「（延壽）撰宗鏡録一百卷，折衷法門，會歸心要，多取證於楞嚴。所引古釋，即愨、振、沇三家之説也。」愨，指唐崇福寺惟愨法師疏；振，指唐魏北館陶沙門慧振科判；沇，指唐蜀資中弘沇法師疏。此首楞嚴經鈔，不知何指。本書卷一七引云楞嚴經鈔，當屬一書。

〔二〕觀無量壽佛經：「自見生於西方極樂世界，於蓮華中結跏趺坐，作蓮華合想，作蓮華開想。蓮華開時，有五百色光來照身想；眼目開想，見佛菩薩滿虚空中，水鳥、樹林及與諸佛，所出音聲，皆演妙法，與十二部經合。」

〔三〕按，此禪師或即惠寬，參見續高僧傳卷二一唐益州浄慧寺釋惠寬傳。

問：法界群機，以何智證，悉入平等一心究竟如來之藏？

答：約佛性論有五種如來藏，釋摩訶衍論列十種如來藏。且佛性論云：藏有五種：一、如來藏，在纏含果法故；二、自性清浄藏，在纏不染；三、法身藏，果位爲功德所依；四、出世間上上藏，出纏超過二乘菩薩；五、法界藏，通因徹果，外持一切染浄故名法界，内含一切恒沙性德故名藏〔一〕。

校注

〔一〕「佛性論云」至此，見澄觀撰大方廣佛華嚴經疏卷五。又，佛性論卷二辯相分自體相品第一：「如來藏有五種。何等爲五？一、如來藏，自性是其藏義。一切諸法不出如來自性，無我爲相故，故説一切諸法爲如來藏。二者、正法藏，因是其藏義。以一切聖人四念處等正法，皆取此性作境，未生得生，已生得滿，是故説名爲正法藏。三者、法身藏，至得是其藏義。此一切聖人信樂正性，信樂願聞，由此信樂心故，令諸聖人得於四德及過恒沙數等一切如來功德，故説此性名法身藏。四者、出世藏，真實是其藏義。世有三失，一者對治可滅盡故名爲世。此法則無對治，故名出世。二不静住故名爲世，由虚妄心果報，念念滅不住故。此法不爾，故名出世。三由有倒見故，心在世間，則恒倒見，如人在三界，心中決不得見苦法忍等，以其虚妄故名爲世。此法能出世間，故名真實，爲出世藏。五者、自性清浄藏，以祕密是其藏義。若一切法隨順此性，則名爲内；是正非邪，則爲清浄。若諸法違逆此理，則名爲外；是邪非正，名爲染濁。故言自性清浄藏。故勝鬘經言：世尊，佛性者，是如來藏，是正法藏，是法身藏，是出世藏，是自性清浄藏。」

次釋摩訶衍論云：「如來藏有十種，於契經中別別説故。一者、大揔持如來藏，盡攝一切如來故。諸佛無盡藏契經[一二]中作如是説：『佛告文殊：有如來藏名曰大寶無盡殊勝圓滿陁羅尼，盡攝諸藏，無所不通，無所不當，圓滿圓滿，平等平等。一切所有諸如來藏，無有以此非爲根本。何以故？此如來藏，如來藏王、如來藏主、如來藏天、如來藏地，以此義故名曰大寶無盡殊勝圓滿陁羅尼如來藏故。』此經文明何義？所謂顯示陁羅尼藏所依揔相，餘契經中諸如來藏能依別相故。以何義故名如來藏？謂攝持故。

「二者、遠轉遠縛如來藏，一清一滿故。實際契經〔二〕中作如是說：『佛子，如來藏者，唯有覺者，唯有如如，離流轉因，離慮知縛，一一白白，是故名爲如來之藏故。』此經文明何義？所謂顯示真如一心無有惑因、無有覺因，無有惑果、無有覺果，一真一如，唯有浄妙如來體故。以何義故名如來藏？諸無雜故。

「三者、與行與相如來藏，與流轉力，法身如來令覆藏故。楞伽契經中作如是説：『如來藏者，爲善不善因，受苦樂與因倶，若生若滅，猶如技兒故。』〔三〕此經文明何義？所謂顯示生滅一心於惑與力、於覺與力，出現生死涅槃之法。譬如非幻幻人，於諸幻事，隨其所應與力用故。以何義故名如來藏？謂令覆故。

「四者、真如真如如來藏，唯有如故。真修契經〔四〕中作如是説：『如理如理如來藏，非建立，非誹謗，非常、非無常，非正體智之所證得，亦非意意識之所縁境界。何以故？唯有理理，無彼彼故。』此經文明何義？所謂顯示真如門中，性真如理唯理自理，非智自理故。以何義故名〔五〕如來藏？謂無他故。

「五者、生滅真如如來藏，不生不滅被生滅之染故。楞伽契經中作如是説：『大慧，愚癡凡夫不覺不知，執著諸法刹那不住，墮在邪見，而作是言，無漏之法亦刹那不住，破彼真如如來藏故。復次，大慧，金剛如來藏如來證法，若刹那不住者，一切聖人不成聖人故。』〔六〕此經文明何義？所謂顯示生滅門中，性真如理遠離無常之相不生不滅之法故。以何義故名如來藏？謂被染故。

「六者、空如來藏，一切諸〔七〕空覆藏如來故。勝鬘契經中作如是説：『世尊，空如來藏，若離、若脱、若異，一切煩惱藏故。』〔八〕此經文明何義？所謂顯示生滅門中，一切染法隱覆自相本覺無量性功德故。以何義故，一切染法摠名爲空？所謂一切染法幻化差别，體相無實，作用非真，故名爲空，而能隱覆法身如來實德真體，是故名爲如來之藏，從能藏染立其名故。

「七者、不空如來藏，一切不空被空染故。勝鬘契經中作如是説：『世尊，不空如來藏，過恒沙不離、不脱、不異、不思議佛法故。』此經文明何義？所謂顯示生滅門中，自相本覺備過恒沙一切功德，被過恒沙一切染法之所染故。以何義故，一切淨法摠名不空？所謂一切淨法自體中實，作用勝妙，遠離虚假，超越巧僞，故名不空。被染之覆，名如來藏。於出現時名爲法身，於隱覆時名如來藏，故從所淨立其名故。

「八者、能攝如來藏，無明藏中自性淨心能攝一切諸功德故。不增不減契經中作如是説：『如來藏本際相應體及清淨法，此法如實，不虚妄，不離不脱智不思議法，無始本際來，有此清淨相應法體故。』此經文明何義？所謂顯示一切諸衆生自性清淨心從無始已來，具足三智，圓滿四德，無所闕失故。以何義故名如來藏？由顛倒心不知不覺故，從能浄立其名故。

「九者、所攝如來藏，一切染法無明地藏既乃出離，圓滿覺者爲所攝故。不增不減契經中作如是説：『如來本際不相應體及煩惱纏不清浄法，此本際離脱不相應煩惱纏不清浄法，唯有如來菩提智之所能斷故。』此經文明何義？所謂顯示始覺滿佛斷一切障，具一切智，智明爲外，障闇爲内，一切染法智所攝持故。以何義故名如來藏？謂攝持故。

「十者、隱覆如來藏，法身如來煩惱所覆隱没藏故。不增不減契經中作如是説：『如來藏未來際平等恒及有法，即是一切諸法根本，備一切法，具一切法，於世法中不離不脱故。』此經文明何義？所謂顯示多一心體等於法界，徧於三際，具足圓滿染浄諸法，無所不通，無所不至故。復次，顯示隨緣門中自性浄心，於染法中隱藏沉没，法身如來未出現故。是名爲十。」〔九〕

校注

〔一〕筏提摩多譯釋摩訶衍論卷一：「摩訶衍論别所依經，總有一百。（中略）五十五者，諸佛無盡藏經。」

〔二〕筏提摩多譯釋摩訶衍論卷一：「摩訶衍論别所依經，總有一百。（中略）九十三者，法性實際經。」

〔三〕楞伽阿跋多羅寶經卷四：「七識不流轉，不受苦樂，非涅槃因。大慧，如來藏者，受苦樂與因俱，若生若滅。」

〔四〕筏提摩多譯釋摩訶衍論卷一：「摩訶衍論別所依經，總有一百。（中略）四十二者，真修經。」

〔五〕「名」，原作「明」，據釋摩訶衍論改。

〔六〕見入楞伽經卷八剎那品。

〔七〕「諸」，原作「謂」，據釋摩訶衍論改。

〔八〕見勝鬘師子吼一乘大方便方廣經空義隱覆真實章。下一處引文同。

〔九〕見筏提摩多譯釋摩訶衍論卷二。

今取佛性論中第五法界藏及釋摩訶衍論中第一大惣持如來藏，此義弘通，惣攝一切，以實相智，當能證入。如星拱北，似海會川。猶太虚空，無一塵而不入；若宗鏡内，無一法而不歸。衆聖之所乘，諸佛之同證。其餘諸藏，隨染、浄緣，成真如、生滅二門，功德過患，隱顯對治故。以不差而差，不守自性故；以差而不差，不失自性故。則揔別同原，本末一際。

如究竟一乘寶性論偈云：「法身徧無差，皆實有佛性，是故説衆生，常有如來藏。此偈明何義？有三種義，是故如來説一切時一切衆生有如來藏。何等爲三？一者、如來法身徧在一切衆生心識，偈言『法身徧』故；二者、真如之體一切衆生平等無差別，偈言『無差』

故；三者、一切衆生皆悉等有真如佛性，偈言『皆實有佛性』故。」〔一〕

校注

〔一〕出究竟一乘寶性論卷三一切衆生有如來藏品。

問：能證智與所證藏，爲同？爲異？

答：約分別門，亦同亦異。若冥合一味，則無境、智之殊。若言用，即同而異，境不能照，智有照故；言寂，即異而同，境、智無異味故。同故，無心於彼此，忘心契合故；異故，不失於照功，智異木石故〔一〕。是以境、智之原，非離非合，合則境、智俱壞，離則境、智相乖。無境而不成智，以離法無有人故；無智而不成境，以離人無有法故。是以智心常寂，雖照境而無緣；寂不失照，雖空寂而恒用。斯則智照境亦照，境寂智亦寂，寂照雙分而一味，境智融即而歷然。若一二情生，則違真理。或作有情、無情之見，自分彼我之懷；或執有用、無用之心，唯墮〔二〕斷常之網。都爲不了萬法之實性，一道之真宗。若洞斯文，諸情頓破。

校注

〔一〕肇論般若無知論：「般若之與真諦，言用，即同而異；言寂，即異而同。同故，無心於彼此；異故，不失於照功。」澄觀撰大方廣佛華嚴經疏卷五：「於境則不礙真而恒俗，於智則不礙寂而恒照，即境、智非一；境則不礙俗而恒真，智則不廢照而恒寂，即境、智非異。境則空有無二，智則寂照雙融。（中略）言用，則同而異，由境不能照，智有照故；言寂，則異而同，境、智無異味故。同故，無心於彼此，忘心契合故；異故，不失於照功，智異木石故。故名真智證理，境則唯寂，智則寂而常照。」

〔三〕「隳」，磧砂藏、嘉興藏本作「隨」。

問：三界五趣既〔一〕唯一心，云何而有迷悟不同、凡聖昇降？

答：只爲因心故迷，因心故悟；又因悟成聖，因迷作凡，凡、聖但因迷、悟得名。名亦本空，唯有真心湛然不動。但於一真心上，妄執人、法二我，所以似迷；又因了人、法二空，所以似悟。

校注

〔一〕「既」，磧砂藏、嘉興藏本作「即」。

古德云〔一〕：覺非始終，以迷故執我，以悟故見性。如闇中迷杌爲鬼，至明，杌有鬼無。迷杌爲鬼，見杌非新有；了鬼本無，悟鬼非始無。既唯得杌不得鬼者，故知鬼不新無，杌非新有，無取捨也。既二念不生，即爲實觀。何以故？念盡心澄，無生現故，如説水澄得真寶等。

又，凡有所見一切，或見自、見他，皆是迷心自現。如迷東爲西，方實不轉〔二〕，以迷人西不離悟人東，但爲迷人迷故，不見悟人東也。若至悟時，西全是東也。故知迷常在悟，生不離佛。經云：衆生界即佛界，佛界即衆生界〔三〕。但爲迷故癡盲，對目不知見，深自悲哉〔四〕！

故知依方故迷，方位不動；因覺故昧，覺體靡移。則迷無所迷，悟無所悟。迷則以真爲妄，悟則以妄爲真。如夜見杌爲人，晝見人爲杌，一物未嘗異，二見自成差。既知迷悟空，真妄亦何有？

校注

〔一〕按，此説未見他處，「古德」者，不詳。或與後一段皆出華嚴會意，參後注。

〔二〕真諦譯大乘起信論：「如人迷故，謂東爲西，方實不轉。衆生亦爾，無明迷故，謂心爲念，心實不動。」

〔三〕按，此非經原文，而是對經意的概括。

〔四〕「凡有所見一切」至此，亦見本書卷六六，文字略有不同。又，本書卷七八引華嚴會意云：「凡有見自、見他，皆是迷心自現。」故此或出華嚴會意。

問：若無迷悟，平等一心，云何斷惑證果，遲速不等？

答：雖了一心本末平等，以妄習衆生界中差別種子，不熏而熏，無始堅牢，卒難除遣，至十地位，猶有色、心二習。若不勇猛精進，念念常與〔一〕佛知見治之，無由得淨。

校注

〔一〕「與」，清藏本作「以」。

如華嚴經云：「爾時，文殊師利菩薩問勤首菩薩言：『佛子，佛教是一，衆生得見，云何不即悉斷一切諸煩惱縛而得出離？然其色蘊、受蘊、想蘊、行蘊、識蘊，欲界、色界、無色界，無明、貪愛，無有差別，是則佛教於諸衆生，或有利益？或無利益？』時勤首菩薩以頌答曰：『佛子善諦聽，我今如實答，或有速解脱，或有難出離。若欲求除滅，無量諸過惡，當於佛法中，勇猛常精進。譬如微少火，樵濕速令滅，於佛教法中，懈怠者亦然。如鑽燧求火，未出而數息，火勢隨止滅，懈怠者亦然。如人持日珠，不以物承影，火終不可得，懈怠者亦然。譬如赫日照，孩稚閉其目，怪言何不覩，懈怠者亦然。如人無手足，欲以芒草〔二〕箭，偏射破大地，懈怠者亦然。如以一毛端，而取大海水，欲令盡乾竭，懈怠者亦然。又如劫火起，欲以少水滅，於佛教法中，懈怠者亦然。如有見虚空，端居不搖動，而言普騰躡，懈怠者

亦然。』」〔二〕

釋云：「如鑽燧求火，未出而數息，火勢隨止滅，懈怠者亦然」者，當以智慧鑽注於一境，以方便繩善巧迴轉，心智無住，四儀無間，則聖道可生，瞥爾起心，暫時忘照，皆名息也〔三〕。所以寶積經云：譬如繫綵帛在頭上，火來燒綵帛，無暇救火，救實理急故〔四〕。外書勸學，尚云「輕尺璧而重寸陰」〔五〕，況學般若求出生死法，豈可暫忘乎？

校注

〔一〕芒草：草本植物，似茅草。慧苑新譯大方廣佛華嚴經音義卷上：「芒草，一名杜榮，西域既自有之，江東亦多此類，其形似荻，皮重若筍，體質柔弱，不堪勁用也。其宜作『莣』也。」

〔二〕見實叉難陀譯大方廣佛華嚴經卷一三。

〔三〕「當以智慧鑽注於一境」至此，見澄觀撰大方廣佛華嚴經疏卷一五。

〔四〕按，寶積經中未見此説。「寶積經」，或爲「寶雨經」之誤。寶雨經卷九：「得出家已，精勤修習，如頭繫繒綵，爲火所燒，無暇救火，專求勝義。若無勝義，則梵行唐捐，諸佛出世，亦無義利。」

〔五〕淮南子原道訓：「故聖人不貴尺之璧而重寸之陰，時間得而易失也。」

音義

醯，呼鷄反。　炷，之戌反。　翱，五勞反，翱〔一〕也。　翔，徐羊反。　鑽，借官反，刺也。　燧，徐醉反，烽燧也。　躡，尼輒反。　瞥，芳滅反。

戊申歲分司大藏都監開板

校注

〔一〕「翱」，疑爲「翔」之誤。

宗鏡録卷第八十三

慧日永明寺主智覺禪師延壽集

夫真心是一字之王〔一〕，般若之母，云何論説諸佛常依二諦説法？答：若約正宗，心智路絶。若離二諦，斷方便門。以真心是自證法，有何文字？凡能詮教，無非假名，故云依二諦説法。金剛三昧經偈云：「因緣所生義，是義滅非生，滅諸生滅義，是義生非滅。」〔二〕

校注

〔一〕一字之王：即一字王，封號爲一字的王爵，指最爲尊貴的爵位。

〔二〕見金剛三昧經真性空品。

論釋云：此四句義有惣、别，别則明二門義，惣則顯一心法。如是一心二門之内，一切諸法，無所不攝：前二融俗爲真，顯平等義；後二融真爲俗，顯差别門。惣而言之，真俗無二而不守一。由無二故，則是一心；不守一故，舉體爲二〔一〕。又，真俗無二一實之法，諸佛所歸，名如來藏。明無量法及一切行，莫不歸入如來藏中。無邊教法所詮義相，更無異趣〔二〕，唯一實義〔三〕。所言實者，是自心之性，除此之外，皆是虚幻。

校注

〔一〕「此四句義有惣、别」至此，詳見元曉述金剛三昧經論卷下真性空品。

〔二〕「趣」，諸校本作「起」。按，金剛三昧經論作「趣」。

〔三〕「真俗無二一實之法」至此，詳見元曉述金剛三昧經論卷下如來藏品。

智度論云：除一實相外，其餘盡成魔事〔二〕。法華經云：「唯此一事實，餘二即非真。」〔三〕凡經論大意，並是顯宗破執，獨標心性。若通達〔三〕一切諸法即心自性，心外無法，性無不包，猶若虚空，徧一切處，則一切諸法，無非實相。故知諸義但一念心，一理應一切名〔四〕，以理外無名故；一切名即一理，以名外無理故。則是無名之真名，無理之真理。是以一心二諦，體用周足。本約真論俗，從一起多；還約俗論真〔五〕，從多會一。如如意珠，珠以譬真，用以譬俗，即珠是用，即用是珠，不二而二，分真俗耳〔六〕。

校注

〔一〕龍樹造、鳩摩羅什譯大智度論卷五：「除諸法實相，餘殘一切法盡名爲魔。如諸煩惱、結、使、欲、縛、取、纏，陰、界、入，魔王、魔民、魔人，如是等盡名爲魔。」

〔二〕見妙法蓮華經卷一方便品。

〔三〕「通達」，諸校本作「通達者」。

〔四〕智顗説、灌頂記摩訶止觀卷三上：「實相非觀，亦非不觀。如此等義，但在一念心中，不動真際而有種種差別。」湛然述止觀輔行傳弘決卷三之二：「既云諸義但一念心，當知一理應一切名，亦是一理應一切理，故云『不動』乃至『差別』。」

〔五〕智顗説妙法蓮華經玄義卷一〇上：「本約真論俗，還約俗論真，一切智人以無爲法而有差別。」

〔六〕智顗説妙法蓮華經玄義卷一〇上：「圓教二諦者，直説不思議二諦也。真即是俗，俗即是真。如如意珠，珠以譬真，用以譬俗，即珠是用，即用是珠，不二而二，分真俗耳。」

起信論明一心二門，心真如門者，是體。「以一切法無生無滅，本來寂靜，唯是一心，如是名爲心真如門。」〔一〕楞伽經云：「寂滅者，名爲一心。」〔二〕心生滅門者，是用。「此一心體有本覺，而隨無明動作生滅，故於此門，如來之性隱而不顯，名如來藏。」〔三〕楞伽經云：「一心者，名如來藏。」〔四〕又云：「如來藏者，是善不善因。」〔五〕此二門，約體、用分二。若以全體之用，用不離體；全用之體，體不離用：還念其一。以一心染、浄，其性無二，真妄二門，不得有異，故名爲一。此無二處，諸法中實，不同虚空，性自神解，故名爲心。既無有二，何得有一？一無所有，就誰曰心？如是道理，離言絶慮，不知何以言之，强爲一心也〔六〕。

校　注

〔一〕見元曉起信論疏卷上。

〔二〕見入楞嚴經卷一請佛品第一。

〔三〕見元曉起信論疏卷上。

〔四〕見入楞嚴經卷一請佛品第一。

〔五〕見入楞嚴經卷七佛性品。

〔六〕「以一心染、浄」至此，見元曉起信論疏卷上。

問：摩訶衍論云「一即是心，心即是一，無一別心，無心別一。一切諸法，平等一味，一相無相，作一種光明心地之海」〔一〕者，云何復説同相、異相？

答：若同若異，俱一心作故，如海涌千波，千波即海〔二〕。以衆生差别性故，不能同種；以如來平等性故，不能異種。衆生雖差別，不能自異；如來雖平等，不能自同。不能自異故，即異無異也；不能自同故，即同非同也。

校注

〔一〕筏提摩多譯釋摩訶衍論卷九：「一心之法，一即是心，心即是一，無一別心，無心別一。一攝法界，心攝法界，無量無邊妄想境界，寂靜無起，中中離相。一切諸法，平等一味，一相無相，作一種光明心地之海，風風永止，波波盡住，是名通達對治之相。」

〔二〕寶藏論本際虚玄品：「真一萬差，萬差真一。譬如海湧千波，千波即海，故一切皆一，無有異也。」

摩訶衍論云：同相者，一切諸法唯一真如；異者，唯一真如作一切法〔一〕。

校注

〔一〕筏提摩多譯釋摩訶衍論卷四：「一者、同相門，二者、異相門。爲明何義故，建立同相門？爲欲顯示一切諸法唯一真如，無餘法故，當真如門。爲明何義故，建立異相門？爲欲顯示唯一真如作一切法，名相各別，義用不同故，當生滅門。」

金剛三昧論云：「平等一味故，聖人所不能異也；有通有別故，聖人所不能同也。不能同者，即同於異；不能異者，即異於同。」〔一〕又，「不可説異故，可得説是同；不可説同故，可得説是異耳。説與不説，無二無別也」。

校注

〔一〕見元曉述金剛三昧經論卷中無生行品。下一處引文同。

又云：「依甚深教如言取義者，有二種失：一者、聞佛所説動静無二，便謂是一，一實一心，由是撥無二諦道理；二者、聞佛所説空有二門，計有二法而〔一〕無一實，由是誹謗無二中道。」〔二〕

校注

〔一〕「而」，諸校本作「法」。按，金剛三昧經論作「而」。

〔二〕見元曉述金剛三昧經論卷下如來藏品。

又云：如是一心，通爲一切染、净諸法之所依止故，即是諸法根本本來静門，恒沙功德，無所不備。謂一切是隨緣動門，恒沙染法無所不具。然舉染法以望心體，不能徧通，所以經云：「若離若脱。」〔一〕若舉心體望諸净法，無所不徧，故經言：「於世法中，不離不脱。」〔二〕惣明一心通於動静，爲染、浄所依：别顯動門，染法所依；别顯静門，浄法所依〔三〕。

校注

〔一〕出勝鬘師子吼一乘大方便方廣經空義隱覆真實章。

〔二〕出不增不減經。

〔三〕詳見元曉述金剛三昧經論卷上。按，此處所引有删改故，有的地方語義不够明確和貫通，金剛三昧經論原作：「如是一心，通爲一切染、浄諸法之所依止故，即是諸法根本本來静門，恒沙功德，無所不備，故言『備一切法』。隨緣動門，恒沙染法無所不具，故言『具一切法』。然舉染法以望心體，不能遍通，所以離脱。若舉心體望諸染法，遍諸染法無所不通，故言『於世法中，不離不脱』。不離脱義，是隱藏義。此第三門，總明一心通於動静，爲染、浄依。第二門者，别顯動門，染法所依。第一門者，别顯静門，浄法所依。」不增不減經：「如來藏未來際平等恒及有法者，即是一切諸法根本，備一切法、具一切法，於世法中，不離不脱，真實一切法，住持一切法，攝一切法。」

亦如起信於一心立真如、生滅二門，若卷若舒，或惣或别，皆是一心之體用。如日月之光明，似江河之波浪，真心無寄，不落言思。但約世諦隨緣門中，分其二義：以真心不守性故，隨緣成異，即成異門；以隨緣時不失自性故，隨緣不變，即成同門。雖立同異，常冥一際。

古釋一真心非一非異者，真心全體動故，心與生滅非異；而恒不變真性故，與生滅不一。先明不異門，有三義：一、以〔一〕本從末明不異。經云：「如來藏是善不善因，能偏造一切趣生。」〔二〕又經云：佛性隨流成别味〔三〕。二、攝末同本明不異。經云：衆生即如也〔四〕。又云：「十二因緣即佛性。」〔五〕地論云：三界唯一心者，第一義諦也〔六〕。前即末之本，本無别本，唯有生滅，更無别法可相異也；後即本之末，末無别末，故唯有不生滅，亦無别法可相異也。三、本末平等明不異。經偈云：「甚深如來藏，而與七識俱。」〔七〕又論云：唯真不立，單妄不成〔八〕。此顯本末鎔融，際限不分，故云「不異」也。次明不一門者，此中非直不乖不異以明不一，亦乃由不異故成於不一。何以故？若如來藏隨緣作生滅時，失自不生滅者，即不得有生滅也。如水失濕性，則不能成大小之波。是故由不生滅，得有生滅，是故即不異故不一也〔九〕。起信明如來藏與生滅和合，非一非異〔一〇〕，而成辦世、出世間染淨等事。

校注

〔一〕「以」，原無，據大乘起信論義記補。

〔二〕出楞伽阿跋多羅寶經卷四。

〔三〕大般涅槃經卷七：「過去往世有轉輪王，於此雪山爲此藥故，在在處處造作木筩，以接是藥，是藥熟時，從地流出，集木筩中，其味真正。王既殁已，其後是藥，或醋、或醎、或甜、或苦、或辛、或淡，如是一味，隨其流處有種種異。（中略）一味者喻如佛性，以煩惱故出種種味，所謂地獄、畜生、餓鬼、天人，男女、非男非女，刹利、婆羅門、毗舍、首陀。」

〔四〕大方廣三戒經卷中：「一切衆生即是如來。」

〔五〕見大般涅槃經卷三二，南本見卷三〇。

〔六〕十地經論卷八：「但是一心作者，一切三界唯心轉故。云何世諦差別？隨順觀世諦即入第一義諦。」

〔七〕出楞伽阿跋多羅寶經卷四。

〔八〕起信論疏筆削記卷八：「『又論』即十地論。『唯真不生』者，果佛無生故；『單妄不成』者，無所依故。然唯真之法則容有，單妄之法則全無。」按，十地經論中未見此説。隋慧遠大乘義章卷一佛性義五門五别：「佛性有四：一、不善陰。（中略）不善陰者，凡夫五陰，真妄所集，唯真不生，單妄不成，真妄和合，方有陰生。攝陰從妄，唯妄心作，如夢中身，昏夢心作，如波風作。攝陰從真，皆真心作，如夢中身，皆報心作。如波水作，從真義邊，説爲佛性。」

〔九〕「古釋一真心非一非異者」至此，詳見法藏撰大乘起信論義記卷中本，是對真諦譯大乘起信論「所謂不生不滅與生滅和合，非一非異」句中「非一非異」的解釋。

〔一〇〕真諦譯大乘起信論：「心生滅者，依如來藏故有生滅心，所謂不生不滅與生滅和合，非一非異，名爲阿梨耶識。此識有二種義，能攝一切法，生一切法。云何爲二？一者、覺義，二者、不覺義。」

問：論云：「同相者，一切諸法唯一真如。異相者，唯一真如作一切法。」〔一〕此同異二義，爲復法爾自作？爲復因人所置？

答：法性不動，豈有同異之文？改變從心，自起一多之見。如大乘起信論云：「復次，覺與不覺，有二種相：一者、同相，二者、異相。言同相者，譬如種種瓦器，皆同微塵性相。如是無漏無明種種業幻，皆同真如性相。是故脩多羅中，依於此義，説一切衆生本來常住，入於涅槃。菩提之法，非可修相，非可作相，畢竟無得，亦無色相可見。而有見色相者，唯是隨染業幻所作，非是智色不空之性，以智相無可見故。言異相者，如種種瓦器，各各不同。如是無漏無明，隨染幻差別，性染幻業差別故。」〔二〕

校注

〔一〕出筏提摩多譯釋摩訶衍論卷四。參前注引。

〔二〕見真諦譯大乘起信論。

論釋曰：「即此文中，故有二門：一者、同相門，二者、異相門。爲明何義故，建立同相門？爲欲顯示一切諸法唯一真如，無餘法故，當真如門。爲明何義故，建立異相門？爲欲顯示唯一真如作一切法，名相各別，義用不同故，當生滅門。依何契經所建立耶？謂文殊師利答第一經〔一〕。彼契經中當何説耶？謂彼經中作如是説：佛問文殊：『汝久遠來，恒無休息，普徧遊行十方刹中，見何殊事？』文殊答曰：『我久遠來，不見餘事，唯見微塵。』又，佛問言：『汝百年中居于輪家，不見種種瓦器相耶？』文殊對曰：『我唯見塵，不見瓦器。』又，佛問言：『汝實不見地、水、火、風、山川、林樹等種種相耶？』對曰：『我實不見如是等相，唯見微塵。』如是如是，世尊問訖〔二〕，文殊答曰，至一百數。佛問文殊：『見微塵耶？』文殊對曰：『我久遠來，不見微塵。』爾時，世尊告文殊言：『善哉，善哉！汝是大士，能覺一相。能覺一相，即無相法。文殊師利，汝一仁者，非如是覺，依一相門，一切衆生本來常住，入於涅槃。菩提之法，非可修相，非可作相，畢竟無得，亦無色相可見。而有見色相者，唯是隨染業幻所作，非是智色不空之性，以智相無可見故。』異相門者，彼契經中作如是説：佛告身子：『汝見此土，作何心見？』身子答曰：『我見此土山川、林樹、沙礫、土石、日月、宫殿、舍宅等種種相，各各形相、名字差別不同。』佛言：『汝智慧力下劣狹少，心有高下，見如是異。唯汝一人非如是見，一切衆生亦復如是，乃至諸法亦復如是，真妄互熏，染淨相待，功德過患，形相、名字各各差別。隨凡夫心所立名相，有而非實，皆如幻化。』」〔三〕

校　注

〔一〕文殊師利答第一經：諸經録中未見著録，或無漢譯。

〔二〕「訖」，釋摩訶衍論作「詰」。

〔三〕見筏提摩多譯釋摩訶衍論卷四。

問：一心開真如、生滅二門，有何所以？

答：甚有功能，深諧事理。一心者，起大乘之信；二門者，破邪見之執。約真如門，信妙理決定；約生滅門，信業用不亡〔一〕。可謂理事圓通，真俗無滯。

校　注

〔一〕「亡」，原作「立」，據諸校本改。法藏撰大乘起信論義記卷上：「能起大乘信者，辨法功能，謂約真如門，信理決定；約生滅門，信業用不亡。」

釋摩訶衍論云：「心真如門，有十種名：一者名爲如來藏門，無雜亂故；二者名爲不二平等門，無差別故；三者名爲一道清淨門，無異歧故；四者名爲不起不動門，離作業故；五者名爲無斷無縛門，無治障故；六者名爲無去無來門，無上下故；七者名爲出世間門，無四相故；八者名爲寂滅寂静門，無往向故；九者名爲大惣相門，無別相故；十者名爲真如門，無虚僞故。是名爲十。如是十名，惣攝諸佛一切法藏平等義理法門名字。」〔一〕「生滅門有十種名：一者名爲藏識門，攝持一切染净法故；二者名爲如來藏門，覆藏如來法身故；三者名爲起動門，相續作業故；四者名爲有斷有縛門，有治障故；五者名爲有去有來門，有上下故；六者名爲多相分異門，染净之法過恒沙故；七者名爲世間門，四相俱轉故；八者名爲流轉還滅門，具足生死及涅槃故；九者名爲相待俱成門，無自成法故；十者名爲生滅門，表無常相故。如是十名，惣攝諸佛一切法藏種種差別法門名字。」

校　注

〔一〕見筏提摩多譯釋摩訶衍論卷二。下一處引文同。

又，夫真如者，雖在不起不動門，非是凝然不動，寂爾離緣，此落静塵，生於斷見，斯乃隨緣會寂，約法明真。是以無性因緣，理事一際；因緣無性，隱顯同時。如義海云：「入真如者，謂塵〔二〕隨心迴轉，種種義味，成大緣起，雖有種種，而無生滅。雖不生滅，而恒不礙一切隨緣。今無生滅是不變，不礙一切是隨緣，隨緣、不變，是真如義。」〔二〕

校注

〔二〕「塵」，華嚴經義海百門作「一塵」。

〔三〕見法藏述華嚴經義海百門對治獲益門。

問：上説一切衆生皆有本覺，常熏無明，成其浄用。此真如妙用，諸佛化門，爲在真如門中？生滅門中？

答：此是生滅門中本覺真如，故有熏義。真如門中，則無此義。由此本覺内熏不覺，令成猒求，反流順真，故云用也。涅槃經云：闡提之人，未來佛性力故，還生善根〔一〕。佛性力者，即本覺内熏力成其浄用〔二〕。乃至八相成道、十地行位，並約世諦門收。

校注

〔一〕詳見大般涅槃經卷三五，南本見卷三二。

〔二〕「此是生滅門中本覺真如」至此，詳見法藏撰大乘起信論義記卷下本。

問：上立一心真如、生滅二門，爲復從何門入，疾得成就？

答：但從生滅門入，直至道場，不動塵勞而成正覺。起信論云：「復次，爲令衆生從心生滅門入真如門故，令觀色等相皆不成就。云何不成就？謂分〔一〕析麄色漸至微塵，復以方分〔二〕析此微塵，是故若麄若細，一切諸色，唯是妄心分别影像，實無所有。推求餘藴，漸至刹那，相别非一。無爲之法，亦復如是，離於法界，終不可得。如是十方一切諸法，應知悉然，猶如迷人謂東爲西，方實不轉。衆生亦爾，無明迷故，謂心爲動，而實不動。若知動心即不生滅，即得入於真如之門。」〔三〕

校注

〔一〕「分」，原無，據諸校本及大乘起信論補。

〔二〕方分：指上、下、左、右等方位。

〔三〕見實叉難陀譯大乘起信論卷上。

如上二諦之義，不可一向作一解，亦不可一向作二解。所以仁王經二諦品云：「爾時，波斯匿王白佛言：『世尊，勝義諦中，有世俗諦不？若言無者，智不應二；若言有者，智不應一。一二之義，其事云何？』佛言：『大王，汝於過去龍光王佛法中，已問此義，我今無説，汝今無聽，無説無聽，是即名爲一義二義。汝今諦聽！當爲汝説。』爾時，世尊即説偈言：無相勝義諦，體非自他作，因緣如幻有，亦非自他作。法性本無性，勝義諦空如，諸有幻有法，三假集假有〔一〕。無無諦實無，寂滅勝義空，諸法因緣有，有無義如是。有無本自二，譬如牛二角，照解見無二，二諦常不即。解心見無二，求二不可得，非謂二諦一，二亦不可得。於解常自一，於諦常自二，了達此一二，真入勝義諦。世諦幻化起，譬如虚空華，如影如毛輪，因緣故幻有〔二〕。幻化見幻化，愚夫名幻諦，幻師見幻法，諦幻悉皆無〔三〕。若了如是法，即解一二義，徧於一切法，應作如是觀。」〔四〕

故涅槃經況二鳥雙遊者〔五〕，生死俱常無常，涅槃亦爾。在下在高，雙飛雙息。即事而理，即理而事。二諦即中，中即二諦。非二中而二中，是則雙遊義成〔六〕。二鳥者，即鴛鴦鳥，雙飛雙止，雙飛即況雙照，雙止即況雙遮，亦是體用理事，不即不離。

校注

〔一〕良賁述仁王護國般若波羅蜜多經疏卷中二：「『法性本無性』者，諸有爲法真實之性，常自寂滅，無相爲性。『勝義諦空如』者，即此法性不生不滅，常不變易，故云『空如』。『諸有幻有法』者，三有不一，故名諸有。言其體者，蘊等色心，名爲諸有，以不實故，名幻有也。『三假集假有』者，由法、受、名三假集故，有而不實，名假有矣。」

〔二〕良賁述仁王護國般若波羅蜜多經疏卷中二：「『世諦幻化起』者，總明有爲幻化起也。次下兩句，別舉三喻，『譬如虚空花』者，喻妄有也，謂計執性無實體故；言『如影』者，水鏡等影皆託質生，喻依他性業緣現故；『如毛輪』者，合明前也。由翳有異，故見毛輪，若眼翳無，二俱無矣。由心迷故，妄見前二，若智證如，二俱無故。『因緣故幻有』者，結世諦法，由似因緣如幻有故。」

〔三〕良賁述仁王護國般若波羅蜜多經疏卷中二：「『幻化見幻化』者，明諸世間能見、所見悉皆不實，是幻化故。『愚夫名幻諦』者，謂諸異生愚無慧目，常處幻中，名幻諦也。『幻師見幻法』者，謂諸菩薩得如幻身，能見世諦幻不實故。『諦幻悉皆無』者，了人、法空，悉皆無矣。」

〔四〕見仁王護國般若波羅蜜多經卷上二諦品。

〔五〕大般涅槃經卷八：「鳥有二種：一名迦隣提，二名鴛鴦，遊止共俱，不相捨離。是苦、無常、無我等法，亦復如是，不得相離。」

〔六〕「生死俱常無常」至此，見灌頂撰大般涅槃經疏卷一二。

問：真諦云何不稱第一義諦？

答：真但對俗得名，未是中道。又，通了一切法無我，但是真詮，未窮實性，不通真俗。如中道第一義諦者，非離二邊稱中，即是一切法之實性，徧通凡聖情與非情，故稱第一，亦云無等。以無法可過，故稱第一；以無法可比，故稱無等。此非約勝劣而言，以一切法即真如一心故。所以起信論云：「所言法者，謂衆生心。」〔一〕古釋云：「諸法既無，故唯心矣。如萬像本空，唯是一鏡。」〔二〕

校注

〔一〕出真諦譯大乘起信論。

〔二〕按，此説見起信論疏筆削記，故此説當出於傳奥大乘起信論隨疏記，詳見本書卷六注。

問：妙明真心，徧一切處，云何涅槃經云「佛性除於瓦礫」〔一〕？

答：能、所不同，不可執一；心、境一味，不可稱異。若以性從緣，則情非情異，爲性亦殊；若泯緣從性，則非覺不覺；若二性互融，則無非覺悟。華嚴經云「真如無少分非覺悟」〔二〕者，則真如徧一切有情無情之處，若無少分非覺悟者，豈無情非佛性乎？又，經意但除執瓦礫無情之見，非除佛性，則性無不在，量出虚空，寧可除乎？

校注

〔一〕大般涅槃經卷三七：「非佛性者，所謂一切牆壁、瓦石、無情之物，離如是等無情之物，是名佛性。」

〔二〕實叉難陀譯大方廣佛華嚴經卷三〇：「譬如真如，無有少法而能壞亂，令其少分非是覺悟。」

又，古德云〔一〕：覺性是理，覺了屬事。如無情中但有覺性，而無覺了。如木中但有火性，亦無火照。今言性者，但據理本，誰論枝末？又，覺智緣慮名情，自性不改名性。愚人迷性生情，故境智不一；智者了情成性，故物我無二。

校注

〔一〕此説亦見心賦注卷一引。古德者，不詳。

問：萬法唯心，誠證非一。入楞伽經偈云：「三界上下法，我説即是心，離於諸心法，更無有可得。」〔一〕若四維上下皆是自心者，則行、住、坐、臥依何而住？若無依報所居，正報如何成立？

答：有識之身、無情之土皆是内外四大，悉皆無體。且如地大，唯依風輪衆微所成，本無自性，但是有情心變，更無異理，安庠動止，皆在心中。似鳥飛空，不離空界；如魚潛水，豈越水源？入楞伽經偈云：「若一切唯心，世間何處住？去來依何法？云何見地中？如鳥虚空中，依心風而去，不住不觀察，於地上而去。如是諸衆生，依分別風動，自心中來去，如空中飛鳥。見身〔二〕資生器，佛説心如是。」〔三〕故知舉足下足，不離自心，如鳥若離空，何以騫〔四〕翥？魚若離水，豈得浮沉？所以西天祖師彌遮迦問婆須蜜曰：「何方而來？復往何所？」答曰：「自從心來，欲往無處。」〔五〕

校　注

〔一〕見入楞伽經卷七無常品。

〔二〕「身」，原作「是」，據入楞伽經改。身即自身。「見身資生器，佛説心如是」，謂身及資生器世間等，一切皆唯心分別所現。

〔三〕見入楞伽經卷一〇總品。

〔四〕騫：通「鶱」。説文卷四鳥部：「鶱，飛貌，從鳥，寒省聲。」卷一〇馬部：「騫，馬腹縶也。从馬，寒省聲。」玄應一切經音義卷七：「騫翥，許言反，下之庶反，説文：騫翥，飛舉也。」

〔五〕彌遮迦：中印度人，西天二十八祖之第六祖。婆須蜜，北天竺人，西天二十八祖之第七祖。二人對話，詳見各書所載本傳。

又，此土五洩和尚臨終歇食三日而告寂。學人問云：「師何處去？」答：「無處去。」學人云：「某甲〔一〕何不見？」答：「非眼所覩。」〔二〕

校　注

〔一〕「云某甲」，原無，據諸校本補。

〔二〕五洩和尚：釋靈默，傳見宋高僧傳卷一〇唐婺州五洩山靈默傳。此事亦見祖堂集卷一五五洩和尚。

故大集經云：「佛言：即四大中求於菩提，不餘處求，求時不見一切諸物。不見者，即是無處。無處者，即是無住。無住者，即是一切諸法之性。一切諸法若無性者，即是實相。實相者，非常非斷，名畢竟節。」〔一〕

校注

〔一〕見大方等大集經卷一二。

金剛三昧經云：「無住菩薩言：『尊者，我從無本來，今至無本所。』佛言：『汝本不從來，今亦不至所。汝得本利不可思議。乃至〔二〕色無處所，清淨無名，不入於内；眼無處所，清淨無見，不出於外；心無處所，清淨無上，無有起處；識無處所〔三〕，清淨無動，無有緣別，性皆空寂〔三〕。』乃至「如彼心〔四〕王，本無住處，凡夫之心，妄分別見。如如之體，本不有無，有無之相，見唯心識」〔五〕。

云何無本？以無住故。有本則有住，無住則無本。明知衆生業趣去來、諸聖淨界動止，來是心來，去是心去，動是心動，止是心止，畢竟無有去來、動止而可得。不離法界故，則未有一法非心所標。

校注

〔一〕乃至：表示引文中間有删略。下一「乃至」同。

〔二〕「識無處所」，原無，據金剛三昧經補。

〔三〕見金剛三昧經本覺利品。

〔四〕「心」，金剛三昧經作「空」。

〔五〕見金剛三昧經入實際品。

是以文殊師利化善財童子，現三千世界滿中臺觀，善財觀之，忽然不現，世界皆空，問世界來去之處，文殊答言：「從來處來，却歸去處去。」〔一〕即是清浄法界中來，却歸清浄法界中去。故知諸法所生，唯心所現〔二〕；生滅去來，皆如來藏〔三〕。斯乃窮迹達本，見法明宗矣。

校注

〔一〕按，此即大方廣佛華嚴經中文殊師利化善財童子事，然並未緊扣經文。其中「問世界來去之處」者，或據以下經文：實叉難陀譯大方廣佛華嚴經卷二一：「何等爲無記法？謂世間有邊，世間無邊，世間亦有邊亦無邊，世間非有邊非無邊。（中略）世界從何處來？去至何所？何者爲生死最初際？何者爲生死最後際？是名無記法。」卷七九：「彌勒告言：『善男子，此解脱門，名入三世一切境界不忘念智莊嚴藏。善男子，此解脱門中，有不可説不可説解脱門，一生菩薩之所能得。』善財問言：『此莊嚴事何處去耶？』彌勒答言：『於來處去。』曰：『從何處來？』曰：『從菩薩智慧神力中來，依菩薩智慧神力而住，無有去處，亦無住處，非集非常，遠離一切。』」

〔二〕大佛頂如來密因修證了義諸菩薩萬行首楞嚴經卷一：「如來常説：諸法所生，唯心所現。一切因果世界微塵，因心成體。」

〔三〕大佛頂如來密因修證了義諸菩薩萬行首楞嚴經卷二：「生滅去來，本如來藏。」

又如瑠璃光法王子云：「我憶往昔經恒沙劫，有佛出世名無量聲，開示菩薩本覺妙明，觀此世界及衆生身，皆是妄緣風力所轉。我於爾時，觀界安立、觀世動時、觀身動止、觀心動念，諸動無二，等無差別，我時了覺此群動性，來無所從，去無所至。十方微塵顛倒衆生，同一虚妄。如是乃至三千大千一世界内所有衆生，如一器中貯百蚊蚋，啾啾亂鳴，於分寸中鼓發狂鬧。乃至〔一〕我以觀察風力無依，悟菩提心，入三摩地，合〔二〕十方佛傳一妙心，斯爲第一。」〔三〕

校注

〔一〕乃至：表示引文中間有删略。

〔二〕「合」，原作「令」，據嘉興藏本改。

〔三〕出大佛頂如來密因修證了義諸菩薩萬行首楞嚴經卷五。

故知群動無二，唯一妄風，風賴衆緣，本無依處。若能諦觀風力無依，頓悟唯心不動，則本覺妙明，恒照法界，故云十方諸佛傳此一妙心耳。風力既無依，萬法皆無主，來從緣有，去逐幻空，唯本覺心，本無生滅。所以法華經但説一乘〔一〕，開示於此；般若經唯言無二〔二〕，付囑於此；涅槃經佛性平等〔三〕，廣喻於此；華嚴經法界無盡〔四〕，顯現於此。無邊妙旨，同歸宗鏡矣。

校　注

〔一〕妙法蓮華經卷一方便品：「十方佛土中，唯有一乘法，無二亦無三，除佛方便説。」智顗説妙法蓮華經玄義卷七下：「華合未開，譬隱一乘，分別説三；華葉正開，譬會三歸一，但説一乘。」

〔二〕摩訶般若波羅蜜經卷七會宗品：「摩訶衍不異般若波羅蜜，般若波羅蜜不異摩訶衍，般若波羅蜜、摩訶衍無二無別。（中略）乃至禪那波羅蜜亦如是。」

〔三〕大般涅槃經卷二九：「衆生佛性，不一、不二，諸佛平等，猶如虚空，一切衆生同共有之。」

〔四〕法界無盡：指真如之世界無盡。華嚴經謂法界以一法而成一切法，以一切法而起一法，是故一即一切，一切即一。如是法界之一與一切，互爲主伴，相入相即，圓融無礙，重重無盡。參見本書卷一六。

問：楞伽經云佛語心爲宗〔一〕，既立一心爲宗，云何復云無心是道？

答：心爲宗者，是真實心。此心不是有無，無住無依，不生不滅，有佛無佛，性相常住，爲一切萬物之性，猶如虚空體，非一切而能現一切。只爲衆生不了此常住真心，以真心無性，不覺而起妄識之心，遂遺此真心妙性，逐妄輪迴，於畢竟同中成究竟異。一向執此妄心能緣塵徇物，背道違真，則是令息其緣慮妄心。若不起妄心，則能順覺，所以云無心是道〔二〕，亦云冥心合道〔三〕。又，即心無心，常順本覺，未必滅心取證，卻成背道。然雖即心無心，又不可故起，此妄識心對境而生，無體可得。如海上波，隨風斷續，境界妄風不起，分別識浪不生。

校　注

〔一〕宗泐、如玘楞伽阿跋多羅寶經注解卷一：「佛語心者，即諸佛所説心法也。然經中所説法門大約有四，謂五法、三自性、八識、二無我。而獨言心者，蓋此四種法門是一經之綱目，究心之精要。如入楞伽云：『五法自性等衆妙法門，是一切諸佛菩薩入自心境離所行相，稱真實義諸佛教心也。』」

〔二〕裴休集黄檗斷際禪師宛陵録：「問：『如何是佛？』師云：『即心是佛，無心是道。但無生心動念、有無長短、彼我能所等心，心本是佛，佛本是心。』」祖堂集卷三司空山本淨和尚：「天寶三年，敕令中使楊光庭往司空山採恒春藤。（中略）中使設禮再請，師曰：『爲當求佛？爲復問道？若求作佛，即心是佛；

若欲問道，無心是道。』中使不會，再請說之。師又曰：『若欲求佛，即心是佛，佛因心得。若悟無心，佛亦無佛。若欲會道，無心是道。』」

〔三〕冥心：泯滅妄念，進入「無心」的狀態。澄觀大方廣佛華嚴經疏卷一四引鳩摩羅什悟玄序云：「冥心者，可與真一。」即所謂「冥心合道」也。大方廣佛華嚴經隨疏演義鈔卷三二：「冥心者，不己見也。」

密嚴經云：「一切諸世間，譬如熱時焰，以諸不實相，無而妄分別。覺因所覺生，所覺依能覺，離一則無二，譬如光共影。無心亦無境，量及所量事，但依於一心，如是而分別。能知所知法，唯依心妄計，若了所知無，能知則非有。」〔一〕所知無者，則是無境；能知無者，則是無心。妄心幻境既空，一道真心自現。

校注

〔一〕見大乘密嚴經卷上妙身生品。

故知但心不起，萬法無生；纔有起心，即成住著。如大法炬陁羅尼經云：「佛言：一切住即是非住，但是思想移來，次第相續，故有生耳。乃至〔二〕若正思惟，一切皆是無住住也。」〔三〕故知一切萬法，皆從思生。凡有思惟，皆是邪思惟；若無思惟，即是正思惟。故云：「若正思惟，一切皆是無住住也。」無住住者，乃萬法之根本矣。

校注

〔一〕乃至：表示引文中間有删略。

〔二〕見大法炬陀羅尼經卷一七說無注品。

問：若云「心同境空，了不可得」〔一〕者，如今介爾心起，果報非虛。一念善心，遠階佛果；一念惡想，長劫受殃。豈同外色前塵，性是無記？依心假有，體畢竟無；若緣念心，即應是有？

答：此一念心亦不孤起，依他假有，内外皆空。此一念瞥起覺了能知之心，如阿難妄執在其七處〔二〕，世尊一一推破，俱無所在。然因依之處，不過此七，世人同執，熏習堅牢，若非大聖子細推尋，情見無由可脱。此七處既破，則一切處皆無，可以即今現知，無勞更執。

校注

〔一〕佛說除蓋障菩薩所問經卷一五：「由境空故，觀察彼心亦悉是空，心、境空故，能觀察智，而亦是空，了不可得。」

〔二〕七處：佛於楞嚴會上徵詰阿難心目所在之處，謂在内、在外、潛根、在闇内、隨所合處、在中間、無著。詳參後引大佛頂如來密因修證了義諸菩薩萬行首楞嚴經經文。

如首楞嚴經云：「佛告阿難：『如汝所説，真所愛樂，因于心目。若不識知心目所在，則不能得降伏塵勞。譬如國王爲賊所侵，發兵討除，是兵要當知賊所在。使汝流轉，心目爲咎。吾今問汝：唯心與目，今何所在？』阿難白佛言：『世尊，一切世間十種異生〔一〕，同將識心居在身内。縱觀如來青蓮華眼〔二〕，亦在佛面。我今觀此浮根四塵，只在我面，如是識心，實居身内。』佛告阿難：『汝今現坐如來講堂，觀祇陁林今何所在？』『世尊，此大重閣清淨講堂在給孤園，今祇陁林實在堂外。』『阿難，汝今堂中，先何所見？』『世尊，我在堂中，先見如來，次觀大衆，如是外望，方矚林園。』『阿難，汝矚林園，因何有見？』『世尊，此大講堂户牖開豁，故我在堂得遠瞻見。』」

「乃至〔三〕佛告阿難：『如汝所言，身在講堂，户牖開豁，遠矚林園。亦有衆生在此堂中，不見如來，見堂外者？』阿難答言：『世尊，在堂不見如來，能見林泉，無有是處。』『阿難，汝亦如是。汝之心靈，一切明了。若汝現前所明了心，實在身内，爾時先合了知内身。頗有衆生先見身中，後觀外物，縱不能見心、肝、脾、胃、爪生、髮長、筋轉、脉摇，誠合明了，如何不知？必不内知，云何知外？是故應知，汝言覺了能知之心，住在身内，無有是處。』阿難稽首而白佛言：『我聞如來如是法音，悟知我心實居身外。所以者何？譬如燈光然於室中，是燈必能先照室内，從其室門，後及庭際。一切衆生不見身中，獨見身外，亦如燈光，居在室外，不能照室。是義必明，將無所惑，同佛了義，得無妄耶？』

「佛告阿難：『是諸比丘適來從我室羅筏城，循乞摶食，歸祇陁林，我已宿齋，汝觀比丘一人食時，諸人飽不？』阿難答言：『不也，世尊。何以故？是比丘雖阿羅漢，軀命不同，云何一人能令衆飽？』佛告阿難：『若汝覺了知見之心實在身外，身心相外，自不相干，則心所知，身不能覺，覺在身際，心不能知。我今示汝兜羅綿手，汝眼見時，心分别不？』阿難答言：『如是，世尊。』佛告阿難：『若相知者，云何在外？是故應知，汝言覺了能知之心住在身外，無有是處。』阿難白佛言：『世尊，如佛所言，不見内故，不居身内。身心相知，不相離故，不在身外。我今思惟，知在一處。』

「佛言：『處今何在？』阿難言：『此了知心，既不知内而能見外，如我思忖，潛伏根裏，猶如有人取瑠璃椀合其兩眼，雖有物合而不留礙，彼根隨見隨即分别。然我覺了能知之心不見内者，爲在根故。分明矚外無障礙者，潛根内故。』佛告阿難：『如汝所言，潛根内者，猶如瑠璃。彼人當以瑠璃籠眼，當見山河、見瑠璃不？』『如是，世尊，是人當以瑠璃籠眼，實見瑠璃。』佛告阿難：『汝心若同瑠璃合者，當見山河，何不見眼？若見眼者，眼即同境，不得成隨。若不能見，云何説言此了知心潛在根内，如瑠璃合？是故應知，汝言覺了能知之心，潛伏根裏，如瑠璃合，無有是處。』阿難白佛言：『世尊，我今又作如是思惟：是衆生身，腑藏在中，竅穴居外，有藏則闇，有竅則明。今我對佛，開眼見明，名爲見外。閉眼見闇，名爲見内。是義云何？』

「佛告阿難：『汝當閉眼見闇之時，此闇境界爲與眼對？爲不對眼？若與眼對，闇在眼前，云何成内？若成内者，居暗室中無日月燈，此室闇中皆汝焦腑。若不對者，云何成見？若離外見，内對所成，合眼見闇，名爲身中。開眼見明，何不見面？若不見面，内對不成。見面若成，此了知心及與眼根乃在虚空，何成在内？若在虚空，自非汝體，即應如來今見汝面，亦是汝身。汝眼已知，身合非覺，必汝執言身眼兩覺，應有二知，即汝一身應成兩佛。是故應知，汝言見闇名見内者，無有是處。』阿難言：『我常聞佛開示四衆，由心生故種種法生，由法生故種種心生。我今思惟，即思惟體，實我心性，隨所合處，心則隨有，亦非内、外、中間三處。』

「佛告阿難：『汝今説言，由法生故種種心〔四〕生，隨所合處心隨有者，是心無體，則無所合。若無有體而能合者，則十九界因七塵合。是義不然〔五〕。若有體者，如汝以手自挃〔六〕其體，汝所知心，爲復内出？爲從外入？若復内出，還見身中；若從外來，先合見面。』阿難言：『見是其眼，心知非眼，爲見非義。』佛言：『若眼能見，汝在室中門能見不？則諸已死尚有眼存，應皆見物。若見物者，云何名死？』阿難，又汝覺了能知之心，若必有體，爲復一體？爲有多體？今在汝身，爲復偏體？爲不偏體？若一體者，則汝以手挃一支時，四支應覺。若咸覺者，挃應無在。若挃有所，則汝一體自不能成。若多體者，則成多人，何體爲汝？若偏體者，同前所挃。若不偏者，當汝觸頭，亦觸其足，頭有所覺，足應無知。今汝不然。是故應知隨所合處，心則隨有，無有是處。』阿難白佛言：『世尊，我亦聞佛與文殊等諸法王子談實相時，世尊亦言心不在内，亦不在外。如我思惟，内無所見，外不相知。内無知故，在内不成。身心相知，在外非義。今相知故，復内無見，當在中間。』

「佛言：『汝言中間，中必不迷，非無所在。今汝推中，中何爲在？爲復在處？爲當在身？若在身者，在邊非中，在中同内。若在處者，爲有所表？爲無所表？無表同無，表則無定。何以故？如人以表表爲中時，東看則西，南觀成北，表體既混，心應雜亂。』阿難言：『我所説中，非此二種。如世尊言，眼色爲緣，生於眼識。眼有分別，色塵無知，識生其中，則爲心在。』

「佛言：『汝心若在根塵之中，此之心體，爲復兼二？爲不兼二？若兼二者，物體雜亂，物非體知，成敵兩立，云何爲中？兼二不成，非知不知。即無體性，中何爲相？是故應知當在中間，無有是處。』阿難白佛言：『世尊，我昔見佛與大目連、須菩提、富樓那、舍利弗四大弟子共轉法輪，常言覺知分別心性，既不在内，亦不在外，不在中間，俱無所在。一切無著，名之爲心。則我無著，名爲心不？』佛告阿難：『汝言覺知分別心性俱無在者，世間虚空水陸飛行諸所物像，名爲一切。汝不著者，爲在爲無？無則同於龜毛、兎角，云何不著？有不著者，不可名無。無相則無，非無則相。相有則在，云何無著？是故應知一切無著，名覺知心，無有是處。』」〔七〕

如上所推，即今生滅身中，妄心無寄，現量所知，分明無惑，可謂頓悟真心，直了無生矣。

校注

〔一〕子璿集首楞嚴義疏注經卷一：「下文有十二類，今舉大數。凡夫造業不同，感果差别，名爲異生。」十二類者，詳見本書卷首宗鏡録序注。

〔二〕注維摩詰經卷一：「肇曰：（中略）天竺有青蓮華，其葉修而廣，青白分明，有大人目相，故以爲喻也。」

〔三〕乃至：表示引文中間有删略。

〔四〕「心」，原作「法」，據嘉興藏、清藏本及大佛頂如來密因修證了義諸菩薩萬行首楞嚴經改。

〔五〕思坦集注楞嚴經集注卷一：「孤山云：心既隨合而有，則自無體。若本無體而能合者，則十九界與七塵一俱無體，亦應能合。彼既不爾，此云何然？以界但十八、塵唯有六故。」十九界、七塵，喻無法。

〔六〕「揑」，玄應一切經音義卷一四：「揑者，猪栗反，廣疋：『揑，刺也。』謂以指觸人也。」

〔七〕見大佛頂如來密因修證了義諸菩薩萬行首楞嚴經卷一。

音　義

鎔，餘封反，鎔鑄也。　庠，似羊反。　潛，昨鹽反。　騫，去乾反。　翥，章恕反。

脾，符支反，脾胃也。　脉，莫獲反。　筋，舉欣反，筋骨也。　兜，當侯反。

忖，倉本反。　腑，方矩反，肺腑也。　竅，苦弔反，穴也。　焦，即消反。

揑，丁結反，撞也。

戊申歲分司大藏都監開板

宗鏡録卷第八十四

慧日永明寺主智覺禪師延壽集

夫妄心虚假，諸聖同推，此執堅牢，故須具引。又約經論，有三種假〔一〕：一、因成假，因前境對，方乃生心；二、相續假，初心因境，後起分别，念念相續，乃至成事；三、相待假，如待虚空無生説心有生，又計於有心待於無心，如短待長，似近待遠。此三非實，故稱爲假，所以異相互無〔二〕。如中觀論偈云：「異中無異相，不異中亦無，無有異相故，則無彼此異。」〔三〕如長與短異，長中無短相，長無可對故無有長；短中無長相，短無可對故無有短；長中無長相，短無可對故無有短；短中無短相，長無可對故無有長。既無長短，孰言異耶〔四〕？

校　注

〔一〕智顗説、灌頂記摩訶止觀卷五下：「復有三假：謂因成假、相續假、相待假。法塵對意根生，一念心起，即因成假；前念後念次第不斷，即相續假；待餘無心知有此心，即相待假。」因成假，謂諸法因緣所成故，其體即假；相續假，謂諸法前念與後念相續不斷，現法相刹那生滅，故名爲假；相待假，謂諸法不定不實，長短、大小等各有對待，故名爲假。參見本卷後引摩訶止觀。

〔二〕異相：不同的形狀、特徵。大般涅槃經卷三九：「異相互無，名之爲無，如牛中無馬、馬中無牛。（中略）雖牛中無馬，不可説言牛亦是無；雖馬中無牛，亦不可説馬亦是無。涅槃亦爾，煩惱中無涅槃，涅槃中無煩惱，是故名爲異相互無。」

〔三〕見龍樹造、鳩摩羅什譯中論卷二觀合品。

〔四〕「如長與短異」至此，見澄觀述大方廣佛華嚴經隨疏演義鈔卷七四。

又，百論云：「若實有長相，若長中有，若短中有，若共中有，是皆不可得。何以故？長中無長相，以因他故，因短爲長故。短中亦無長相，性相違故，若短中有長，不名爲短。共中亦無長，二俱過故。長相既無，短相亦爾，若無長短，云何相待？」〔一〕

故遮異言不異，非謂有無異，此雙絶以契性。若「約雙顯」者，謂上但顯實〔二〕，則唯性而非相〔三〕，今性、相皆具，故云「雙顯」。謂由體一故非異，相差別故非不異，此舉雙是以顯

校注

〔一〕見鳩摩羅什譯百論卷上破一品。

雙非〔三〕。斯乃非一非異，而一而異，遮照無礙，性相融通。長短既然，萬法皆爾。

校注

〔一〕按，「約雙顯」爲「相對顯實」之第二義，「上」指第一義「唯約顯實」，參後注。此處轉引節略過甚，致語義不明。

〔二〕「相」，原作「異」，據澄觀述大方廣佛華嚴經隨疏演義鈔改。

〔三〕「故遮異言不異」至此，詳見澄觀述大方廣佛華嚴經隨疏演義鈔卷七四。按，澄觀撰大方廣佛華嚴經疏卷四六：「有三句相對顯實，然此三對，釋有三義：一、唯約顯實，則相待而空故，異相互無，故云『不異』。遮異言不異，亦無不異可得，云『非不異』。二、約雙顯，體則不異，相非不異。三、約雙遮，相即性故非異，性即相故非不異。又，相非相故不異，性非性故非不異。」澄觀述大方廣佛華嚴經隨疏演義鈔卷七四：「第一唯約顯實者，（中略）『遮異言不異』下，以相待門釋無不異，謂無異可待故，故二雙絶，以契性空，亦百論云『若無長短，云何相待』意也。二約雙顯者，謂上但顯實，則唯性而非相，今性、相皆具，故云『雙顯』。謂由體一故非異，相差别故非不異，此舉雙是以顯雙非。」

若以初心破此三假，一念無生，得入空觀。夫空觀者，乃一切觀之根本，從此次入假觀。因不得假而入空，復不得空而入假，以非空非假，後入中觀，乃至絶觀。所以止觀廣破四句〔一〕，檢而不得，横竪推而無生。性相俱空，名字亦寂。若一念心起，即具三假，當觀此一念心。

「若心自生者，前念爲根，後念爲識。爲從根生心？爲從識生心？若根能生識，根爲有識故生識？根爲無識故生識？根若有識，根識則並，又無能生所生；根若無識而能生識，諸無識物不能生識。根既無識，何能生識？根雖無識而有識性，故能生識者，此之識性，是有？是無？有已是識，並在於根，何謂爲性？根無識性，不能生識。又，識性與識，爲一？爲異？若一，性即是識，無能無所；若異，還是他生，非心自生。

「若言心不自生，塵來發心故有心生，引經云：『有緣思生，無緣思不生。』〔三〕若爾，塵在意外來發内識，則心由他生。今推此塵，爲是心故生心？爲非心故生心？塵若是心，則不名塵，亦非意外，則同自生，又二心並，則無能、所；塵若非心，那能生心？如前破。

「若塵中有生性，是故生心，此性爲有？爲無？性若是有，性與塵並，亦無能、所；若無，無不能生。

「若根、塵合故有心生者，根、塵各各有心故合生心？各各無心故合生心？若各各有，有合則兩心生，墮在他性中；若各各無，合時亦無。又，根、塵各有心性，合則心生者，當檢此性爲有爲無。如前破。

「若根、塵各離而有心者，此是無因緣生，爲有此離？爲無此離？若有此離，還從緣生，何謂爲離?若無此離,無何能生?若言此離有生性,爲有?爲無?若性是有,還從緣生,不名爲離;若性是無,無何能生?

「如是四句推求,知心畢竟不生,是名從假入空觀。若不悟者,轉入相續假破之。何以故?雖因成假,四破不得心生,今現見心念念生滅,相續不斷,何謂不生?此之念念,爲當前念滅後念生?爲前念不滅後念生?爲前念亦滅亦不滅後念生?爲前念非滅非不滅後念生?

「若前念不滅後念生,此則念自生念,兩生相並,亦無能、所。若前念有生性生於後念,此性爲有?爲無?有則非性,無則不生。如前破。

「若前念滅後念生者,前不滅生,名爲自性。今由滅生,不滅望滅豈非他性?他性滅中,有生故生?無生故生?有生是生,生滅相違。乃至〔三〕生生,何謂滅生?若滅無生,無何能生?若滅有生性性,破如前。

「若前念亦滅亦不滅後念生者,若滅已屬滅?若不滅已屬不滅?若不滅合滅能生,即是共生,共自相違,相違何能生?又,若各有生,即有二過;各各無生,合亦不生。若滅不滅中有生性者,爲有?爲無?若性定有,何謂滅不滅?若性定無,亦何爲謂滅不滅?此不免斷常之失,還墮共過。

「若前念非滅非不滅而後念生者，爲有此非滅非不滅？爲無此非滅非不滅？若有，則非無因；若無，無因不能生。若無因有生性，此性即因，何謂無因？若無，無不能生。

「如是四句推相續假，求心不得，無四實性〔四〕，但有心名字。是字不住内外兩中間，不常自有，相續無性，即世諦破性，名爲性空；相續無名，即真諦破假，名爲相空。性、相俱空，乃至作十八空〔五〕。

「若不得入者，猶計有心待於無心，相待惑起，此與上異。因成假，取根塵兩法和合爲因；相續假，豎取意根前後爲相續。豎望生滅，此是别滅，别滅則狹。今相待假待於通滅，此義則寬。通滅者，如三無爲〔六〕，雖〔七〕不併是滅，而得是無生，待虚空無生而説心生，即是相待假。

「今檢此心，爲待無生心生？爲待有心生？爲待亦生亦無生而心生？爲待非生非無生而心生？

「若待無生而生心者，有此無生？無此無生？若有生可待，還是待有，何謂待無？有有相待，即是自生。若無此無生，無何所待？若只待此無無而生心者，一切無無亦應生心，無望於有，無即是他生。又，無生雖無而有生性，待此性故而知有心。此性爲已生？爲未生？若已生，生即是於生，何謂爲性？性若未生，未生何能生？

「若待生而心生者，生還待生，長應待長，既無此義，何待心生？若待生無生故有心生，如待短得有於長，此墮二過，各有則二生並，各無生全不可得。如前破。

「若待非生非無生而有心生者，論云：從因緣生尚不可得，何況無因緣？又此無因，爲有？爲無？若有，還是待有；若無，還是待無。何謂無因？若言有性，性爲有？爲無？性若是有，爲生？非生？若生，已是生，何謂爲性？若無生，云何能生？

「如是四句推相待假，求心不得，不起性實，但有名字。名字之生，生則無生。

「復次，性相中求陰、入、界不可得，即是法空。性相中〔八〕求人、我知見不可得，名衆生空，乃至十八空等。」〔九〕

校　注

〔一〕按，「四句」者，智顗説、灌頂記摩訶止觀卷五下：「當觀此一念，爲從心自生心？爲對塵生心？爲根、塵共生心？爲根、塵離生心？」「廣破四句」者，見後文引。

〔二〕出摩訶般若波羅蜜經卷一七夢行品。

〔三〕「至」，摩訶止觀作「是」。

〔四〕「無四實性」，摩訶止觀作「無四性實，執心即薄」。於自性、他性、共性和離性（無因性）等四性之相皆不執著爲四實性。御録宗鏡大綱卷一三：「自生、他生、共生、無因生，名四執性。破此四執，名四實性。」

〔五〕性空：謂諸法自性本空，並無實性。相空：謂諸法之相但有假名，並非實有。十八空：内空、外空、内外空、空空、大空、第一義空、有爲空、無爲空、畢竟空、無始空、散空、性空、自相空、諸法空、不可得空、無法空、有法空、無法有法空。詳見大智度論卷三一。

〔六〕三無爲：虚空無爲、擇滅無爲和非擇滅無爲。虚空無爲，謂真空之理離各種障礙，遍滿一切處，猶如虚空。擇滅無爲，謂聲聞之人用智揀擇，遠離見、思煩惱，證寂滅真空之理。擇即揀擇，滅即寂滅。非擇滅無爲，謂聲聞之人證果之後，諸惑不起，自然契悟寂滅真空之理，不假揀擇。無爲者，謂真空寂滅之理本無造作。

〔七〕「雖」，原無，據諸校本及摩訶止觀補。

〔八〕「中」，原無，據摩訶止觀補。

〔九〕見智顗説、灌頂記摩訶止觀卷五下。輔行記釋因成假：初破自生中云「前念爲根，後念爲識」者，根無别體，還指無間滅意爲體。根名能生，由前意滅生後意識。故俱舍論云：「由即六識身，無間滅爲意。」〔一〇〕身者，體也。無間滅時，爲意根體。爾時，五識亦依無間滅意以爲親緣，用五色根以爲疎緣而生五識。五識無間，分别生時，即名意識。今此文意，不是五識，是第六識，緣於有見以爲法塵，即名爲識。即以此識對根研責，故云「根爲有識故生識，根爲無識故生識」。

大智度論：問曰：前念若滅，何能生後？答：有二義：一、念念滅，二、念念生〔二〕。有此二故，故滅得生。恐生斷見，是故須立；今爲破故，是〔三〕故須責。生、滅雖殊，根之與識俱是自心，從根從識，俱屬自性。於自性中，根、識互責，求不可得。又，心之與識，俱對於塵，以立心名。乃至〔四〕根若有識，則有二妨，謂根、識並及能、所並，則有生生無窮之過。若無能、所，生義不成，云何言生？又，無間滅方名生識，根若有識，生滅相違，故並有過。根若無識，即類無識能生識也。又，責有識性，此是縱破。有還同有，亦成並生；無還同無，同無情生。又，識性作一異責〔五〕。若一者，凡言性者，後方能生，識與性一，故無能、所；若異者，性〔六〕若異識，則同外境，外〔七〕境能生，識即同他，如何計自？

次破他性者。雖言心不自生，由有外塵而來發心，塵望於根，塵名爲他。先責是心，則有三妨：一、塵非心妨，則心不名塵；二、塵非意外，同自生妨；三、並生妨。塵若非心，容許塵生；塵若是心，還成心處生心，即名並生。子若生苗，則有能、所；子還生子，則二子並生，有何能、所？塵若非心，則與前根中無識義同，責意亦爾，故云「如前破」。塵有識性，例前可知。

破共生者。墮自、他性，名爲共生。今破：若自、他各各無生，和合亦無。如二砂無油，和合亦無。

破無因不生亦爾。

結成性、相二空者，但無性計，名爲性空。性既破已，但有色心内外之相，既不住於無四句中，故相亦叵得，名爲相空。言「不在内外中間」者，内只是因，外只是緣，中間是共。「常自有」者，只是無因，無此計故，即無四性。此之二空，言雖前後，意不異時。復以二諦結成二空，若有性執世而非諦，破性執已，乃名世諦，故云「世諦破性」。性執破已，但有名字，名之爲假。假即是相，爲空相故，觀於法性，觀理證真，名真諦破相。空非前後，二諦同時，爲辯性、相，前後説耳〔八〕。

校注

〔一〕見玄奘譯阿毗達磨俱舍論卷一。

〔二〕參見龍樹造、鳩摩羅什譯大智度論卷三六。

〔三〕「是」，諸校本作「又」。按，止觀輔行傳弘決作「是」。

〔四〕乃至：表示引文中間有删略。

〔五〕「識性作一異責」，止觀輔行傳弘決作「『識性』下，作一異責」。「『識性』下」者，指上引摩訶止觀中「識性與識，爲一爲異」句後。

〔六〕「性」，原無，據止觀輔行傳弘決補。

〔七〕「外」，原無，據止觀輔行傳弘決補。

〔八〕「輔行記釋因成假」至此，詳見湛然述止觀輔行傳弘決卷五之六。

又，有四運心：一、未運，二、欲運，三、正運，四、運已〔一〕。傅大士頌云：「獨自作，問我心中何所著？推檢四運併無生，千端萬累何能縛？」〔二〕

釋曰：未起、欲起二運之心屬未來，未來何處有心？正起一運之心屬現在，現在不住，何處有心？又屬生時，因未生、已生立生時，未生、已生既無生，生時亦無生。如已去、未去、去時，俱無去法。如中論所破〔三〕。起已一運之心屬過去，過去已謝，何處有心？所以金剛經云：過去心不可得，未來心不可得，現在心不可得〔四〕。三際俱空，一心何有？以所依根本之心尚不有，能依枝末一切萬法，寧是實耶？故云「千端萬累何能縛」。

校注

〔一〕四運心：簡稱「四運」，凡人起念有四位：一、未念，二、欲念，三、正念，四、念已。此四位名四運者，以其念念相續而運行故也。智顗說、灌頂記摩訶止觀卷二上：「四運者，夫心識無形不可見，約四相分別，謂未念、欲念、念、念已。未念名心未起，欲念名心欲起，念名正緣境住，念已名緣境謝。若能了達此四，即入一相無相。」

〔二〕見善慧大士語録卷二獨自詩二十章。「累」，善慧大士語録作「續」。按，湛然述止觀輔行傳弘決卷二之三引云「傳大士獨自詩」，「累」亦作「續」。然其止觀義例卷上引，大正藏本（底本爲萬曆十年刊增上寺報恩藏本）作「累」，但據其校勘記，享和元年刊大谷大學藏本作「續」。

〔三〕詳見中論卷一觀去來品。

〔四〕鳩摩羅什譯金剛般若波羅蜜經：「過去心不可得，現在心不可得，未來心不可得。」

故知但了一念空，諸塵自然破。所依既不有，能依何得生？如源盡流乾，根危葉謝，所以阿難七處執而無據〔一〕，故知邪法難扶；二祖直下求而不生〔二〕，可驗解空方悟。祖佛大約，只指斯宗，既不得能起之心，亦不得所生之境，心不可得故即我喪，境不可得故即法亡。若能人、法俱空，即顯一心妙理。但以心塵相對，萬法縱横，境智一如，千差頓寂。如是方能豁悟本覺靈智真心，無住無依，徧周法界。

校注

〔一〕七處：佛於楞嚴會上徵詰阿難心目所在之處，謂在内、在外、潛根、在闇内、隨所合處、在中間、無著。詳見本書卷八三引大佛頂如來密因修證了義諸菩薩萬行首楞嚴經卷一經文。

〔二〕二祖：指慧可。景德傳燈録卷三第二十八祖菩提達磨：「别記云：師初居少林寺九年，爲二祖説法，秖教曰：『外息諸緣，内心無喘，心如牆壁，可以入道。』慧可種種説心性，理道未契，師秖遮其非，不爲説無念心體。慧可曰：『我已息諸緣。』師曰：『莫不成斷滅去否？』可曰：『不成斷滅。』師曰：『何以驗之，云不斷滅？』可曰：『了了常知，故言之不可及。』師曰：『此是諸佛所傳心體，更勿疑也。』」

廣百論云：「經言：『無有少法自性可得，唯有能造，能造即是心及心法。』又云：『三界唯心。』如是等經，其數無量。是故諸法唯識理成，豈不決定執一切法實唯有識者，亦成顛倒〔一〕？境既〔二〕無，識云何有？經言唯識者，爲令觀識，捨彼外塵。既捨外塵，妄心隨息。妄心息故，證會中道。故經偈言：未達境唯心，起種種分別，達境唯心已，分別則不生。若知境唯心，便捨外塵相，從此息分別，悟平等真空。」〔三〕

校注

〔一〕按，此後大乘廣百論釋論有：「是則應如色等諸法，顛倒境故，其體實無。」

〔二〕「既」，原作「即」，據清藏本及大乘廣百論釋論改。

〔三〕見玄奘譯大乘廣百論釋論卷一〇。

顯識論：「問：境、識俱遣，何識所成？答：境、識俱泯，即是實性，實性即是阿摩羅識。」〔一〕

校　注

〔一〕出真諦譯轉識論。按，此云「顯識論」者，據開元釋教録卷七：「顯識論一卷，内題云顯識品，從無相論出，題云真諦譯，新附此。轉識論一卷，即出前顯識論中，題云真諦譯，新附此。」又，隋慧遠大乘義章卷三八識義十門分別：「阿摩羅識，此云『無垢』，亦曰『本浄』。就真論真，真體常浄，故曰『無垢』。」

維摩經云：「華嚴菩薩曰：『從我起二爲二。見我實相者，不起二法。若不住二法，則無有識。無所識者，是爲入不二法門。』」〔一〕

校　注

〔一〕見維摩詰所説經卷中入不二法門品。

故知見有二法，乃至纖毫，並皆屬識。境、識俱亡，乃入真空之理。所以智光論師〔一〕爲〔二〕中根説法相大乘，境空心有唯識道理，未能全入平等真空；爲上根説無相大乘，辯心、境俱空，平等一味，爲真了義〔三〕。是以因唯識入真空究竟之門，離此別求，非真解脱。

校　注

〔一〕智光論師：中印度摩揭陀國人。玄奘西遊入印時，其爲住於摩訶菩提寺之法師（見大唐大慈恩寺三藏法師傳卷七）。據華嚴經探玄記等，其爲住那爛陀寺的著名論師。

〔二〕「爲」，原作「立」，據華嚴經探玄記改。

〔三〕按，智光論師遠承文殊、龍樹，近稟提婆、清辯，依般若等經、中觀等論立三教，爲諸小根説小乘法，爲中根説法相大乘，爲上根説無相大乘，詳參法藏述華嚴經探玄記卷一等。

唯識鈔〔一〕問云：内心唯識者，爲是真實有？爲非真實有耶？

答：論云：「諸心、心所前陳也依他起故因也，亦如幻事喻也，非真實有法也。」〔二〕

校注

〔一〕唯識鈔：或即義忠撰成唯識論鈔。宋高僧傳卷四唐京兆大慈恩寺義忠傳：「釋義忠，姓尹氏，潞府襄垣人也。（中略）聞長安基師新造疏章，門生填委，聲振天下，乃師資相將，同就基之講肆。未極五年，又通二經五論，則法華、無垢稱及百法、因明、俱舍、成唯識、唯識道等也。（中略）著成唯識論纂要、成唯識論鈔三十卷、法華經鈔二十卷、無垢稱經鈔二十卷。百法論疏最爲要當。」

〔二〕出玄奘譯成唯識論卷二。

問：若爾，心境都無差別，何故乃説唯有識耶？

答：爲遣外道等心、心所外執實有境故，假説唯有識，非唯識言，便有實識。論云：

「爲遣妄執心、心所外實有境故，説唯有識。若執唯識真實有者，如執外境，亦是法執。」〔一〕若法執不生，即入真空矣。

校注

〔一〕出玄奘譯成唯識論卷二。

問：約唯識理，人、法俱空者，即今受用是何等物？

答：所受用法，但是六塵，因緣故生，因緣故滅，決定内無人能受，外無塵可用。十八空論云：「外空者，亦名所受空，離六外入〔二〕，無別法爲可受者。若諸衆生所受所用，但是六塵，内既無人能受，外亦無法可受，即人、法俱空，唯識無境，故名外空。以無境故，亦無有識，即是内空。」〔二〕乃至十八空〔三〕。

校注

〔一〕六外入：雜阿含經卷一三：「何等爲六外入處？色入處、聲入處、香入處、味入處、觸入處、法入處。」

〔二〕見龍樹造、真諦譯十八空論。

〔三〕按，「乃至十八空」者，表省略，十八空論後説餘十六空。十八空，爲破種種邪見而説的十八種空。龍樹造、真諦譯十八空論：「問：空無分別，云何得有十八種耶？答：爲顯人、法二無我是一切法通相，今約諸法種類不同，開爲十八。何者？一、内空，二、外空，三、内外空，四、大空，五、空空，六、真實空，七、有爲空，八、無爲空，九、畢竟空，十、無前後空，十一、不捨離空，十二、佛性空，十三、自相空，十四、一切法空，十五、無法空，十六、有法空，十七、無法有法空，十八、不可得空。」

問：人、法俱空，識又不立，即今見聞，從何而有？

答：一切前塵所現諸法，盡隨念而至，皆對想而生，念息境空，意虚法寂。故經云：想滅閑静，識停無爲〔一〕。又經云：一切諸佛，一切諸法，從意生形〔二〕。又經云：「諸法不牢固，唯立在於念。以解見空者，一切無想念。」〔三〕

故知見聞但是緣起，見畢竟空，如世幻施爲，似空華起滅，故云「見聞如幻翳，三界若空華」〔四〕。且如眼根具五緣得見，然此能見只是五緣，無見者故。若言具五緣發識能見者，未知何緣定能生識？若言一一不生，和合故能生見者，即如五盲和合，應成一見，衆盲既不見，和合云何生？故知非別識生，但有見即是衆緣，所以名緣起也。故經云：「眼不自見，屬諸因緣。緣非見性〔五〕，眼即是空。」〔六〕眼根既然，諸根例爾，但起唯緣起，滅唯緣滅，起、滅唯緣，人、法俱寂。若了此我、法二空，即證圓理，故云「若見因緣法，是名爲見佛」〔七〕。

校注

〔一〕十住斷結經卷一〇夢中成道品：「想滅者閑静，識停者無爲。」

〔二〕支謙譯佛説維摩詰經卷上弟子品：「一切法可知見者，如水月形，一切諸法，從意生形。」

〔三〕出支婁迦讖譯般舟三昧經卷上行品。

〔四〕見大佛頂如來密因修證了義諸菩薩萬行首楞嚴經卷六。

〔五〕「性」，敦煌本法句經作「相」。

〔六〕見敦煌本法句經觀三處空得菩提品第四。又，敦煌遺書伯二〇四九寫卷維摩經疏卷三引云：「法句經云：眼自不見，屬諸因緣。緣非見性，眼即是空。」

〔七〕見龍樹造、鳩摩羅什譯中論卷四觀四諦品。

問：凡夫界中取捨分別、逆順關念、欣猒盈懷，常縛六塵以爲隔礙，如何得根、境融通，一切如意？

答：但見法性，證大涅槃，尚無一法可通，豈有諸法爲礙？則常如意，無有不如意時。故涅槃論云：「今言涅槃如意者，一切苦樂、善惡無不是理，故名如意。」〔一〕釋曰：「無不是理」者，皆一心真如理故。以苦樂是心受，善惡從心生，則無外塵所違所隔。若了一心，豈非如意？若有一法當情，則成諍競。楞伽經偈云：「乃至有所立，一切皆錯亂。若見唯自心，是則無違諍。」〔二〕

所以迷時人逐法，悟後法由人。且如摩尼珠無情色法，尚能無私雨〔三〕寶，周給群情，

故稱如意，況靈臺妙性，豈弗能耶？但歸一心，得大無礙。故云：「轉變天地，自在縱橫。」〔四〕

校注

〔一〕見婆藪槃豆作、達磨菩提譯涅槃論。

〔二〕見大乘入楞伽經卷五如來常無常品。

〔三〕「雨」，原作「兩」，據諸校本改。

〔四〕見寶藏論廣照空有品。

問：論云「唯是一心，故名真如」〔一〕者，真則無僞，如則不變，妙色湛然不空之性，云何經中復説心空則一切法空？

答：夫言空者，説世間一切妄心染法是空，以偏計情執無道理故。若出世佛法真心則不空，以有道理故。起信論云：「真如有二：一、如實空，以能究竟顯實故；二、如實不空，以有自體具足無漏性功德故。所言空者，從本已來，一切染法不相應故，謂離一切法差別之相，以無虚妄心念故。當知真如自性，非有無、一異等相〔二〕。乃至惣説，依一切衆生以有妄心，念念分別，皆不相應，故説爲空。若離妄心，實無可空故。所言不空者，已顯法體

空無妄故。即是真心，常恒不變，浄法滿足，則名不空。」〔三〕

校　注

〔一〕見真諦譯大乘起信論。

〔二〕「非有無、一異等相」，表省略。大乘起信論作：「非有相、非無相、非非有相、非非無相、非有無俱相，非一相、非異相、非非一相、非非異相、非一異俱相。」

〔三〕見真諦譯大乘起信論。

清涼記釋云：不與妄合〔一〕，則名爲空；性具萬德，即名不空。及至釋文，乃云「若離妄心，實無可空」，則顯空藏因妄而顯，而不空藏要由翻染方顯不空，故云「以顯法體空無妄故，即是真心」等。如本有檀〔二〕德，今爲慳貪；本有尸〔三〕德，今隨五欲；本有寂定，今爲亂想；本有大智，今爲愚癡：是則慳藏於施，乃至癡藏於慧。故論云：「以知法性無慳貪故，隨順修行檀波羅蜜」等〔四〕，萬行例然。故論云本有「真實識知義」〔五〕，云「若心有動，非真識知」〔六〕，明妄心之動，藏其真知。是以即妄之空，藏不空之萬德。故經頌云：「知妄本自真，見佛則清浄。」〔七〕故論云「以能究竟顯實故」名爲空，故知空藏能藏不空。能藏既空，則顯不空之藏本來具矣〔八〕。二者、自性心上無妄爲空，隨所無者，即不空德，如空無慳悋即顯有檀，空無妄動顯有性空，故是空藏藏不空也〔九〕。

校注

〔一〕「不與妄合」，大方廣佛華嚴經隨疏演義鈔卷二四作「自性清淨心不與妄合」。

〔二〕檀：即「檀那」之略，意譯「布施」。

〔三〕尸：即「尸羅」「尸怛羅」之略，意譯「清涼」，即戒。

〔四〕見真諦譯大乘起信論。「等」者，表省略。大乘起信論此後有云：「以知法性無染，離五欲過故，隨順修行尸波羅蜜；以知法性無苦，離瞋惱故，隨順修行羼提波羅蜜；以知法性無身心相，離懈怠故，隨順修行毗梨耶波羅蜜；以知法性常定，體無亂故，隨順修行禪波羅蜜；以知法性體明，離無明故，隨順修行般若波羅蜜。」

〔五〕真諦譯大乘起信論：「真如自體相者，一切凡夫、聲聞、緣覺、菩薩、諸佛，無有增減，非前際生，非後際滅，畢竟常恒。從本已來，性自滿足一切功德。所謂自體有大智慧光明義故，偏照法界義故，真實識知義故，自性清淨心義故，常樂我淨義故，清涼不變自在義故。」

〔六〕見真諦譯大乘起信論。

〔七〕見實叉難陀譯大方廣佛華嚴經卷一六。

〔八〕「清涼記釋云」至此，詳見澄觀述大方廣佛華嚴經隨疏演義鈔卷二四。

〔九〕按，「二者、自性心上無妄爲空」至此，澄觀述大方廣佛華嚴經隨疏演義鈔無，然大方廣佛華嚴經疏鈔會本卷七之一中有。又，此處云「二者」，則闕「一者」。據大方廣佛華嚴經疏鈔會本卷七之一，此段引文之前，即在「不與妄合，則名爲空」前有云：「疏引意釋，於空藏不空意猶難見。此有二義，一者、據論標中本意，自性清浄心」等，如此，則「二者」有了交代。

故知一切衆生本覺佛智，本自圓具，但以妄覆而不自知。若了妄空，真覺頓現，如雲開月朗，塵去鏡明。見性之時，故云發得，非是修成。三身滿日，亦云萬行引出，不從外來，皆約一心，本有具足。故知不空之空，體含萬德；不有之有，理合圓宗。空、有相成，無諸障礙。若離空之有，有則是常；若離有之空，空則成斷。今有無齊行，不違一旨，是以智能達有，慧能觀空。若達有而不知空，則失慧眼；觀空而不鑒有，則喪智心。菩薩不盡有爲，不住無爲，盡有則智業不成，住無則慧心不朗。故義海云：「若空異於有，即浄不名浄，以迷空故；若有異於空，即染不名染，以執有故。今有即全空，方名染分；空即全有，方名浄分。由空有無礙，染浄自在也。」〔一〕若空即有、有即空，乃至一切法皆互相即也。既互相即，則畢竟無一異、空有等法於心外發現。設有發現，皆是自心相分，不同凡小，不知取而執有，捨而沉空。

若入此一心中道之門，能成萬行方便之道。如大莊嚴法門經云：「文殊師利言：『方便有二種：一者、不捨生死，二者、不住涅槃。復有二種：一者、空門，二、惡見門。復有二種：一者、無相門，二者、相覺觀門。復有二種：一者、無願門，二者、願生門。復有二種：一者、無作門，二者、種善根行門。復有二種：一者、無生門，二者、示生門。』」〔二〕是以悟宗則逆順同歸，達體則善惡並化。

校注

〔一〕見法藏述華嚴經義海百門決擇成就門。

〔二〕見大莊嚴法門經卷上。

問：論云：說智及智處，俱名爲般若〔一〕。智處即是境，云何成般若？

答：般若有二種：一、真實常住般若，二、觀照有用般若〔二〕。若真實般若，性徧一切處，寂而常照，唯一真心，不分能、所，即不同世間頑境以爲所照，亦不同偏小妄心以爲所照，又亦不同假立真如以爲所照。今則一體潛通，心心互照，以無心外境，亦無境外心，以心是境心，境是心境故。如是融鎔，豈非般若乎？所以云：色無邊故，般若無邊〔三〕。故知離色無心，離心無色。

校注

〔一〕智顗說金剛般若經疏：「大論云：般若有三種，實相、觀照、文字。實相即理境第一義諦，觀照即行人智慧，智慧鑑此實相。説智及智處，皆名爲般若。文字能爲作詮，亦爲般若，故云『無離文字，説乎解脱』。一體三名，同祕密藏。」智顗説四念處卷四：「大論云：念、想、智者，一法異名。初録心名念，次習行爲想，後成辦名智。處者，境也。元從不離薩婆若能觀之智，照而常寂，名之爲念；所觀之境，寂而常照，名之爲處。境寂智亦寂，智照境亦照，一相無相，無相一相，即是實相，實相即一實諦，亦名虚空佛性，亦名大般涅槃。如是境智，無二無異。如如之境，即如如之智。智即是境，説智及智處，皆名爲般若。」

〔二〕龍樹造，鳩摩羅什譯大智度論卷六五：「有二種般若：一者、常住般若；二者、與五波羅蜜共行有用般若波羅蜜。須菩提讚有用般若波羅蜜能破無明黑闇，能與真智慧。」

〔三〕摩訶般若波羅蜜經卷八散花品：「色無邊故，諸菩薩摩訶薩般若波羅蜜無邊。」

如般若經云：「復次，勇猛，菩薩摩訶薩應如是行，色非所緣。何以故？一切法無所緣，無有少法可取故。彼若是可取，此則是所緣。如是，勇猛，非色行色，乃至非識行識。勇猛，一切法不行故，非色見亦非識見，乃至非識知亦非可見。若色至識，非知非見，是名般若波羅蜜。」〔一〕

校注

〔一〕出波羅頗蜜多羅譯般若燈論釋卷二觀緣品之二。

又，文殊般若經云：「文殊師利白佛言：『世尊，修般若波羅蜜時，不見法是應住，是不應住，亦不見境界可取捨相。何以故？如諸如來，不見一切法境界相故，乃至不見諸佛境界，況取聲聞、緣覺、凡夫境界。不取思議相，亦不取不思議相，不見諸法有若干相，自證空法不可思議。如是菩薩摩訶薩，皆已供養無量百千萬億諸佛，種諸善根，乃能於是甚深般若波羅蜜，不驚不怖。』」〔一〕又云：「復次，修般若波羅蜜時，不見凡夫相，不見佛法相，不見諸法有決定相，是爲修般若波羅蜜。」

校注

〔一〕見文殊師利所説摩訶般若波羅蜜經卷上。下一處引文同。

問：世、出世間唯是一心者，云何復分真妄及與内外？

答：真妄、内外，但約世間文字分别，所以心非内外，内外是心；體非真妄，真妄是體。因内立外，而成對治；假妄顯真，非無所以。

進趣大乘方便經云：「心義者，有二種相：一者、内心相，二者、外心相〔一〕。内心〔二〕相者復二：一、真，二、妄。所言真者，謂心體本相，如如不異，清淨圓滿，無障無礙，微密難見，以徧一切處常恒不壞，建立生長一切法故；所言妄者，謂起念、分别、覺知、緣慮、憶想等事，雖復相續，能生一切種種境界，而内虚僞，無有真實，不可見故。所言心外相者，謂一切諸法種種境界等，隨有所念，境界現前，故知有内心及内〔三〕心差别。如是當知内妄想者，爲因爲體；外妄想者，爲果爲用。依如此等義，是故我説一切諸法，悉名爲心。又復當知心外相者，如夢所見種種境界，唯心想作，無實外事。一切境界，悉亦如是，以皆依無明識夢所見，妄想作故。

「復次，應知内心念念不住故，所見、所緣一切境界，亦隨心念念不住，所謂心生故種種法生，心滅故種種法滅。而生滅相但有名字，實不可得。以心不往至於境界，境界亦不來至於心，如鏡中像，無來無去。是故一切法，求生滅定相了不可得。所謂一切法畢竟無體，本來常空，實不生滅。如是一切法實不生滅者，則無一切境界差别之相，寂静一味，名爲真如第一義諦自性清浄心。彼自性清浄心，湛然圓滿，以無分别相故。無分别相者，於一切處無所不在。無所不在者，以能依持建立一切法故。」〔四〕

校　注

〔一〕「内心相」「外心相」，占察善惡業報經作「心内相」「心外相」。

〔二〕「心」，原無，據嘉興藏本補，占察善惡業報經作「心内」。

〔三〕「内」，大正藏本占察善惡業報經作「外」，然據其校勘記，宫本、宋、元、明本皆作「内」。智旭撰占察善惡業報經疏卷下：「『隨有所念，境界現前』，即依自證分起相分也。『故知有内心及内心差别』，即由所緣相分，顯示有能緣見分也。相分如鏡像，見分如鏡光，故名心之外相，非謂在心外也；自證分如鏡面，證自證分如鏡背，故名心之内相，非謂在心内也。譬如鏡面、鏡背，以銅爲體，别無自體，故名爲妄。本覺真如，譬如鏡銅，故名爲真。以真收妄，則若背若面，若光若像，無非是銅，即生滅門是真如門。依真起妄，則秖此一銅，爲背、爲面、爲光、爲像，即真如門是生滅門。約相分别，則銅及背面皆屬于體，故名内相；光之與像皆屬于用，故名外相也。」

〔四〕見占察善惡業報經卷下。進趣大乘方便經者，詳參本書卷三注。

是以華嚴經頌云：「如金與金色，其性無差别，法非法亦然，體性無有異。」〔一〕

又云：「刹平等不違衆生平等，衆生平等不違刹平等；一切衆生平等不違一切法平等，一切法平等不違一切衆生平等；離欲際平等不違一切衆生安住平等，一切衆生安住平等不違離欲際平等；過去不違未來，未來不違過去；過去、未來不違現在，現在不違過去、未來；世平等不違佛平等，佛平等不違世平等；菩薩行不違一切智，一切智不違菩薩行。」〔二〕

校注

〔一〕見實叉難陀譯大方廣佛華嚴經卷一九。

〔二〕見實叉難陀譯大方廣佛華嚴經卷二九。

釋曰：刹與衆生，云何平等？以各無體故，悉不成就。若自類相望，如刹望刹平等；若異類相望，如刹望衆生平等〔一〕。以一無性之理，乃至心境自他、同異高下、十方三世，悉皆平等。

又，事事無違，理理無違。事事無違者，略有三因：一、法性融通。二、緣起相由門。此二即事事無礙義。三、直語同一緣起〔二〕，通事通理。如觀一葉落知天下秋同一秋矣。由不壞之事、不變之性，皆同一緣起故。理理無違者，亦有二門：一、刹無性，即衆生無性；二、理同故，以無可即，亦無可違〔三〕。

校注

〔一〕澄觀撰大方廣佛華嚴經疏卷二九：「事理無違，則有二義：一、自類相望，如刹望刹平等；二、異類相望，如刹望衆生平等。」

〔二〕「起」，原作「記」，據大方廣佛華嚴經隨疏演義鈔改。

〔三〕「事事無違」至此，詳見澄觀述大方廣佛華嚴經隨疏演義鈔卷五〇。

音義

寬，苦官反。狹，侯夾反。研，五堅反。豁，呼括反。泯，武盡反。慳，古閑反，悋也。悋，良刃反。

戊申歲分司大藏都監開板

宗鏡録卷第八十五

慧日永明寺主智覺禪師延壽集

夫稱一心無外境界者，云何華嚴經十地品説初地見百佛，乃至地地增廣，見於多佛〔一〕？

答：所見多少，皆從念生。心狹見少佛，心廣鑒多形。舒卷由心，開合在我，離心之外，實無所得。

校注

〔一〕實叉難陀譯大方廣佛華嚴經卷三四：「是菩薩若欲捨家於佛法中勤行精進，便能捨家、妻子、五欲，依如來教出家學道。既出家已，勤行精進，於一念頃，得百三昧，得見百佛，知百佛神力，能動百佛世界，能過百佛世界，能照百佛世界，能教化百世界衆生，能住壽百劫，能知前後際各百劫事，能入百法門，能示現百身，於一一身能示百菩薩以爲眷屬。若以菩薩殊勝願力自在示現，過於是數，百劫、千劫、百千劫，乃至百千億那由他劫不能數知。」卷三五：「菩薩住此離垢地，以願力故，得見多佛。所謂見多百佛、多千佛、多百千佛、多億佛、多百億佛、多千億佛、多百千億佛，如是乃至見多百千億那由他佛。」

大集經云：憍陳如「復作是念：『我當云何得見諸佛？』爾時，隨其所觀方面，悉得見佛，多觀多見，少觀少見。見已復念：『諸佛世尊無所從來，去無所至，我觀三界是心，是心因身。我隨覺觀，欲多見多，欲少見少。諸佛如來，即是我心。何以故？隨心見故。心即我身，身即是虚空。我因覺觀，見無量佛，我以覺心，見佛、知佛，心不見心，心不知心。我觀法界，性無堅牢，一切諸法皆從覺觀因緣而生。是故法性即是虚空，虚空之性亦復如空。我因是心，見青、黄、赤、白、雜色虚空，作神變已，所見如風，無有真實，則名爲共凡夫如實陁羅尼』」〔一〕。

又云：「『復次，賢護，如人盛壯，容貌端嚴，欲觀己形美、惡、好、醜，即便取器，盛彼清油、或持浄水、或取水精、或執明鏡，用是四物，觀己面像，善、惡、妍、醜，顯現分明。賢護，於意云何？彼所見像，於此油、水、水精、明鏡四處現時，是爲先有耶？』賢護答言：『不也。』曰：『是豈本無耶？』答言：『不也。』曰：『是爲在内耶？』答言：『不也。』曰：『是豈在外耶？』答言：『不也，世尊，唯彼油、水、精、鏡諸物清朗，無濁、無滓，其形在前，彼像隨現。而彼現像不從四物出，亦非餘處來，非自然有，非人造作。當知彼像無所從來，亦無所去，無生、無滅，無有住所。』

「時彼賢護如是答已，佛言：『賢護，如是如是。如汝所説，諸物清浄，彼色明朗，影像自現，不用多功。菩薩亦爾，一心善思，見諸如來，見已即住，住已問義，解釋歡喜，即復思惟：今此佛者，從何所來？而我是身，復從何出？觀彼如來，竟無來處及以去處。我身亦爾，本無出趣，豈有轉還？彼復應作如是思惟：今此三界，唯是心有。何以故？隨彼心念，還自見心。今我從心見佛，我心作佛、我心是佛，我心是如來、我心是我身。我心見佛，心不知心、心不見心，心有想念則成生死，心無想念即是涅槃。諸法不真，思想緣起，所思既寂，能想亦空。賢護，當知諸菩薩等因此三昧，證大菩提。』」〔二〕

校注

〔一〕見大方等大集經卷三二日密分中分別品。

〔二〕出大方等大集經賢護分卷二思惟品。

首楞嚴經云「隨衆生心，應所知量」〔一〕者，古釋云：隨衆生根熟處即現所知量者，即衆生差別境，即知一法塵中，等周法界，爲隣虚塵〔二〕無自性，自性是虚空，虚空即是真空，真空即是本覺。故知如來於一毛孔中，爲無量衆生常説妙法，即知一切毛孔微塵，亦不出我，但解得一微塵法，即數得等同〔三〕法界微塵。是以如來能知四大海水滴數，大地、須彌皆知斤兩，皆由觀此一身。於一身上觀一毛髮，俱知無自性，但於一毛孔中觀，實無有自性，一毛孔亦不可得，不可得處徧法界，知一切智也。所以信心銘云：「一即一切，一切即一，若能如是，何慮不畢？」〔四〕若能如是了達一塵一毛無有自性，唯心所現，則知一切諸法悉然，更無別體。以徇塵執見一切衆生，一法不通，諸塵自滯。

校注

〔一〕見大佛頂如來密因修證了義諸菩薩萬行首楞嚴經卷三。

〔二〕隣虚塵：即極微塵、極細塵，是不可再分析的極微細色塵。隣虚，即接近於虚空。大佛頂如來密因修證了義諸菩薩萬行首楞嚴經卷三：「汝觀地性，麁爲大地，細爲微塵。至隣虚塵，析彼極微，色邊際相，七分所成。更析隣虚，即實空性。」子璿集首楞嚴義疏注經卷三：「隣虚，無方分微也，即是極微，色邊際相。微塵，有方分微也。今經指有方分微名色邊際相，隨經所出，不須和會。」思坦集注楞嚴經集注卷三：「孤山云：言隣虚塵者，以此塵極微，鄰於虚空。有解云：諸瑜伽師作析色明空觀，以假想慧力，分分析麤色，一微塵猶有十方分，但名微塵，不名極微。更析此微爲七分，即無十方分位，名爲極微，亦爲極略色，亦云鄰虚，亦云色邊際，以不可分析故。若析之，則成虚空。」

〔三〕「同」，諸校本作「周」。

〔四〕見僧璨信心銘。

華嚴論云：「以實而論，初發心住中，如一渧之水入海水中，揔同海體，諸龍魚寶藏咸在其中。爲教化衆生故，教網筌罤方法不可不具。以名言竹帛著録，即似如前後義生，體道者應須明鑒，如持寶鏡，普臨萬像。」〔一〕

校注

〔一〕見李通玄撰新華嚴經論卷一一。

又，頌云：「無限智悲成佛德，佛以智悲成十地，還將十地成諸位。前後五位加行門，不離十地智悲起。是故十地初發心，發心即入十地智。雖然五位方便殊，只爲成熟十地智。猶如迅鳥飛虚空，不廢遊行無所至。亦如魚龍遊水中，不廢常遊不離水。如是五位行差別，不廢差别不離智。所有日月歲差別，以智法印無別異。智體不成亦不壞，以明諸位除習氣。了習無習悲行成，萬行常興無作智。」〔一〕

校注

〔一〕見李通玄撰新華嚴經論卷一三。

問：若心外無法，唯是一心者，於外則無善惡業果、苦樂報應，何成佛法，翻墮群邪？

答：若了一心，有、無見絶，境、智雙寂。契彼性空，根、塵兩亡，内、外解脱。亦常照内外，脱於無知。空尚不存，妄從何起？所現外諸苦樂境界，如鏡中像，以自心爲明鏡，還照自之業影。古德云：以如來藏性而爲明鏡，隨業緣質，現果影像。夫業通性及相，謂此業體〔一〕以無性之法而爲其性，以不失業果之相而爲其性。由無性故，能成業果。由不壞相，方顯真空〔二〕。何者？若有性，則善惡業定，不可改移，無有苦樂果報。若壞業相，則成斷滅。以一切因果從自心生，心外實無善惡業可得。以業無自性，但由心起故，所以如影如幻，無有定相。又，以業無自性，故不落有；以不壞業果，故不墮無。非有非無，則一心中理。

校注

〔一〕業體：又稱業性，指業的自體，即能招引苦樂果報的異熟因。

〔二〕「古德云」至此，見澄觀撰大方廣佛華嚴經疏卷一四：「若法相宗，唯以本識爲鏡。今依法性宗，亦以如來藏性而爲明鏡，然有二義：一、隨境界質，現業緣影故，合云業性亦如是。二、隨業緣質，現果影像故。前偈云：『隨其所行業，如是果報生。』二文影略，共顯業果，似有無體。合云業者，謂善、惡等三性者通性及相。謂此業體以無性之法而爲其性，不失業果之相而爲其性。由無性故，能成業果。由不壞相，方顯真空。」故「古德」者，當即澄觀。

問：雖然心即是業，業即是心，既從心生，還從心受，如何現今消其虚妄業報？

答：但了無作，自然業空。所以云：若了無作惡業，一生成佛〔一〕。又云：雖有作業而無作者，即是如來秘密之教〔二〕。又，凡作業，悉是自心横計外法，還自對治，妄取成業。若了心不取，境自不生，無法牽情，云何成業？

校注

〔一〕李通玄撰新華嚴經論卷二二：「若信解無作惡業者，一生成佛，如善財是也。」

〔二〕按，「又云」者，出處不詳。「即是如來秘密之教」者，如大般涅槃經卷三四：「雖有業果，無有作者，無有捨陰及受陰者。」又如本卷後引實叉難陀譯大方廣佛華嚴經卷一三：「隨其所行業，如是果報生，作者無所有，諸佛之所説。」

義海云：「除業報者，爲〔一〕塵上不了自心，爲心外有法，即生憎愛，從貪業成報。然此業報，由心迷塵，妄計而生，但似有顯現，皆無真實。迷者，爲塵相有所從來而復生〔二〕是迷。今了塵相無體，是悟。迷本無從來，悟亦無所去。何以故？以妄心爲有，本無體故。如繩上虵，本無從來，亦無所去。何以故？虵是〔三〕妄心横計爲有，本無體故。若計有來處、去處，還是迷；了無去、來，是悟。悟之與迷，相待安立，非是先有浄心，後有無明，此非二物，不可兩解，但了妄無妄，即爲浄心，終無先浄心而後有無明。」〔四〕故知迷悟唯只一心，如手反覆，但是一手。如是深達，業影自消。

校注

〔一〕「爲」，華嚴經義海百門作「謂」。下二「爲」同。

〔二〕「生」，清藏本作「去」，華嚴經義海百門作「生滅」。

〔三〕「是」，原作「上」，據華嚴經義海百門改。

〔四〕見法藏述華嚴經義海百門決擇成就門。

如華嚴經云：「爾時，文殊師利菩薩問德首菩薩言：『佛子，一切衆生，等有四大，無我、無我所，云何而有受苦、受樂，端正、醜陋，内好、外好，少受、多受，或受現報、或受後報，然法界中無美、無惡？』時德首菩薩以頌答曰：隨其所行業，如是果報生，作者無所有，諸佛之所説。譬如浄明鏡，隨其所對質，現像各不同，業性亦如是。亦如田種子，各各不相知，自然能出生，業性亦如是。又如巧幻師，在彼四衢道，示現衆色相，業性亦如是。如機關木人，能出種種聲，彼無我非我，業性亦如是。亦如衆鳥類，從觳而得出，音聲各不同，業性亦如是。譬如胎藏中，諸根悉成就，體相無來處，業性亦如是。又如在地獄，種種諸苦事，彼悉無所從，業性亦如是。譬如轉輪王，成就勝七寶，來處不可得，業性亦如是。又如諸世界，大火所燒然，此火無來處，業性亦如是。」〔一〕

校注

〔一〕見實叉難陀譯大方廣佛華嚴經卷一三。

淨業障經云：「觀一切法即是佛法，是則爲淨諸業障。」

如有學人問安國和尚〔一〕云：若未悟時，善惡業緣是有不？答：非有。喻如夜夢被惡人逐，或作梵王帝釋，將爲是有，豁然睡覺，寂然無事，信知三界本空，唯是一心。

校注

〔一〕安國和尚：弘韜，雪峰義存法嗣，俗姓陳，泉州仙遊縣人。傳見祖堂集卷一〇安國和尚、景德傳燈録卷一九福州安國弘瑫禪師。

又有問大珠和尚〔一〕云：若爲得知業盡？答：現前心通前生後生，猶如眼見前佛後佛，萬法同時。經云：「一念知一切法是道場，成就一切智故。」〔二〕

校注

〔一〕大珠和尚：即釋慧海。景德傳燈録卷六越州大珠慧海禪師：「越州大珠慧海禪師者，建州人也，姓朱氏。（中略）（馬祖）告衆云：越州有大珠，圓明光透，自在無遮障處也。」

〔二〕出維摩詰所説經卷上菩薩品。又，此大珠和尚事亦見景德傳燈録卷二八越州大珠慧海和尚語。

是知從心所生，皆無真實，如夢心不實，夢事亦虚，世間共知，可深信受。是以善惡之業，理皆性空，不壞緣生，恒冥妙旨。量云「正業」，是有法〔一〕。定即有即空故，是宗〔二〕。因云：即緣成即無性故。同喻云：如幻。幻法術等生，即有不礙虚，正業從緣生，空有不相礙〔三〕。故知萬法從偏計情生，但有虚名，都無實義。

校注

〔一〕有法：因明論式中，構成宗體之前陳（宗前段之主詞）。稱「有法」者，即宗的前段含有後段之法之義。

〔二〕「宗」，或應作「宗法」，參後注。宗法，因明論式中，稱宗的「有法」（主詞）所具有的法爲宗法。

〔三〕澄觀述大方廣佛華嚴經隨疏演義鈔卷五一：「『初句立宗』者，即雖善修正業而知業性空。量云『正業』，是有法。空有無礙，是宗法。因云：緣成即無性故。同喻云：如幻。幻法從緣生，空有不相礙。正業從緣生，同彼幻法不相礙。」這是對大方廣佛華嚴經疏卷三〇中「初句立宗，以無礙爲宗。次句同喻，如幻相有體即虚故」的進一步解釋。而大方廣佛華嚴經疏中「初句立宗」云者，是對實叉難陀譯大方廣佛華嚴經卷三〇「雖善修正業而知業性空，了一切法皆如幻化，知一切法無有自性」的解釋。

如首楞嚴經云：「妙覺湛然，周徧法界，含吐十虛〔一〕，寧有方所？循業發現。世間無知，惑爲因緣及自然性，皆是識心分別計度，但有言説，都無實義。」〔二〕含吐十虛者，含即一真不動，在如來藏中；吐即依妄分別，乃隨處發現。但有纖塵發現之處，皆是自心生，從分別有。若知發處虛妄，則頓悟真空。真空現前，豈存言説？

校注

〔一〕十虛：十方虛空。

〔二〕見大佛頂如來密因修證了義諸菩薩萬行首楞嚴經卷三。

問：真心不動，三際靡遷，云何説心流轉，又云絶流轉義？

答：所云隨流返流，皆約衆生緣慮之心，妄稱流轉。其體常寂，但不見一念起處，即是不流，未必有念可斷。

智嚴經云：文殊師利言〔一〕：「云何斷流轉？以於過去心，不起未來識，不行現在意，不動不住、不思惟、不覺、不分別故。」〔二〕

校注

〔一〕按，據度一切諸佛境界智嚴經，此爲佛告文殊師利之言，非文殊師利言。

〔二〕見度一切諸佛境界智嚴經。「故」，原無，據度一切諸佛境界智嚴經補。

故知以境對境，將心治心，狗逐塊而逾多〔一〕，人避影而徒乏〔二〕。若能知身是影，捨塊就人，則影滅迹沉，安然履道。故知萬動皆搖〔三〕，悉成魔業。若知心不動，則不隨流。方入宗鏡之中，永超魔幻，自然心智寂滅，諸見消亡。

校注

〔一〕大般涅槃經卷二五：「一切凡夫惟觀於果，不觀因緣，如犬逐塊，不逐於人。」大乘寶雲經卷七：「云何名爲如狗逐塊？譬如有人以塊擲狗，狗即捨人而走逐塊。」

〔二〕六度集經卷六：「走身以避影。」宗密大方廣圓覺修多羅了義經略疏注卷下：「若求真捨妄，猶棄影勞形。若滅妄存真，似揚聲止響。」

〔三〕「搖」，原作「婬」，據諸校本改。

如大虚空藏菩薩所問經云：「山相擊王菩薩曰：『譬如有孔隙處，風入其中，搖動於物，有往來相。菩薩亦爾，若心有間隙，心則搖動，以搖動故，魔則得便。是故菩薩守護於心，不令間隙。若心無間隙，則諸相圓滿。以相圓滿故，則空性圓滿，是爲菩薩超魔法門。』乃至〔一〕文殊師利菩薩曰：『仁者，汝等所説，悉是魔境。何以故？施設文字皆爲魔業，乃至佛語猶爲魔業。無有言説，離諸文字，魔無能爲。若無施設，即無我見及文字見，以無我故，則於諸法無有損益。如是入者，則超魔境，是爲菩薩超魔法門。』」〔二〕

校注

〔一〕乃至：表示引文中間有删略。

〔二〕見大集大虚空藏菩薩所問經卷七。

大乘千鉢大教王經云：「佛言：諸天魔幻惑種種相貌，障修學人心眼聖道。乃至〔一〕令見一切幻相前後生死之事，善惡諸相，魔作幻惑，非關正智，唯心示〔二〕變，莫取外緣。修學行人，必不得於夢境界及現眼前取相執著，動轉人心，恐畏怕怖，則被天魔鬼神之所障礙。行人正見，須常諦觀心性，見性寂静，心性無物，是相莫取，則無境界妄想因緣。是故行人勤行精進，實勿退轉懈怠嬾墮，則得速證無上正等菩提。」〔三〕

校注

〔一〕乃至：表示引文中間有删略。

〔二〕「示」，諸校本作「所」。按，經中作「示」。

〔三〕見大乘瑜伽金剛性海曼殊室利千臂千鉢大教王經卷六。

大智度論云：除諸法實相，皆菩薩魔事〔一〕。若證般若，能契實相，即過魔事〔二〕。此是約説證實相時事。當親證時，如人飲水，不可取説而不證。若但説過魔，不離魔界。若過魔界，説證俱絶。是知必無境魔，但從心起。何者？若内心樂生死，則身爲天魔；内心著邪見，則身爲外道。乃至心外見法，理外別求，皆成外道〔三〕。

校注

〔一〕龍樹造、鳩摩羅什譯大智度論卷五：「除諸法實相，餘殘一切法盡名爲魔。」

〔二〕「大智度論云」至此，見澄觀述大方廣佛華嚴經隨疏演義鈔卷六四。

〔三〕敦煌遺書伯二〇四九寫卷維摩經疏卷三：「心外見法，理外妄計，皆名外道。」

問：凡、聖一心，同其種性。種性無異，云何所受因果不同，報應有別？

答：雖自業各受，妄有昇沉，而緣性無生，了不可得。諸法無行經云：「佛告文殊師利：一切衆生，其心皆一，是名種性。」〔一〕種性即根本義。根本常一，而衆生妄起自他差別、凡聖高下，雖起差別，一體不動，以差別性非有故，但是妄起無實體故。所以經云：「佛言：文殊師利，一切衆生皆無有心，緣性不可得故，是名種性。」

校注

〔一〕見諸法無行經卷上。下一處引文同。

又，一切善惡境界，皆是心光；一切勝劣受用，皆是心果。

大莊嚴論偈云：「種種心光起，如是種種相，光體非體故，不得彼法實。」〔一〕種種心光，即是種種事相，或異時起，謂貪、瞋光等；或同時起，謂信、進光等。如是染位心數、淨位心數，唯有光明而無光體，是故世尊不説彼爲真實之法〔二〕。

校注

〔一〕見大乘莊嚴經論卷五。

〔二〕大乘莊嚴經論卷五：「『種種心光起，如是種種相』者，種種心光，即是種種事相，或異時起，或同時起。異時起者，謂貪光、瞋光等；同時起者，謂信光、進光等。『光體非體故，不得彼法實』者，如是染位心數、淨位心數，唯有光相而無光體，是故世尊不説彼爲真實之法。」

又云：諸行刹那增上〔一〕者，「如佛説心將世間去，心牽世間來〔二〕，由心自在，世間隨轉，識緣名色，此説亦爾，故知諸行是心果」〔三〕。又，「隨浄者，浄是禪定人心。彼人諸行，隨浄心轉。修禪比丘具足神通，心得自在，若欲令木爲金，則得隨意，故知諸行皆是心果」〔四〕。又，「隨生者，如作罪衆生可得外物一切下劣，作福衆生可得外物一切妙好，故知諸行皆是心果」〔五〕。

當知一切萬法，既以心爲因，亦以心爲果，雖然浄、穢顯現不同，於心鏡中，如光如影，了不可得。

校注

〔一〕按，此即大乘莊嚴經論所云「成立刹那刹那滅義」之「十五義」中的第十三義「增上」。大乘莊嚴經論卷一一：「以十五義成立刹那刹那滅義：一、由起，二、從因，三、相違，四、不住，五、無體，六、相定，七、隨轉，八、滅盡，九、變異，十、因，十一、果，十二、執持，十三、增上，十四、隨浄，十五、隨生。由此十五義，刹那壞義可得成立。」

〔二〕中阿含經卷四五心經：「世尊告曰：比丘，心將世間去，心爲染著，心起自在。比丘，彼將世間去，彼爲染著，彼起自在。」

〔三〕見大乘莊嚴經論卷一一。下兩處引文同。

〔四〕按，此釋「成立刹那刹那滅義」之「十五義」中的第十四義「隨浄」。

〔五〕按，此釋「成立刹那刹那滅義」之「十五義」中的第十五義「隨生」。

問：入唯識門，觀一切境，自然無相，何用更言破相顯理，復云棄有觀空？若有所破之宗，則立能空之理。既存空法，還成有相之因。若守觀門，豈合無爲之道？

答：夫言破相者，是未入唯識，去其妄執，雖言破相，實無所破。既無所破之有，亦無能破之空，情執若消，空有俱寂。前塵無定，破立隨心。迷真之妄不生，對妄之真亦絶。大智度論云：「種種取相，皆爲虚妄，如玻瓈珠，隨前色變，自無定色。諸法亦如是，無有定相，隨心爲異，若常、無常等相。如以瞋心，見此人爲弊。若瞋心休息〔一〕，婬欲心生，見此人還復爲好。若以憍慢心生，見此人以爲卑賤，聞其有德，還生敬心。如是等有理而憎愛、無理而憎愛，皆是虚妄憶想。若除虚誑，亦無空相、無相相、無作相，無所破故。」〔二〕尚不宗無相之理，豈存破立之門？以成、壞、去、取皆自心故，若直了心，自然絶觀。

校注

〔一〕「息」，原作「自」，據大智度論改。

〔二〕見龍樹造、鳩摩羅什譯大智度論卷四三。

如楞伽經偈云：「一切無涅槃，無有涅槃佛，無有佛涅槃，遠離覺所覺。若有若無有，是二悉俱離，牟尼寂静觀，是則遠離生。是名爲不取，今世後世淨。」〔一〕有二偈半。大雲〔二〕解云：初一偈，令了〔三〕一如〔四〕，謂此約無願觀以顯圓成，無涅槃佛故無願矣。初句，謂色、心等一切法中無得涅槃，以一切法本如故。若得涅槃，是斷常見，滅法是斷，證得是常。次句〔五〕，既無涅槃，云何有佛？故經云見斷煩惱而得成佛〔六〕，此則名爲壞佛法者，煩惱與佛性寂静〔七〕故。第四〔八〕句中，所覺如故，無有涅槃；能覺如故，無有得佛。離覺所覺，混同一如〔九〕。

校注

〔一〕見楞伽阿跋多羅寶經卷一。

〔二〕大雲：指釋圓暉，傳見宋高僧傳卷五唐中大雲寺圓暉傳。此解出其楞伽經疏，詳見後注。

〔三〕「令了」，原作「了令」，據大方廣佛華嚴經隨疏演義鈔改。

〔四〕一如：即真如。一者，平等不二；如者，恒常不變。不二不異，名曰一如。

〔五〕「次句」，大方廣佛華嚴經隨疏演義鈔作「次二句」。據敦煌本楞伽經疏，作「次句」是，參後注。

〔六〕大般涅槃經卷三六：「是人次第得苦法忍，忍性是慧，緣於一諦，如是忍法緣一諦已，乃至見斷煩惱，得須陀洹果。」

〔七〕「静」，大方廣佛華嚴經隨疏演義鈔作「滅」。敦煌本楞伽經疏作「静」，參後注。

〔八〕「第四」，大方廣佛華嚴經隨疏演義鈔作「三四」。據敦煌本楞伽經疏，作「三四」是，參後注。

〔九〕「楞伽經偈云」至此，見澄觀述大方廣佛華嚴經隨疏演義鈔卷八七。又，「大雲解云」者，敦煌遺書伯二一九八大雲圓暉撰楞伽阿跋多羅寶經疏卷一：「解曰：此之一偈，約无願觀以顯圓成，无仏涅槃故无願矣。『一切无涅槃』者，謂色、心等一切法中无得涅槃，以一切法本性如故。若得涅槃，是斷常見。滅法是斷，證得是常。『无有涅槃仏』者，既无涅槃，云何有仏？故下經云：見斷煩惱而得成仏。此則名爲壞仏法者，煩惱與仏性寂静故。『无有仏涅槃，遠離覺所覺』者，所覺如故，无有涅槃；能覺如故，无有得仏。離覺所覺，涅槃同一如。」圓暉撰楞伽經疏，五卷（據敦煌遺書伯二一九八卷首序。據斯五六〇三寫卷，或爲十卷），已佚。敦煌遺書中，伯二一九八和斯五六〇三寫卷抄録此疏。其中，伯二一九八寫卷抄録卷首序及經疏開頭部分，卷首下端略有殘損；斯五六〇三寫卷爲經折裝，首尾皆殘，抄卷一（首殘）、卷二、卷三、卷四、卷五和卷六（尾殘）等，其中卷四首題「楞伽經疏卷第四　中大雲寺沙門圓暉述」、卷六首題「楞伽經疏卷第六　中大雲寺沙門圓暉述」。卷六解經至楞伽阿跋多羅寶經卷三「大慧，然菩薩摩訶薩説一切法如幻夢，現不現相故，及見覺過故，當説一切法如幻夢性，除爲愚夫離恐怖句故。大慧，愚夫墮有無見，莫令彼恐怖，遠離摩訶衍」句，故全疏當應爲十卷。東域傳燈目録著録有楞伽經疏十卷，子注曰：「大雲，此寺名也，人名可尋，東妻室有疏，別云『暉云』，大雲圓暉歟？件疏不明作者。」或即敦煌遺書所見大雲圓暉述楞伽經疏。

問：見聞覺知，不出俗諦心量〔一〕。真諦無得無生，還出心量不？

答：夫量者是能緣心，但有對俗説真，因虚立實，斥差別，論平等，遣異相，建如如，盡是對待得名，破執設教。若能真俗雙拂，空有俱消，了邊即中，無邊可離；達中即邊，無中可存。能證之智既亡，所證之理亦寂，方超心量，入絶待門。若有得無得，有生無生，盡不出於心量〔三〕。

校注

〔一〕俗諦心量：即凡夫的心量，謂心起妄想，度量種種外境起。

〔二〕心量：指如來真證的心量，謂遠離一切所緣、能緣等外在影響而住於無心。

楞伽經偈云：「離一切諸見，及離想所想，無得亦無生，我説爲心量。非性非非性，性非性悉離，謂彼心解脱，我説爲心量。如如與空際，涅槃及法界，種種意生身，我説爲心量。」〔一〕

所以涅槃經云：若有一法過涅槃者，我亦説如幻、如化〔二〕。以涅槃無相，若取於相，即自心現量，非真涅槃，故佛説言：設有一佛過於涅槃，趣所得心，亦成心量，自心所變，盡爲幻化〔三〕。故知似形言跡，瞥生妙解，皆是心量所收〔四〕，未有一法不關心矣。若能悟心無心，了境無境，理量雙消，可入宗鏡。

校注

〔一〕見楞伽阿跋多羅寶經卷三。

〔二〕按，摩訶般若波羅蜜經卷八幻聽品：「須菩提語諸天子：『我説佛道如幻、如夢，我説涅槃亦如幻、如夢。若當有法勝於涅槃者，我説亦復如幻、如夢。何以故？諸天子，是幻夢、涅槃不二不別。』」大般若波羅蜜多經卷四九九：「設更有法過涅槃者，我亦説爲如幻、如化、如夢所見。」寶亮等集大般涅槃經集解卷一辨體：「故般若經云：設有法過於涅槃，亦説如幻、如夢矣。」涅槃經中未見此説。「涅槃經云」者，當誤。

〔三〕大般若波羅蜜多經卷四六七：「諸行如幻、虚妄不實、不得自在，亦如虚空無我，有情、命者、生者、養者、士夫、補特伽羅、意生、儒童、作者、受者、知者、見者皆不可得，唯是虚妄分别所起，一切皆是自心所變。」

〔四〕「收」，原作「牧」，據諸校本改。

問：夫論心量，不出見聞。若約見聞，則存前境，云何成唯心之義？

答：此是無心之心量，非有實體。

問：若無實體，云何建立一切諸法？

答：只由無體無性，方成萬有。萬有所起，不離真空。若言有性，一法不成。則空不自空，豈能容色？若色不自色，方能合空。摩訶衍論云「一切諸法，唯心迴轉，無餘法」〔一〕者，如是心法，亦不可得。楞伽經云：「無心之心量，我説爲心量。」〔二〕由「心不可得」之句，立大空之義；由「無心之心量」句，成幻差別之義。由大空之義，諸法得成；由幻差別義，空理得顯。

校注

〔一〕見筏提摩多譯釋摩訶衍論卷四。

〔二〕見楞伽阿跋多羅寶經卷三。

問：妄能覆真，全成生死；真能奪妄，純現涅槃。真妄若離，互不生起；真妄若合，二諦不成。如何會通一心妙理？

答：一心二諦，教理所歸，開即迷真，合則壞俗。何者？相隨真起，即相而可辯真原；覺因妄生，因妄而能知覺體。無妄則覺不自立，無真則相無所依。真、妄相和，染、浄成事。唯真不立，無妄而對誰立真？單妄不成，無真而憑何説妄？真妄各無自體，名相本同一原，是則二諦恒分，一味常在，藏性不動，緣起萬差。故知實無一法而有自體獨立者，皆從真、妄二法和合而起。如起信論云：「不生不滅與生滅和合，非一非異，名阿賴耶識。」〔一〕變起根身、器世間等〔三〕。

校注

〔一〕見真諦譯大乘起信論。

〔二〕真諦譯大乘起信論：「此識有二種義，能攝一切法、生一切法。」宗密注注華嚴法界觀門真空觀：「以色等本是真如一心，與生滅和合，名阿梨耶識等，而爲能變，變起根身、器界。」根身者，即眼等諸根。器世間，又稱器界、器世界等，即衆生居住的國土世界，以世界如器故。

釋摩訶衍論云：生滅因緣者有二：一者、不相應生滅因緣，二者、相應生滅因緣。論云：現鏡識體〔一〕，六塵境界，如其次第，爲彼三種相應染法〔二〕能作因緣，是故說言麁重生滅之因緣門。現識體中，又有緣義，應審思惟。復次，更有二重因緣：一者、本偏因緣，二、末偏因緣。言本偏者，舉本無明及本覺心，望於六塵相應，有因緣義；言末偏者，舉業、轉、現相〔三〕，望於三相應，有因緣義故。復次，更有二因緣：一者、上下因緣，二者、下上因緣。言上下者，無明爲始，果報爲終，上下與力，不越其數，作因緣故；言下上者，果報爲始，無明爲終，下上與力，不越其數，作因緣故。復次，一切有爲生滅之法，刹那不住，無因無緣故。復次，因緣之法，空而無主，其實自性不可得故。復次，不可得法，不可得亦不可得故。

復次，生滅因緣者，所謂衆生依〔四〕心、意、意識轉故。此文爲明何義？謂欲顯示所依、能依之差別故。云何所依？謂本覺心。云何能依？謂即衆生。言衆生者，當何法耶？謂意、意識。何故意及意識名爲衆生？意及意識，一切衆染合集而生，故名衆生。而無別自體，唯依心爲體，是故説言依心而轉〔五〕。

校注

〔一〕現鏡識：即現識，又名藏識，真心與無明和合而生染浄法之識體。楞伽阿跋多羅寶經卷一：「譬如明鏡持諸色像，現識處現，亦復如是。」志福撰釋摩訶衍論通玄鈔卷三：「『現鏡識體』者，體則性也，同楞伽云『藏識海常住』。又，體謂事體，偈云『日月與光明』等。」

〔二〕三種相應染法：一、執相應染，我執之煩惱與心王相應而起，執著外境，以染浄心者。二、不斷相應染，於苦、樂等境，法執之煩惱與心王相應而起，相續不斷，以染浄心者。三、分別智相應染，分別智與心王相應而污浄心者。分別智，能分別世間、出世間諸法之智。真諦譯大乘起信論：「染心者有六種。云何爲六？一者、執相應染，依二乘解脱及信相應地遠離故。二者、不斷相應染，依信相應地修學方便，漸漸能捨，得浄心地究竟離故。三者、分別智相應染，依具戒地漸離，乃至無相方便地究竟離故。四者、現色不相應染，依色自在地能離故。五者、能見心不相應染，依心自在地能離故。六者、根本業不相應染，依菩薩盡地，得入如來地能離故。不了一法界義者，從信相應地觀察學斷，入浄心地隨分得離，乃至如來地能究竟離故。言相應義者，謂心念法異，依染浄差別，而知相緣相同故。不相應義者，謂即心不覺，常無别異，不同知相緣相故。又染心義者，名爲煩惱礙，能障真如根本智故。」

〔三〕業、轉、現相：即三細相。詳見本書卷五六。

〔四〕「依」，原無，據大乘起信論、釋摩訶衍論補。

〔五〕「生滅因緣者有二」至此，詳見筏提摩多譯釋摩訶衍論卷四。

又云：「無明之相，不離覺性，非可壞，非不可壞。猶如大海，風相、水相不相捨離」〔一〕者，大海喻阿賴耶識；水喻本覺心；風喻根本無明，根本〔二〕不覺能起動轉慮知之識，如彼風故；波動者，喻諸戲論識，遷流無常；水相、風相不相捨離者，喻真妄相資，俱行合轉，謂本覺心不自起故，當資無明之力，方得而起。根本無明不自轉故，要因真心之力方得而轉。如水不自作波，當因風力。風不自現動，要資水力，方得現動相。經云〔三〕：煩惱大海中，有圓滿如來宣説實相常住之理。本覺實性中，有無明衆生起無量無邊煩惱之波〔四〕。

校注

〔一〕見真諦譯大乘起信論。

〔二〕「根本」，原無，據釋摩訶衍論補。

〔三〕「經云」者，釋摩訶衍論云「諸佛無盡藏契經」。筏提摩多譯釋摩訶衍論卷一：「摩訶衍論别所依經，總有一百。（中略）五十五者，諸佛無盡藏經。」

〔四〕「又云」至此，詳見筏提摩多譯釋摩訶衍論卷三。

如經〔一〕云：佛告大衆：始覺般若者，從具縛地漸漸出離，乃至金剛圓滿因行，發究竟道，頓斷根本無明住地，覺日圓照，無所不偏；二〔二〕、本覺般若，從清浄性漸漸遠離，乃至信初發究竟智，斷滅相品，入無明海，隨緣轉動。於是大衆聞此事已，覺知諸法一相一體、亦無一相亦無一體，而諸法性亦是實相，亦是常住，亦是決定，亦是實有〔三〕。

校注

〔一〕「經」者，據釋摩訶衍論卷三，爲「證説經」。

〔二〕按，此云「二」，則前「始覺般若」前應有「一」。

〔三〕「如經云」至此，詳見筏提摩多譯釋摩訶衍論卷三。

問：本、始二覺，從何立名？

答：本覺者，因始得名；始覺者，從本而立。如起信鈔〔一〕云：未審始覺從何而生？爲本所對，故此云也。元其始覺，是本所生，斬新而有，故名爲始；反照其體，元來有之，敵對於始，故名爲本。苟無其始，何所待耶？如母生子，對子稱母。乃至問：始覺、本覺既殊，何因無二？又，既同本覺，因何名始？答：即是本覺初顯相用，名爲始覺。相用非別外來，故得融同一體。又，若非本覺舉體之相用，即不是始覺，以心外有法故。若不然者，但名相似覺，亦名隨分覺〔二〕。是知直待合同本體，方得名真始覺也〔三〕。既合於本，始即非始；既無於始，即無於本。本、始之名既喪，但可名爲覺焉。

校注

〔一〕按，此後引文，未見他處。本書引起信鈔者，多見於子璿録起信論疏筆削記，這裏所引，亦有與之相類者，參後注。故此起信鈔，當即傳奧大乘起信論隨疏記，詳見本書卷六注。

〔二〕子璿録起信論疏筆削記卷一六：「相似者，以有分別心故，名相似覺。真實者，以得無分別智故，即隨分覺。通約證理，故云真實。」

〔三〕子璿録起信論疏筆削記卷一六：「以依本起始，始還同本，故名始覺。以始得無念之覺，名真始覺也。」故知以上當皆出傳奧大乘起信論隨疏記。詳見本書卷六注。

如上所釋，若入宗鏡，方爲究竟之覺。未入宗鏡，但稱相似覺耳。此雖稱覺，乃是不覺。故論云：「又以覺心原故，名究竟覺。不覺心原故，非究竟覺。」〔一〕即其義矣。

校注

〔一〕見真諦譯大乘起信論。

問：上説真心無生，妄念起滅，如何會妄歸真，入一乘平等之道？

答：妄元無體，本自全真，何須更會？今謂情見妄執之人，引祖佛善巧洞心原之智，搜經論微細窮性海之詮，令頓豁情塵，便成真覺。

如釋摩訶衍論云：一心真如體大，「通於五人，平等平等，無差别故。云何名爲五種假人？一者、凡夫，二者、聲聞，三者、緣覺，四者、菩薩，五者、如來，是名爲五。如是五名，人自是五，真自唯一。所以者何？真如自體，無有增減，亦無大小，亦無有無，亦無中邊，亦無去來。從本已來，一自成一，同自作同，猒異捨别，唯一真如。是故諸法真如一相三昧契經〔一〕中作如是説：譬如金剛作五趣像，五人平等，亦復如是，於諸人中，無有增減」〔二〕。

校注

〔一〕按，筏提摩多譯釋摩訶衍論卷一：「摩訶衍論别所依經，總有一百。（中略）六十六者，真如一相經。」真如一相經，當即此諸法真如一相三昧契經。

〔二〕見筏提摩多譯釋摩訶衍論卷六。

故起信論云：「心真如者，即是一法界大惣相法門體。以心本性不生不滅相，一切諸法皆由妄念而有差别。若離妄念，則無境界差别之相。」〔三〕

校　注

〔一〕見實叉難陀譯大乘起信論卷上。

古釋云：執者問云：現見諸法差别遷流，云何乃云性無生滅？釋云：差别相者，是汝偏計妄情所作，本來無實。如依病眼，妄見空華，故云「皆依妄念而有差别」。疑者又云：以何得知依妄念生？釋云：以諸聖人離妄念故，盡〔一〕無其境，即驗此境定從妄生。又，若此境非妄定實有者，聖人不見，應是迷倒；凡夫既見，應是覺悟。如不見空華是病眼，返結準之，故若離於念，即無差别也。所執本空故，真心不動，由此一切諸法皆即真如〔二〕。斯則會妄顯真，可絶疑矣。

校　注

〔一〕「盡」，大乘起信論義記作「既」。

〔二〕「古釋云」至此，詳見法藏撰大乘起信論義記卷中本。

如首楞嚴經云：佛告阿難：「我非敕汝執爲非心，但汝於心微細揣摩，若離前塵有分别性，即真汝心。若分别性離塵無體，斯則前塵分别影事。」〔一〕

校　注

〔一〕見大佛頂如來密因修證了義諸菩薩萬行首楞嚴經卷一。

昔人有簡〔一〕金頌云：「君不見，澄清麗水出黄金，逐浪隨波永被沉。有幸得逢良鑒者，披砂細揀暫知音。因此遂蒙皇上寵，直入瓊樓寶篋中。一練〔二〕一明光照耀，一迴掌上一迴欽。以此塵沙含妙寶，故喻衆生覺照心。衆生無始沉三有，元來流浪被境侵。對塵恰似真如慧，離境元無照體心。迷即一真名二體，只爲群生不照心。若能對境常真照，隨塵離境一般心。如來今日除分别，意遣衆生妄習心，但除妄習存終始，真照何妄不真心？」〔三〕

校　注

〔一〕「簡」，磧砂藏、嘉興藏本作「揀」。

〔二〕「練」，嘉興藏本作「鍊」。

〔三〕按，此頌不見他處。全唐詩據宗鏡録收，列爲無名氏之作。

音　義

滓，阻史反。　滞，都計反。　籙，力玉反，啚籙。　筌，此緣反，取魚竹器。

罝，杜奚反，兔網也。　迅，私閏反，疾也。　觳，苦角反，鳥卵。　隙，綺戟反，壁孔也。　憍，舉喬反，逸也。

戊申歲分司大藏都監開板

宗鏡録卷第八十六

慧日永明寺主智覺禪師延壽集

夫確定一心，心外無法，聖教所印，理事圓通。只如法華方便品明十界十如，相、性、因、緣、果、報、本、末，初後不濫，行相非虚。今唯説一心，如何合教？

答：一心者，即諸法實相也，亦諸法實性也。然諸法即實相，實相即諸法，從心所現，性相全同；依本垂迹，理事非異。如群波動而水體常露，以水奪波，波無不盡，雖衆法似起而心性恒現，以心收法，法無不空。大品經云：不見一法出法性外〔一〕。又云：「一切法趣色，是趣不過。」〔二〕

校注

〔一〕摩訶般若波羅蜜經卷一習應品：「菩薩摩訶薩行般若波羅蜜時，不見有法出法性者。」

〔二〕見摩訶般若波羅蜜經卷一五知識品。

如台教釋法華經十法界十如因果之法〔一〕。「一切唯心造」〔二〕者，則心具一切法。一切法者，只是十如。十如者，即如是相、如是性、如是體、如是力、如是作、如是因、如是緣、如是果、如是報、如是本末究竟等〔三〕。

校注

〔一〕智顗説、灌頂記摩訶止觀卷五上：「法界者三義：十數是能依，法界是所依，能所合稱，故言十法界。又，此十法各各因，各各果，不相混濫，故言十法界。又，此十法一一當體，皆是法界，故言十法界。」

〔二〕實叉難陀譯大方廣佛華嚴經卷一九：「若人欲了知，三世一切佛，應觀法界性，一切唯心造。」

〔三〕妙法蓮華經卷一方便品：「唯佛與佛乃能究盡諸法實相，所謂諸法如是相、如是性、如是體、如是力、如是作、如是因、如是緣、如是果、如是報、如是本末究竟等。」

如是相者，夫相以據外，覽而可別。釋論云：易知故名爲相，如水、火相異，則易可知〔一〕。如人面色具諸休否，覽外相即知其内。昔孫、劉相顯，曹公相隱，相者舉聲大哭，四海三分，百姓荼毒。若言有相，闇者不知；若言無相，占者洞解。當隨善相者，信人面外具一切相也。心亦如是，具一切相。衆生相隱，彌勒相顯，如來善知故，遠近皆記。不善觀者，不信心具一切相；當隨如實觀者，信心具一切相也〔二〕。

如是性者，性以據内，不改名性。又，性名性分，種類之義，分分而不同，各各不可改。如火以熱爲性，水以濕爲性等。不改約理，種類約事。又，性是實性，實性即是理性，極實無過，即一心佛性之異名耳。又，無行經稱「不動性〔三〕」，性即不改義。今明内性不可改，如竹中火性，雖不可見，不得言無。燧人乾草，徧燒一切。心亦如是，具一切五陰性，雖不可見，不得言無，以智眼觀，具一切性。

如是體者，體是主質義。此十法界陰、入，俱用色心爲體質也。

如是力者，堪任義。如王力士，千萬技能，病故謂無，病差有用。心亦如是，具有如來十力，煩惱病故，不能運動，如實觀之，具一切力。

如是作者，運爲、建立義〔四〕。若離心者，更無所作，故知心具一切作也。

如是因者，招果爲因，亦名爲業。十法界業，起自於心，但使有心，諸業具足。若無於心，即無諸業，以一切善惡、凡聖等業，唯心造故。

如是緣者，緣名緣由，助業皆是緣義。無明、愛等能潤於業，即心爲緣，離心緣不起故。

如是果者，克獲爲果。若自心造善，克獲樂果；若自心造惡，克獲苦果。

如是報者，酬因爲報。一念心正，妙報相酬；一念心邪，劣果潛現。風和響順，形直影端故，則邪正在心，得喪由我。

如是本末究竟等者〔五〕，相爲本，報爲末，本、末悉入緣生，緣生故空，則空等也。相但有字，報亦但有字，悉假施設，則假等也。又，相即無相，無相而相，非相非無相。報亦然，一一皆入如實之際，則中等也〔六〕。

校注

〔一〕龍樹造、鳩摩羅什譯大智度論卷四：「易知故名相，如水異火，以相故知。」

〔二〕湛然述止觀輔行傳弘決卷五之三：「言『休否』者，爾雅云：休者，喜也。廣雅云：慶也。否者，惡也。十界相望，善惡可知。『昔孫、劉』等者，引事以證先現之相。漢末，三人俱詣相者，相者見孫、劉有社稷之相，即便語之。曹公不蒙相者所記，知相者不逮，褰衣示之。相者見已，舉聲大哭。天下鼎峙，四海三分等。荼，苦菜也。至後漢末，此之三人果據三方。孫據吴，劉據蜀，曹據魏。（中略）曹公相隱如八界，孫、劉相顯如二界。或已得無生，相彰於外，即如彌勒。『遠近皆記』者，遠記如記鴿雀成佛，法師品中一句一偈我皆與記及常不輕等。近記者，如彌勒及賢劫中九百九十五佛。法華跡本二門，諸經會末得無生記乃至一生等。（中略）今修觀者，並隨實觀，不隨於權，故照己、他十界相足。」

〔三〕「稱不動性」，原作「云稱不動」，據摩訶止觀改。諸法無行經卷上：「文殊師利，聖衆安住如、法性、實際，定亂平等中，安住智慧愚癡、解脱煩惱平等一切法中，心無所住，住法不可得故，是故僧名不動性。」又，「不動性」，據大正藏校勘記，宋、元、明等諸本諸法無行經作「不動相」。

〔四〕智顗説、灌頂記摩訶止觀卷五上：「如是作者，運爲、建立名作。」運爲，猶作爲。菩提流支譯實相般若波羅蜜經：「一切衆生是妙業藏，善巧妙業所運爲故。」

〔五〕「如是本末究竟等者」，原無，據摩訶止觀補。

〔六〕「如是相者」至此，見智顗説、灌頂記摩訶止觀卷五上。

若三塗，以表苦爲相，定惡聚〔一〕爲性，摧折色心爲體，登刀入鑊爲力，起十不善爲作，有漏惡業爲因，愛、取等爲緣，惡習果爲果，三惡趣爲報，本末皆癡爲等。乃至〔二〕菩薩佛類者，緣因爲相，了因爲性，正因爲體，四弘爲力，六度萬行爲作，智慧莊嚴爲因，福德莊嚴爲緣，三菩提爲果，大涅槃爲報，本末皆智爲先導爲等〔三〕。

校注

〔一〕定惡聚：即邪性定聚，是決定入於邪惡之中、畢竟不證悟者的類聚。阿毘達磨俱舍論卷一〇：「何名邪性？謂諸地獄、傍生、餓鬼，是名邪性。定謂無間。造無間者，必墮地獄，故名邪定。」

〔二〕乃至：表示引文中間有删略。

〔三〕「若三塗」至此，詳見智顗説、灌頂記摩訶止觀卷五上。

故知十界十如，善惡因緣，凡聖果報，皆是一心，終無别法。斯乃發究竟菩提心者之慈父，度虚妄生死野者之導師，轉凡入聖之津梁，會俗歸真之蹊徑矣。譬如天樂，隨衆生念，出種種聲；亦如摩尼，隨意所求，雨種種寶。此心無盡，孕法何窮？色法尚然，真靈豈劣？

問：凡、聖既同一心，云何聖人成一切種智，凡夫觸事不知乎？

答：只爲凡夫背覺合塵，爲塵所隔，迷真徇妄，被妄所遮，所以教中誚之爲生盲〔一〕，不開智眼；訶之作聾俗〔二〕，豈達真聞？自心與他心，二俱不了，焉能博通萬類，成一切種智乎？

校注

〔一〕生盲：出生即是盲者，也就是先天性盲人。大般涅槃經卷一四：「如生盲人，不識乳色。」

〔二〕聾俗：指愚昧無知、滯事迷理之流。法海經：「弟子德淺道小，人不服信。世尊哀愍聾俗，使一切獲安，得信得正，以濟其志。」

如守護國界主陁羅尼經云：「佛言：善男子，若諸佛子欲得成就阿耨多羅三藐三菩提者，若欲善能知自心者，乃至〔一〕應先發起大慈悲心，普爲衆生歸依三寶，受菩薩戒等。」〔二〕是以自心難知，莫能善察，不入宗鏡，焉能照明？若了自心，即是頓發菩提心者。

校注

〔一〕乃至：表示引文中間有删略。

〔二〕見守護國界主陀羅尼經卷一陀羅尼品。又，「等」表省略，非經文。

是以心之綿密，世莫能知。古人有心隱篇云：「二儀之大，可以章程測也；三光〔一〕之動，可以圭表度也；雷霆之聲，可以鍾鼓傳也；風雨之變，可以音律知也。故有象可覩〔二〕，不能匿其量；有光〔三〕可見，不能隱其跡；有聲可聞，不能藏其響；有色可察，不能滅其性〔四〕。以夫天地陰陽之難明，猶可以術數揆而耳目知〔五〕，至於人心，則異於是矣〔六〕，心居於内，情伏於衷，非可以筭數測也。凡人之心，險於山川，難知於天。天有春、秋、冬、夏、旦、暮之期，人者〔七〕厚貌深情，不可而知〔八〕，故有心〔九〕剛而色柔，容毅〔一〇〕而質弱，意强〔一一〕而行慢，性悁〔一二〕而事緩，假餝於外以蔽其情，喜不必愛，怒不必憎，笑未必樂，泣未必哀。其藏情隱行，未易測也。」〔一三〕

校注

〔一〕「光」，原作「綱」，据磧砂藏、嘉興藏本改。三光者，日、月、星也。

〔二〕「覩」，劉子作「觀」。

〔三〕「光」，劉子作「形」。

〔四〕「性」，劉子作「情」。

〔五〕「知」，劉子作「可知」。

〔六〕「心則異於是矣」，劉子作「也」。

〔七〕「者」，劉子作「有」。

〔八〕「知」，劉子作「知之也」。

〔九〕「有心」，劉子作「新有」。

〔一〇〕「毅」，劉子作「强」。

〔一一〕「意强」，劉子作「貌願」。

〔一二〕「悁」，劉子作「懁」。説文卷一〇：「懁，急也。」悁，亦有急躁意。

〔一三〕見劉子卷四心隱第二十二。

他心尚不可測，外境則焉能知？故起信論云：「衆生以依染心能見、能現、妄取境界，違〔一〕平等性故。以一切法常静，無有起相，無明不覺，妄與法違故，不能得隨順世間一切境界種種知故。」〔二〕是知心外無法，法外無心，但了一心，諸塵自會〔三〕。起心背法，即乖法體。既與法違，則不通達。若能順法界性，合真如心，則般若無知，無所不知矣。

校注

〔一〕「違」，原作「迷」，據大乘起信論改。法藏撰大乘起信論義記卷下本：「『違平等性』者，釋成礙義。以此染心能、所差別，乖根本智能、所平等，所以障於理智。」

〔二〕見真諦譯大乘起信論。

〔三〕隋慧遠撰大乘義章卷一六三十七道品義三門分別：「心外無法，法外無心。心與法界，同體義分。以同體故，將心攝法，一切皆是一心中法。隨法分心，廣備法界微塵數心。心於彼法從來無障，而爲妄染，說爲隱覆。」

問：若了一心，何用廣知諸法？

答：一心是摠，諸法是別，別雖從摠，事起千差。若不子細通明，遮照雙運，則理孤事寡，不入圓通。

維摩經云：「善能分別諸法相，於第一義而不動。」〔一〕台教云：於諸法門文義教海，須了「非字非非字，雙照字非字，不可說非不可說，不可見非不可見，何所簡擇何所不簡擇，何所攝何所不攝，何所棄何所不棄，是則俱是，非則悉非。能於墨色通達一切非，於一切非通達一切是，通達一切非非、非是，一切法邪、一切法正。若於墨色不如是解，則不知字與非字」〔二〕。如蟲食木〔三〕，莫辯所歸；似鳥言空〔四〕，何知旨趣？

校注

〔一〕見維摩詰所說經卷上佛國品。

〔二〕見智顗説妙法蓮華經玄義卷八上。

〔三〕大般涅槃經卷二：「如蟲食木有成字者，此蟲不知是字非字。」

〔四〕智顗説、灌頂記摩訶止觀卷八上：「若言空空，如空鳥空。」湛然述止觀輔行傳弘决卷八之二：「亦如怪鳥作空空聲，豈得濫同重空三昧？」清性權記天台四教儀注彙補輔宏記卷九之上：「鳥空者，有一類鳥，常於空中作空空聲，雖謂空空，豈得濫同重空三昧之空空耶？」

問：一色一香，無非中道〔一〕，以何爲中道？

答：且約古師，四句分別。如中論玄樞〔二〕云：問：汝以不生不滅爲中道，有此中道不？若有此中道，則不名中道；若無此中道，無亦不名中。二俱不可得，何名中道？答：有四義：一、有此中道。何者？本將中道破偏，何得無中道？以有空義故，一切法得成；若無空義者，一切則不成。空即中道也。二、無此中道。何者？爲破偏病，是故説中。偏病既亡，中藥須遣；若有中道，中還是病。三、亦有中道，亦無中道。何者？至理虚存，故名亦有；無形無相，故名亦無。如涅槃經云：「内外合故，名爲中道。」〔三〕四、非有中道，非無中道。何者？既云中道，何得是有？既云中道，何得是無？此是一往爲言耳。若更再論，則非四句，所謂「言語道斷，心行處滅」。

校注

〔一〕智顗説妙法蓮華經玄義卷一上：「自行之權，即自行之實。如一切世間治生産業，皆與實相不相違背。一色一香，無非中道，況自行之實而非實耶！」

〔二〕中論玄樞：此書已佚。按，日僧永超集東域傳燈目録、安遠録三論宗章疏、常曉和尚請來目録等，皆著録元康三論玄樞一部二卷。「三論」，即中論、百論和十二門論。故此中論玄樞，當即三論玄樞中的一部分。王翠玲也推測「或乃指唐釋元康三論玄疏中解釋中論之内容」，見其宗鏡録與輯佚——以典籍之校補、補闕爲中心，成大中文學報第十一期，二〇〇三年十一月。宋高僧傳卷四唐京師安國寺元康傳：「釋元康，不詳姓氏。貞觀中，遊學京邑。（中略）詔入安國寺，講此三論。遂造疏，解中觀之理。別撰玄樞兩卷，總明中、百、門之宗旨焉。」

〔三〕見大般涅槃經卷三五，南本見卷三二。

問：若爾，云何取定？

答：若也有執，則無所不礙；若也無執，則無所不通。如智論云：「若人見般若，是則名被縛；若不見般若，是亦名被縛。若人見般若，是則名〔二〕解脱；若不見般若，是則名〔二〕解脱。」〔三〕中道即實相，是有也；中道即性空，是無也。亦名爲假名，亦有亦無也；亦名爲中道，非有非無也。故知無執則四句皆是。涅槃經云：有緣服毒生，無緣服毒死。

或〔四〕有服甘露，傷命而早夭；或有服甘露，壽命得長存〔五〕。此之謂矣。

校注

〔一〕「名」，大智度論作「得」。
〔二〕「則名」，清藏本作「亦名」，大智度論作「亦得」。
〔三〕見龍樹造、鳩摩羅什譯大智度論卷一八。
〔四〕「或」，原無，據大般涅槃經補。
〔五〕大般涅槃經卷八：「或有服甘露，傷命而早夭；或復服甘露，壽命得長存；或有服毒生，有緣服毒死。無礙智甘露，所謂大乘典。」

問：爲中即是道？爲離中別有道？爲道即是中？爲離道別有中？

答：如彼中品人，此則是中而非道；如彼三乘人道，此即是道而非中；如彼菩薩道，此即亦中亦是道；如彼外道道，此即非中又非道。今言中道者，即菩薩道。離中無別道，離道無別中，即以道爲中，即以中爲道。此之中義，即是一心，道即是心，心即是道，以真心偏一切處故，所以云：「一色一香，無非中道。」前辯所見不同，故論得失。若入宗鏡，則泯同平等，三乘五性〔一〕，若内若外，無非一心中道矣。

校注

〔一〕三乘五性：聲聞定性、緣覺定性、菩薩定性、不定性、無性。

又，中道者，以一真心不住有、無二〔一〕邊，故稱中道。若言其有，相不可尋；若言其無，性不可易。所以菩薩以行契理，觀一切法，雙遮雙照，雙亡雙流。台教明「雙亡正入」，常冥中道，無心亡照，任運寂知。「雙亡」即亡空、亡假，故名爲「寂」；「正入」只是入中，故名爲「照」；而亡而照，故曰「雙流」。遮流約智用，亡照約智體。無心釋智體，智體成就，不須作意，念念忘照而常，任運而寂，而知寂即是亡、知即是照〔二〕。又，能、所雙寂，故曰「雙亡」；門理歷然，稱爲「正入」。正入則理無不契，雙亡則相無不寂〔三〕。斯即不住空有，遮照分明；不滯二邊，方成正入。肇論云：有心者，衆庶是也；無心者，太虛是也。衆庶處於妄想，太虛絶於靈照，豈〔四〕可以處妄想、絶靈照而語聖心乎〔五〕？故須遮照無滯，體用自在，方成理行之門。

校注

〔一〕「二」，原作「一」，據諸校本改。

〔二〕智顗說妙法蓮華經玄義卷四上：「假非假故，則空非空。何但即空非空，亦即假非假。雙亡正入，即寂照雙流。大品云："一切種智即寂滅相。種種行類相貌皆知，名一切種智。寂滅相，即是雙遮、雙亡。行類相貌皆知，即是雙流雙照。無心亡照，任運寂知，故名不可思議，即無作四諦慧。"湛然述法華玄義釋籤卷九："'雙非即亡空、亡假，故名爲『寂』。『正入』秖是入中，故名爲『照』。而亡而照，故曰『雙流』。不同通教，但空偏假立『雙流』名。與而言之，四教俱有雙流之位而行相各别。（中略）從『寂滅相』去，今文釋經意也。遮流約智用，亡照約智體。從『無心』下，轉釋智體，智體成就，不須作意，亡照而常，任運而寂，而知寂即是亡、知即是照。"

〔三〕"能、所雙寂"至此，出澄觀述大方廣佛華嚴經隨疏演義鈔卷二〇。

〔四〕"豈"，原作"不"，據清藏本及肇論改。

〔五〕肇論涅槃無名論動寂第十五："有心，則衆庶是也；無心，則太虚是也。衆庶止於妄想，太虚絶於靈照，豈可止於妄想、絶於靈照，標其神道而語聖心者乎？"

華嚴經云："菩薩住是不思議，於中思議不可盡，住是不可思議地，思與非思俱寂滅。"〔二〕若唯遮思議境者，則凡聖絶分故，非但遮常心，亦應融常心，是則"於中思議不可盡"。遮融無二，則思與非思體俱寂滅，方曰真不思議也〔三〕。是則遮照無滯，理事不虧。即遮而照故，雙非即是雙行；即照而遮故，雙行即是雙遣。不壞本而常末，萬行紛然；不壞末而常本，一心恒寂。所以色塵體寂，香界性空，執作有無之邊邪，達成唯心之中理，法法皆圓頗海，塵塵盡具行門，應念而六度咸成，目擊而真心普徧。

校注

〔一〕見實叉難陀譯大方廣佛華嚴經卷三〇。

〔二〕「若唯遮思議境者」至此，詳見澄觀撰大方廣佛華嚴經疏卷二二。

如無盡意菩薩經云：「普賢如來國土，彼諸菩薩當見佛時，尋能分別諸深妙義，具足成就六波羅蜜。何以故？若不取色相，即是具足檀波羅蜜；若除色相，即是具足尸波羅蜜；若觀色盡，即是具足羼提波羅蜜；若見色寂滅，即是具足毗梨波羅蜜；若不行色相，即是具足禪波羅蜜；若不戲論色相，即是具足般若波羅蜜。是諸菩薩即觀佛時，尋具如是六波羅蜜，得無生忍。」〔一〕

校注

〔一〕見大方等大集經卷二七無盡意菩薩品。

問：此唯識門，未了之人以何方便而爲開導？

答：初覺之人，先以比知，後當信驗。攝論云：「一切時處，皆唯有識。」〔一〕「其有未得真智覺者，於唯識中云何比知？由聖教及正理。」如教云：「如是三界，皆唯有心。」〔二〕理顯者，如於定心中隨所觀見諸青瘀等所知影像，一切無別青瘀等事，但見自心〔三〕。

校注

〔一〕見無著造、玄奘譯攝大乘論本卷中所知相分。下一處引文同。

〔二〕按，據攝大乘論本，此句爲「十地經薄伽梵説」。

〔三〕無著造、玄奘譯攝大乘論本卷中所知相分：「即由此教，理亦顯現。所以者何？於定心中隨所觀見諸青瘀等所知影像，一切無別青瘀等事，但見自心。」

又云：「外種內爲緣，外法種子，皆是衆生感受用業熏種子，依阿賴耶力所變現。是故外種離內，無別有種。如有頌言：天地風虛空，陂池方大海，皆真內所作，外義俱非有。」〔一〕又頌云：「聖教及正理，各別有功能，爲生於信慧，無一不成故。」

是以識生此識，説名相分，知此相唯內心變，外義不成故。如有頌言：「於一端嚴婬女身，出家躭欲及餓狗，鵰屍昌豔美飲食，三種分別各不同。」〔二〕以前塵無決定相，唯心自分妍醜。若外法是實，云何各隨自見不同？是以比知，唯心自現，非他境界。古德云：「菩薩從初正信創發心時，即觀本識自性緣起因果之體，得成正信。故攝論云：『得彼本識，説菩薩初起，應先觀諸法如實因緣。』〔三〕此之謂也。」〔四〕如實者，無非一心，餘皆虚妄。

校注

〔一〕見無性造、玄奘譯攝大乘論釋卷二。下一處引文同。按，「外義俱非有」，攝大乘論釋作「分别不在外」。

〔二〕見無性造、玄奘譯攝大乘論釋卷四。

〔三〕見無著造、真諦譯攝大乘論卷上依止勝相中衆名品。

〔四〕見法藏撰大乘起信論義記卷下本。

若有猛提直入之者，頓悟圓信之人，即初發心時，便成正覺。不動塵勞之位，徧坐一切道場；靡移所習之門，遊戲十方國土。是以法華經偈云：「得如是乘，令諸子等，日夜劫數，常得遊戲。與諸菩薩，及聲聞衆，乘此寶乘，直至道場。以是因緣，十方諦求，更無餘乘，除佛方便。」〔一〕

若能依實修行，果滿不離一念。如還原觀云：「卷舒無礙，隱顯同時。一際絶其始終，出入亡於表裏。初心正覺，攝多生於刹那；十信道圓，一念該於佛地。」〔二〕即無生顯而幻有立，兩相泯而雙事存，攝法界而攝一塵，舉一身而十身現。

校注

〔一〕見妙法蓮華經卷二譬喻品。

〔二〕見法藏述修華嚴奥旨妄盡還源觀。

問：既以聖教正理比知，已生勝解，欲入聖位，緣何境界親證修行？

答：但了人、法二空，即入此觀。人、法何以成空？以唯有意言分别故。攝論云：從願樂位乃至究竟位〔一〕，若欲入唯識觀修加行，緣何境界？緣意言分别爲境，離此無别外境。何以故？此意言分别似文字言説及義顯現。唯有意言分别，無别有名言，菩薩能通達名無所有，則離外塵邪執。又，此義依名言，唯意言分别。前以遣名，此下依名遣義。義者，即六識所緣境，離名無别此境。名言既唯意分别故，義亦無别體，菩薩通達義無所有，亦離外塵邪執。又，此名義自性差别，唯假説爲量。前已遣名、義，名、義既無，自性及差别云何可立？若離假説，無别名義自性及名義差别，由證見此二法不可得故，名爲通達〔二〕。

校注

〔一〕從願樂位乃至究竟位：菩薩從初發心至成佛需經歷的五十二位階次，另判爲四位統攝之，即願樂位、見位、修位和究竟位。李師政法門名義集賢聖品法門名義第五：「四位，一者、願樂位，二者、見位，三者、修位，四者、究竟位。願樂位，地前三十心菩薩總名願樂位，但以此智知法身，未以證智見真如，以求欲見，故名願樂。（中略）見位，爲得入初地，見本身中真如佛性故，名見位。修位，從二地至七地修位，猶有功用而修其行。究竟位，從八地至十地，名究竟位，不修功用，其心運運還至佛果。」

〔二〕「攝論云」至此，詳見世親釋、真諦譯攝大乘論釋卷七入資糧章。

智整禪師六行法〔一〕云：大乘頓悟菩薩能觀唯識無外空者，謂觀相空，唯是空解，心作空解，無外相空。是故大根知唯識者，則滅空解，離諸緣觀。故智論云：「菩薩行般若波羅蜜時，普觀諸法皆空，空亦復空，滅諸觀，得無礙般若波羅蜜。」〔二〕以此文證，無外相空，大根觀智則證空，空謂法空。空、有皆是妄見，悉是當時意分別作，如人心起則唯見人，微塵心起則唯見微塵，空心起時則唯見空，是故空、有皆是心作。故諸凡、聖見境不同，皆是當時意言有異。

校　注

〔一〕六行法：當即凡聖六行法，釋道正撰，詳見本書卷二注。道正，傳見續高僧傳卷一六隋滄州蘭若沙門釋道正傳。此智整，當即道正。又，高僧傳卷一〇釋法朗傳中，有涼州僧名智整者；法苑珠林卷七九十惡篇感應緣有釋智整，爲唐龍朔前後浄土寺僧，然皆非撰六行法之智整。

〔二〕見龍樹造、鳩摩羅什譯大智度論卷三四。

是以世諦各唯有識，覺無外邊，則名真諦，以其二諦不相離故，即以無外名爲真諦。是故若能觀見唯識，即知無外，則亦達真。此達真時，則無外解，便遣世俗妄取之心。故攝論云：知塵無所有，通達真；知唯有識，通達俗。若不通達俗，無以能得見真，以離俗無真故；若不通達真，無以遣俗，以俗無別體故。所以通達真俗，由能解唯識理故〔一〕。以此文證，觀唯識者，即達二諦，能遣妄心。

校注

〔一〕詳見世親釋、真諦譯攝大乘論釋卷八二智差別章。

雖復就實唯識無境，稱情則有凡聖大小。謂若見塵，意謂是人，如此意言，則是凡夫；若觀此身，意謂是塵，如此意言，則是二乘；若觀細塵，意謂體空，如此意言，是小菩薩；若觀空有，知皆意言，即是大乘大菩薩人。

故諸衆生雖皆唯識，意、言不同，凡、聖各異，故大根人知唯識者，恒觀自心意、言爲境。此初觀時，雖未成聖，分知意、言，則是菩薩。故攝論云：「初修觀者，則是凡夫菩薩。」〔一〕

此等能觀深法空者，即亦曾逕小乘觀來，非是不解衆生無我，一往即能頓見法空。故攝論云：「若得法無我，必先得人無我。」〔二〕

校注

〔二〕見世親釋、真諦譯攝大乘論釋卷三出世間浄章。

〔三〕見世親釋、真諦譯攝大乘論釋卷一三釋學果寂滅勝相。

故知學大，要先從小。雖復從小，漸、頓仍別。謂觀生空執爲極者，後觀相空進學，名漸；若有久習，知小非極，即解空空，名爲頓悟。雖知心外無境，然入觀時，亦從塵起，以其色塵唯佛不見，以佛常證唯識無境，妄想盡故，不見外塵。故彼論云：「如來常不出觀故寂静。」〔一〕

校注

〔一〕見世親釋、真諦譯攝大乘論釋卷一四釋智差別勝相。

若大菩薩入真觀時，則知唯識，亦不見塵。故彼論云：「菩薩若入無分別觀，一切塵不顯現。」〔二〕以此文證，故知大聖入真觀時，皆不見色。自餘凡聖，莫問大小，未入空觀，則皆見塵。大根出觀，雖妄見塵，若入觀時，則知唯識。以其自知，妄作塵解，無塵可破，便證唯心。若能觀中了知唯心，後雖出觀妄見自、他，尋復思時，知自妄見，不同凡小定執有外，乃至觀空猶見能、所。故彼論云：「菩薩以無分别後智，觀此因果相，然無顛倒，不執有外塵内根，唯識是實有法。」〔二〕故知大根一證唯心後，雖出觀，不執有外。

校注

〔一〕見世親釋、真諦譯攝大乘論釋卷五差别章。

〔二〕見世親釋、真諦譯攝大乘論釋卷八二智用章。

若觀自心妄見境時，則知衆生各唯有識，故大菩薩乃至佛來，常知衆生唯心妄見。謂知衆生或作名解，名則是凡意言分别，情謂似外名字顯現，理是心作，是自心相。或作名下所説法解，法義則是意言分别，情謂有外法義顯現，理實法義，亦是心相。故彼論云：十二部經，是名爲教。十二部經所詮，是名爲理。心相似此理教顯現〔一〕。以此文證，所緣境界悉是心作，名爲心相。

校注

〔一〕世親釋、真諦譯攝大乘論釋卷七正入相章：「似法謂十二部方等教，似義謂方等教所詮之理。心相似此理教顯現，此理教爲緣，緣生覺觀分別。」

但此心相，亦名心影，亦名相識及境界識。稱諸凡小，謂與心異，理無别體，實唯一識。故彼論云：「唯識不出二法：一者、相識，二者、見識。似塵顯現名相，謂所緣境；似識顯現名見，謂能緣識。」〔一〕「定心亦爾，顯現似塵，謂異定心，一分似識，一分似塵，此二實唯是識。」〔二〕以此文證，境界、相識，即心無别，唯情妄見，以其唯是妄念作故，即此是相識，亦名相結。故彼論云：「結有二種：一者、相結，二者、麁重結。相結難解，麁重結難滅。心分别諸塵名相結，由此分别起欲、瞋等惑名麁重結。若得無分别智，即解相結。相結不起，麁重結即隨〔三〕滅。」〔四〕以此文證，境是相結，凡小迷執，故名難解。

校注

〔一〕見世親釋、真諦譯攝大乘論釋卷七入資糧章。
〔二〕見世親釋、真諦譯攝大乘論釋卷五相章。
〔三〕「隨」，原作「墮」，據磧砂藏本及攝大乘論釋改。
〔四〕見世親釋、真諦譯攝大乘論釋卷四相貌章。

是故諸法名之與義，皆是心作。凡小不知，理實無始，所縁名義，常是凡夫意言分别。故彼論云：「凡夫從本來，意言分别有二種：一、似名，二、似義。名義攝一切法皆盡，此名義但是意言分别所作，離此無别餘法。」〔一〕以此文證，故知凡夫妄見境界，或名或義，皆是當時意言分别。如食莨蓎〔二〕，妄見針火，據彼妄情，意謂是實，不知妄見謂有外火。據實唯是意作火解，火則唯是意言分别，謂有火名，名是意言；謂有火事，事是意言。衆生妄見自身、他身、地、水、火、風等，皆亦似彼，雖復就實義唯識無外，據凡妄情，謂有能、所。故彼論云：「唯識義不失，亦不無能取、所取義。」〔三〕

校注

〔一〕見世親釋、真諦譯攝大乘論釋卷七入資糧章。

〔二〕莨蓎：或作「蒗蕩」「浪蕩」「莨菪」等，一種毒草。梁朝傅大士頌金剛經如法受持分第十三：「猿猴探水月，莨菪拾花針。」唐慧淨般若心經疏：「譬如有人悮食莨菪，毒氣入心，妄見空華及針等事，不知爲毒所變，心外妄見針華，終日採華拾針而無休息。不食莨菪之人，當見採華拾針並皆怪笑。」

〔三〕見世親釋、真諦譯攝大乘論釋卷五差别章。

雖復據情謂有内外，理唯一心，無别塵體。故彼論云：「識所變異，雖有内外事相不同，實唯一識，無有塵等别體。」〔一〕故知自他内外事相，唯是一心轉變妄解。故諸大聖知生妄見，自恒不見凡所見境，如人不食莨菪之者，唯見他人妄見針火，自仍不見空中火事。佛知唯識，其事似此，故不同凡妄見境界，以生妄見，本無外塵。是以如來恒不見色，唯凡與聖有見、不見，但真異〔二〕妄，莫不唯識，凡唯識直是妄心故。唯識論偈云：「唯識無境界，無塵虚妄見。」〔三〕若佛唯識，但有真心。故攝論云：「唯有真如及真智獨存，説名法身。」〔四〕

校注

〔一〕見世親釋、真諦譯攝大乘論釋卷五相章。

〔二〕「異」，清藏本作「與」。

〔三〕見天親造、般若流支譯唯識論。

〔四〕見世親釋、真諦譯攝大乘論釋卷一三釋智差别勝相。

又，唯識論云：「諸佛如來行處，唯有真識，更無餘識。」〔一〕以此文證，佛無識故，故不同凡妄見外境，以實唯識本無外故。業不同者，一質異見，如人見水，鬼見爲火，魚謂住處，天以爲地〔二〕。又如舍利〔三〕妄見穢土，螺髻菩薩〔四〕即此見浄〔五〕。若使實有水火染浄，同處相妨，不得和合，以各妄見齊無外故，多心共處，得作别解。

校注

〔一〕見天親造、般若流支譯唯識論。

〔二〕按，此即所謂「一水四見」，或稱「一境四心」，一水本無有異，因天、人、餓鬼、畜生果報不同而見有四相分別：天見是寶嚴地、人見是水、餓鬼見是膿血、魚見是住處。詳見本書卷一六、卷四九等注。

〔三〕「舍利」，清藏本作「舍利佛」。

〔四〕「菩薩」，清藏本作「梵王」。

〔五〕維摩詰所説經卷上佛國品：「舍利弗言：『我見此土丘陵坑坎、荆蕀沙礫、土石諸山，穢惡充滿。』螺髻梵王言：『仁者心有高下，不依佛慧，故見此土爲不浄耳。舍利弗，菩薩於一切衆生，悉皆平等，深心清浄，依佛智慧，則能見此佛土清浄。』」

若諸衆生同業之者，妄見則同，更無别解。此同業者遞互爲因，妄想見聞，唯心緣合。故唯識論云：「一切衆生虚妄分别，思惟憶念，彼説我聞，依彼前人説者意識，於此聽人聞者意識，起如是心，彼説我聞，而實無有彼前境界。是偈言：遞共增上因，彼此心緣合。」〔一〕以此文證，業相由者遞互爲因，各妄見聞，以其六道皆心緣合，三界則是唯心轉作。故十地經云：「三界虚妄，但一心作。」〔二〕論自釋言：一心作者，唯心轉故〔三〕。

校注

〔一〕見天親造、般若流支譯唯識論。

〔二〕見鳩摩羅什譯十住經卷三現前地。

〔三〕天親造、菩提流支譯十地經論卷八：「但是一心作者，一切三界唯心轉故。」

故知三界同見、別見，皆是自心轉變。解異同見聞者，雖心緣合，心無形相，恒非內外。若謂心外有他心者，則是妄解，實無外識。故唯識論云：而實無有外識可取〔一〕。乃至二乘知他心者，謂有外識，亦仍是妄。故彼論云：「虛妄分別，此心知彼心，彼心知此心。」〔二〕以此文證，實無外識，直是凡小妄作外解。故彼論云：「他心智者，不如實知。何以故？以自內心虛妄分別，以爲他心，不能了知。」

校注

〔一〕「外識」，唯識論作「內識」。見天親造、般若流支譯唯識論：「問曰：如汝向言『唯有內識，無外境界』，若爾，內識爲可取？爲不可取？若可取者，同色、香等外諸境界。若不可取者，則是無法。云何說言『唯有內識，無外境界』？答曰：如來方便漸令衆生得入我空及法空故，說有內識，而實無有內識可取。若不如是，則不得說我空、法空。以是義故，虛妄分別，此心知彼心，彼心知此心。」

〔二〕見天親造、般若流支譯唯識論。下一處引文同。

問曰：若言凡小作他心解，云何得與他心相應？

釋言：由先方便想作他解，似他解故，得與相應。凡小不知自作他解，便謂我今知他人心。雖作他解得與相應，謂有能、所，猶非實知。故彼論云：「世間他心智者，於彼二法不如實知，以彼能取可取境界虚妄分别故。」〔一〕以此等文證，無外識故，作外解，皆非實知。若觀心識，本無形相，非彼非此，無來無去，不依外解，息分别時，則是實知一切生心。

校注

〔一〕見天親造、般若流支譯唯識論。

故智論云：「若一切衆生心、心數法性實有不虚誑者，佛不能知一切衆生心、心數法。以一切衆生心、心數法性實虚誑，無來無去故，佛能知一切衆生心、心數法。譬如比丘，貪求者不得供養，無所貪求則無所乏短。心亦〔二〕如是，若分别取相，則不得實法。不得實法故，不能通達知一切衆生心、心數法。若不取相，無所分别，則得實法。故能通達知一切衆生心、心數法，無所罣礙。」〔二〕以此文證，心無去來，佛知無外，稱實能知，不同凡小他心智者，向外緣心，猶雜妄識。故唯識論〔三〕偈云：「他心知於境，不如實覺知，以非離識境，唯佛如實知。」〔四〕以此文證，佛知唯識，自作他解，無外可取，以知自心，作諸心解，永斷向外分別之心。

校注

〔一〕「亦」，原作「外」，據清藏本及大智度論改。

〔二〕見龍樹造、鳩摩羅什譯大智度論卷二八。

〔三〕「識論」，原作「論識」，據諸校本改。

〔四〕見天親造、般若流支譯唯識論。

入楞伽經云：「如實知一切諸法，唯是自心，是故不生分別之心。」〔一〕以此文證，佛知他心即是自心，離外分別，但緣自心意言爲境，爲諸衆生心識無邊，各各異解，差別難量。佛離外念，一心徧知，如水不動，萬像現中。此佛一心知諸心時，一作多解，多即是一。如彼一水照諸萬像，雖即一水，而與水外萬像相應。佛心亦爾，徧照他心，雖是一心作諸心解，而與一切他心相應。由久修學唯識觀成，故離外念，方能徧知。故華嚴經頌云：「摩醯首羅智自在，大海龍王降雨時，悉能分別數其滴，於一念中皆明了。無量億劫勤修學，得是無上菩提智，云何當於一念中，不知一切衆生心？」〔二〕

故知諸佛念念徧知，此即是佛意言分別。雖知世諦各唯識時，別知諸心，是佛分別，據恒自覺，唯自意言，離外念邊，無復分別。故諸大智觀唯識者，緣自意言知世諦時，即亦達真，離外分別。

校注

〔一〕見入楞伽經卷七入道品。

〔二〕見佛馱跋陀羅譯大方廣佛華嚴經卷七。按，凡延壽宗鏡録直接引大方廣佛華嚴經者，皆據實叉難陀譯本，此佛馱跋陀羅譯者，或爲六行法所引。

是故大乘從凡至佛，皆觀自心意、言爲境，則知心外無别他心。凡聖等心，雖非内外，仍有因緣爲他變者。如維摩經云：「即時，天女以神通力，變舍利弗令如天女，天自化身如舍利弗。」〔一〕此變舍利弗，令心異見，非有别身改形換質。衆生心中修勝行者，則有無中妄見佛業，由有勝業感佛神力，令心變異，似見化身。故攝論云：「於他修行地中，由佛本願自在力故，彼識似衆生變異顯現，故名變化身。」〔二〕以此文證，如來化身如釋迦等，皆是凡小自心變作，以妄見佛成道化生，後還妄見如來滅度。此妄見者，由佛變。故彼論云：「菩提涅槃爲二，但變異他心，令他爲二，體實不有。」〔三〕以此文證，佛變他心令妄見佛，心外無佛。據諸凡小不知妄見，謂有外佛來度衆生。故經偈云：「佛不得佛道，亦不度衆生，衆生

强分別，作佛度衆生。」〔四〕

故攝論云：「由觀行人識爲增上緣故，餘人識變異，如觀行人願力顯現。故知定無外塵，唯有本識。」〔五〕以此文證，見聖化者，皆由佛力爲增上緣。故彼論云：「淺行菩薩欲作衆生利益事，於現在先發願竟，即入真觀。出觀後，隨所欲樂，方得成就。若深行菩薩欲作利益衆生事，現在不須發願及入觀出觀，但由本願力隨所欲作，一切皆成。若聲聞等，得九定自在〔六〕，因此定自在，得六通自在〔七〕，於一物中隨願樂力，各能變異爲無量種。若諸塵實有自性，此事則不得成。」〔八〕以此文證，本無外境，聖力令他無中見化，以皆妄見，無外境故。

校注

〔一〕見維摩詰所説經卷中觀衆生品。

〔二〕見世親釋、真諦譯攝大乘論釋卷一三釋智差別勝相。

〔三〕見世親釋、真諦譯攝大乘論釋卷一四釋智差別勝相。

〔四〕見諸法無行經卷下。

〔五〕見世親釋、真諦譯攝大乘論釋卷四相貌章。

〔六〕九定自在：即九次第定，指色界四禪（初禪次第定、二禪次第定、三禪次第定、四禪次第定）、無色界四處（虚空處次第定、識處次第定、無所有處次第定、非想非非想處次第定）及滅受想定等九種禪定。

〔七〕六通自在：即六通，三乘聖者所得到的天眼通、天耳通、他心通、宿命通、神足通、漏盡通等六種神通。

〔八〕見世親釋、真諦譯攝大乘論釋卷一二釋依慧學差别勝相。

若多聖人同處變物，各隨意成，亦不相礙。故彼論云：「於一物中，若多觀行人別願，同能變異一境，此變異得成。何故得成？隨彼意成故，實無外境，唯有識故，是故各隨彼意得成。」〔一〕以此文證，於一處中多聖變化，隨意各别，令諸衆生見境各異，和而不同，參而不亂。此義甚深，大根方知，故至佛來，皆觀唯識。故彼論云：「從願樂位乃至究竟位，通名唯識觀。」〔二〕以此文證，大乘入道，同觀唯識，漸明至佛。

校注

〔一〕見世親釋、真諦譯攝大乘論釋卷四相貌章。

〔二〕見世親釋、真諦譯攝大乘論釋卷七入資糧章。

言觀唯識願樂位者，謂從師友聞説唯識，即能解者心生願樂，由有願樂，學思量時，即是大乘願樂位人。故彼論云：「諸菩薩，但由聽聞一切法唯有識，依此教隨聞起信樂心，於一切法唯識理中，意言分别生。由此願樂意言分别故，説菩薩已入唯識觀。作如此知，名入唯識願樂位。」〔一〕以此文證，學觀唯識，即是大根菩薩入道。

校注

〔一〕見世親釋、真諦譯攝大乘論釋卷七入位章。

上來惣明大小入道淺深雖别，皆唯修慧，以其慧觀是正道體，若不修觀，餘行皆非，此明慧觀是入道體〔一〕。

校注

〔一〕按，以上或皆出道正六行法。一者，所引經、論皆爲唐前譯本。如前注所説，引大方廣佛華嚴經據佛陀跋陀羅譯本。二者，引諸經、論後，皆云「以此文證」，有着相同的體例、風格。三者，「上來惣明大小入道，淺深雖别，皆唯修慧」，即「明慧觀是入道體」。

如上所説，若了一切境界，唯是意言分别，則意無所思，口無所説。攀緣既息，名相即空，妙明真心，從此披露。故得塵勞路絶，生死河枯，念念冥真，心心合道。所以金剛三昧經云：「佛言：善不善法，從心化生。一切境界，意言分别，制之一處，衆緣斷滅。何以

故？一本不起，三用無施，住於如理，六道門杜。」〔一〕

校注

〔一〕見金剛三昧經真性空品。元曉述金剛三昧經論卷下真性空品：「『一本不起』者，三戒之本，是一本覺，本來寂静，故曰『不起』。『三用無施』者，既依本覺，成三戒用，用離威儀施作相故，無施作故，順住一本故，言『住於如理』。既住如理，消除有因，故言『六道門杜』。」三用，指三聚戒之用。三聚戒，攝律儀戒（受持一切戒律者）、攝善法戒（以修習一切善法爲戒者）、攝衆生戒（以饒益一切衆生爲戒者）。

音義

礭，苦角反，精礭也。　⿱不几〔一〕，符鄙反。　荼，同都反。　蹊，胡鷄反，徑路也。　誚，才笑反，責。　瘀，依倨反。　整，之郢反，正也，別也。　蒗，魯宕反。　蕩，徒朗反，大也。　遰，特計反，迢遰也。　滴，都歷反，水滴也。

戊申歲分司大藏都監開板

校注

〔一〕「⿱不几」，文中作「否」，異體。

宗鏡録卷第八十七

慧日永明寺主智覺禪師延壽集

夫入道之門，觸途咸是，簡要分别，無出四門。今約天台四教，藏、通、别、圓，各有四門入道。前三教四門，廣在彼説〔一〕。今引圓教四門，堪當入道：一、有門，二、空門，三、亦有亦空門，四、非有非空門。

止觀云：「圓教四門，妙理頓説，異前藏、通二教；圓融無礙，異於别教歷别。」〔二〕若有門，即「假寄於有，以爲言端。而此有門，亦即三門，一門無量門，無量門一門，非一、非四而言一四，此即圓門相也」「若有爲門，即生死之有，是實相之有，一切法趣有，有即法界，出法界外，更無法可論。生死即涅槃，涅槃即生死，無二無别，舉有爲門端耳。實具一切法，圓通無礙，是名有門。三門亦如是」〔三〕。此門微妙不可思議，豈同藏、通拙度而但空，别教不融而隔别？又，「圓四門皆妙無麁，若有門爲法界，攝一切法，況復三門！空門即是法界，攝一切法，況復三門！餘二亦如是，法相平等，無復優劣。若爾，無四門之異，但因順根機，赴緣四説，如四指指一月，月一指四」。又如藏、通、別、圓四教，如空中四點，雖四點似別，不出一空；雖四指不同，唯指一月。

一、有門者，「觀見思假，即是法界，具足佛法。又，諸法即是法性因緣，乃至第一義亦是因緣。大經云：『因滅無明，即得熾然三菩提燈。』[四]是名有門」。二、「空門者，觀幻化見思及一切法，不在因，不屬緣，我及涅槃，是二皆空，唯有空病，空病亦空，此即三諦皆空也」。三、「亦空亦有門，幻化見思，雖無真實，分別假名，則不可盡，如一微塵中有大千經卷，於第一義而不動，善能分別諸法相。亦如大地一，能生種種芽。無名相中假名相説，乃至佛亦但有名字，是爲亦空亦有門」。四、「非空非有門。觀幻化見思，即是法性，法性不可思議，非世故非有，非出世故非空。一色一香，無非中道，一中一切中。毗盧遮那徧一切處，豈有見思而非實法？是名非空非有門。

「云何一門即是三門？一門尚是一切法，何止三耶？所以者何？觀因緣所生法是初門，一切皆初門。初門即空，一空一切空，即是第二門。此初門即假，一假一切假，即是第三門。此初門即中，一中一切中，即是第四門。初門即是三門，三門即是一門，但舉一門爲名。雖有四名，理無隔別，即是圓教四門，正是今之所用也。若爾，何用前來種種分別？但凡情闇鈍，不説不知，先誘開之，後入正道。法華經云：雖説種種道，其實爲一乘[五]。若得此意，終日分別，無所分別。涅槃名爲『復有一行是如來行』〔六〕，法華名『正直捨方便，但説無上道』〔七〕，大品名爲『一切種智知一切法』〔八〕，浄名稱爲『瞻蔔林不齅餘香』〔九〕，華嚴稱爲法界，即是此四門意也」〔一〇〕。

校注

〔一〕詳見智顗説、灌頂記摩訶止觀卷六上。

〔二〕見智顗説、灌頂記摩訶止觀卷六上。

〔三〕出智顗説妙法蓮華經玄義卷九上。下一處引文同。

〔四〕見大般涅槃經卷二一，南本見卷一九。

〔五〕妙法蓮華經卷一方便品：「未來世諸佛，雖説百千億，無數諸法門，其實爲一乘。」

〔六〕見大般涅槃經卷一一。

〔七〕見妙法蓮華經卷一方便品。

〔八〕見摩訶般若波羅蜜經卷一序品。

〔九〕見維摩詰所説經卷中觀衆生品。智顗説、湛然略維摩經略疏卷八：「以瞻蔔林譬者，瞻蔔芬薫，餘香微弱，故用瞻蔔當其林名，況復入林，唯聞瞻蔔。今明圓教自行受道，不無三乘方便法門。」

〔一〇〕見智顗説、灌頂記摩訶止觀卷六上。

故知若了一心修行，因果圓備。猶如地，萬物出生故；猶如海，衆寶所聚故；猶如車，能運載故；猶如城，善防護故。是以大涅槃經云：「佛言：我爲須達説言：長者，心爲城主，長者若不護心，則不護身、口。」〔一〕

校注

〔一〕見大般涅槃經卷一九，南本見卷一七。

又，華嚴入法界品中，寶眼主城神「眷屬圍遶，於虛空中而現其身，種種妙物以爲嚴飾，手持無量衆色寶華以散善財，作如是言：善男子，應守護心城，謂不貪一切生死境界；應莊嚴心城，謂專意趣求如來十力；應浄治心城，謂畢竟斷除慳嫉諂誑；應清涼心城，謂思惟一切諸法實性；應增長心城，謂成辦一切助道之法；應嚴飾心城，謂造立諸禪解脱宮殿；應照耀心城，謂普入一切諸佛道場，聽受般若波羅蜜法；應增益心城，謂普攝一切佛方便道；應堅固心城，謂恒勤修習普賢行願；應防護心城，謂常專禦扞惡友、魔軍；應廓徹心城，謂開引一切佛智光明；應善補心城，謂聽受一切佛所説法；應扶助心城，謂深信一切佛功德海；應廣大心城，謂大慈普及一切世間；應善覆心城，謂集衆善法以覆其上；應寬廣心城，謂大悲哀愍一切衆生；應開豁心城，謂悉捨所有隨應給施；應密護心城，謂防諸惡欲，不令得入；應嚴肅心城，謂逐諸惡法，不令其住；應決定心城，謂集一切智助道之法，恒無退轉；應安立心城，謂正念三世一切如來所有境界；應瑩徹心城，謂明達一切佛正法輪脩多羅中所有法門，種種緣起；應部分心城，謂普曉示一切衆生，皆令得見薩婆若道；應住持心城，謂發一切三世如來諸大願海；應富貴〔一〕心城，謂集一切周徧法界大福德聚；應令心城明了，謂普知衆生根欲等法；應令心城自在，謂普攝一切十方法界；應令心城清淨，謂正念一切諸佛如來；應知心城自性，謂知一切法皆無有性；應知心城如幻，謂以一切智了諸法性。佛子，菩薩摩訶薩若能如是淨修心城，則能積集一切善法」〔二〕。

校注

〔一〕「貴」，諸校本作「實」。按，大正藏本大方廣佛華嚴經作「實」，但據其校勘記，明本作「貴」。

〔二〕見實叉難陀譯大方廣佛華嚴經卷七六。

釋曰：夫城者，能防外寇，護國安人，堅密牢强，即無衆患。況心城須護，密守關津，無令外緣六塵魔賊所侵，内結煩惱奸臣所亂。防非禁惡，常加瑩淨之功；立德運慈，廣備莊嚴之事。遂得四門無滯，一道常通；力敵大千，威臨法界。可以撫提弱喪，攝化無遺，伏外降魔，永固真基矣。

華嚴疏云：「城有三義：一、防外敵，二、養人衆，三、開門引攝。今言法城，通教、理、行、果，行契理、教，則無不俱嚴，故各有三義：謂了心城之性空，則衆惑不入；見恒沙性德，則萬行爰增；道無不通，則自他引攝，便能契果，絶百非以成解脱，養衆德以全法身，開般若而無不通矣。方顯教城無非養所，詮旨句句通神，有斯多義。」〔一〕

校注

〔一〕見澄觀撰大方廣佛華嚴經疏卷七。

浄名疏云：「佛法如城，能爲行人防非擬敵，故名爲城。若護佛法，即是護城。又，陰、界、入法即空，即空之理名涅槃〔一〕。衆生是王，而種性具足恒沙佛法如城中人物，故立一切衆生即大涅槃，即菩提相〔二〕。但此妙理，外爲天魔外道之所欲壞，内爲通别見思之所侵，菩薩爲護衆生本有涅槃之城，不令妄起諸愛見也。」〔三〕

校注

〔一〕「涅槃」，維摩經略疏作「涅槃城」。

〔二〕維摩詰所説經卷上菩薩品：「一切衆生即菩提相。（中略）諸佛知一切衆生畢竟寂滅，即涅槃相，不復更滅。」

〔三〕見智顗説、湛然略維摩經略疏卷一。

問：聖人大寶曰位，若無位次，即是天魔外道。既有信入，須假鍊磨。於初心方便門中，證解唯識，約教所分，有幾位次？

答：有五位門。準識論云：「謂具大乘二種性〔一〕者，略於五位漸次悟入：一、本性住種性，謂無始來依附本識法爾所得無漏法因〔二〕；二、習所成種性，謂聞法界等流法已，聞所成等熏習所成〔三〕。要具大乘此二種性，方能漸次悟入唯識。乃至〔四〕云何漸次悟入唯識？謂諸菩薩於識性相資糧位中，能深信解；在加行位，能漸伏除所取、能取，引發真見；在通達位，如實通達；修習位中，如所見理，數數修習，伏斷餘障；至究竟位，出障圓明，能盡未來化有情類，復令悟入唯識性相。

「何謂悟入唯識五位？

「一、資糧位〔五〕。頌曰：乃至未起識，求住唯識性，於二取隨眠，猶未能伏滅。

「論曰：從發深固大菩提心，乃至未起順決擇分，求住唯識真勝義性，齊此皆是資糧位攝。爲趣無上正等菩提，修習種種勝資糧故。爲有情故，勤求解脱，由此亦名順解脱分。此位菩薩，依因、善友、作意、資糧四勝力故，於唯識義雖深信解，而未能了能、所取空，多住外門修菩薩行。故於二取所引隨眠，猶未有能伏滅功力，令〔六〕彼不起二取現行。此二取言，顯二取取，執取能取、所取性故。二取習氣，名彼隨眠，隨逐有情眠伏藏識，或隨增過，故名隨眠，即是所知、煩惱障種。煩惱障者，謂執徧計所執實我薩迦邪見〔七〕而爲上首百二十八根本煩惱〔八〕及彼等流諸隨煩惱，此皆擾惱有情身心，能障涅槃，名煩惱障；所知障者，謂執徧計所執實法薩迦邪見而爲上首見、疑、無明、愛、恚、慢等，覆所知境無顛倒性，能障菩提，名所知障。乃至〔九〕菩薩住此資糧位中，二麄現行雖有伏者，而於細者及二隨眠止觀力微，未能伏滅。此位未證唯識真如，依勝解力修諸勝行，應知亦是解行地攝。乃至所修勝行，謂福及智等。」〔一〇〕

校注

〔一〕「性」，成唯識論作「姓」。按，成唯識論亦有本作「性」者。後三「性」同。種性，謂可能證得無上菩提之本性。種爲種子，有發生之義；性爲性分，有不改之義。

〔二〕本性住種性：謂無始以來本識所具有的大乘無漏法爾種子，即先天具足不變者。法爾者，自然也。

〔三〕習所成種性：通過修行、聽聞法界等教法熏習而獲得的種性，即後天修行而得者。習，修習。瑜伽師地論卷三五本地分中菩薩地第十五初持瑜伽處種姓品第一：「云何種姓？謂略有二種：一、本性住種姓，二、習所成種姓。本性住種姓者，謂諸菩薩六處殊勝有如是相，從無始世展轉傳來，法爾所得，是名本性住種姓；習所成種姓者，謂先串習善根所得，是名習所成種姓。此中義意，二種皆取。又此種姓，亦名種子，亦名爲界，亦名爲性。」

〔四〕乃至：表示引文中間有删略。

〔五〕資糧位：爲證得無上菩提，於地前初阿僧祇劫修集施、戒等種種諸善以爲福智之資糧，此一階位即稱資糧位。智周撰大乘入道次第：「總言資糧者，資益己身之糧，名爲資糧。欲趣菩提，要資於行。此位創修入佛之因，名資糧位。（中略）此亦名順解脱分。言解脱者，所謂涅槃，離煩惱縛，名爲解脱，即所求果。順者，不違。分者，因義。即所修行不違於果，是果之因，名解脱分。」

〔六〕「令」，原作「念」，據清藏本及成唯識論改。

〔七〕薩迦邪見：意譯「有身見」，於五藴和合之體，執著我及我所等妄見。慧琳一切經音義卷一：「薩迦邪見，迦，音薑佉反。梵語也，此譯爲『身見』，外道不正見也。」

〔八〕窺基撰成唯識論述記卷九：「百二十八根本煩惱者，見道所斷欲界四十，上界各三十六，并修道十六，有一百二十八種。」略述法相義卷上煩惱所知：「所謂百二十八者，何也？見所斷惑，有其十種，謂貪、瞋、癡、慢、疑、身見、邊見、邪見、見取見、戒禁取見，各障欲界四諦之理，故有四十。障色界諦，有三十六，每諦除瞋，無色亦爾，都有一百一十二。更加修道十六種，一百二十八也。」

〔九〕乃至：表示引文中間有删略。下一「乃至」同。

〔一〇〕見玄奘譯成唯識論卷九。

釋云：「本性住種姓」者，未聞正法，但無漏種無始自成，不曾熏習令其增長，名本種姓。性者，體也；姓者，類也。謂本性成住此菩薩種子，姓類差別，不由今有，名本性住種姓。菩薩地說：無始法爾六處殊勝，名本性住種姓〔一〕。

「習所成種姓」者，此聞正法已去，令無漏舊種增長數習種姓。菩薩地說聞十二分教法界等流平等而流〔二〕，又，法界性善順惡違，具諸功德〔三〕，此亦如是，故名等流。

「依因、善友、作意、資糧四勝力故」者，此上四力，攝論云：能悟入中，大乘多聞熏習相續，此乃因力；已得奉事無量諸佛出現於世，即善友力；已得一向決定勝解，非諸惡友所能動摇，名作意力；已善積習諸善根等，名資糧力〔四〕。

隨眠義者，隨逐有情，常在生死，眠伏藏識，不現餘處，故名隨眠。或隨增過，故名隨眠；隨逐有情，多增過失，故名隨眠。何故？眠者乃是增義。如人嗜〔五〕眠，眠即滋多，故過失增是隨眠義，即二障種也〔六〕。

校注

〔一〕玄奘譯瑜伽師地論卷三五本地分中菩薩地第十五初持瑜伽處種姓品：「本性住種姓者，謂諸菩薩六處殊勝有如是相，從無始世展轉傳來法爾所得，是名本性住種姓。」遁倫集瑜伽論記卷八下：「六處殊勝者，若依舊解，謂自性住佛性，即如來藏，有不離、不脱、不異、不思議過恒沙功德，今時具六入功德，故言

『六入殊勝』。今則不然。『六處』者，還是眼等六處。言『殊勝』者，即阿賴耶識是其意處，於六處中最爲殊勝。殊勝意處，是性種姓所依。（中略）泰云：六處殊勝，述西方六説：一云附於六處，有無漏種子殊勝功能爲六處所攝故。二云有二障種子附在六處，爲六處所攝。此二障種子，必應可斷，故名殊勝。此上二説，依隨轉理門。若約真實理門，唯第六處中有無漏種子，或二障可斷義，約大數爲論，總言六處也。三云於六處中有殊勝處，所謂意處。意處中殊勝者，謂第六意。第六意中殊勝者，謂無漏種子，或二障種子可斷。此舉體取用也。四云第八識有相、見分，眼等五處是相分，阿賴耶見分是中第六處。此六處，總是本識相、見分。此相、見分所依自體分中，有無漏種子殊勝功能，或二障種子可斷功能。此舉相顯體中所有殊勝功能。五云於第八識中具有無漏眼等六處種子殊勝功能，亦有有色等六處無漏種子。此就强説，但云六處，不云十二處。六云實有無漏十二處種子，不過六故但云六。如七葉樹，西方諸師然多存異，本有無漏種子爲殊勝也。」

〔二〕按，窺基撰成唯識論述記卷九此句後有云：「謂大定緣如起俱時正智，後生後得，後得復生大悲，大悲起化身，化身方説此法，此法故名平等流也。」

〔三〕玄奘譯瑜伽師地論卷三八本地分中菩薩地第十五初持瑜伽處力種姓品：「習不善故，樂住不善，不善法增；修習善故，樂住善法，善法增長。或似先業，後果隨轉，是名等流果。」

〔四〕「攝論云」者，參見世親造、玄奘譯攝大乘論釋卷六。

〔五〕「嗜」，原作「睡」，據成唯識論述記改。

〔六〕「釋云」至此，詳見窺基撰成唯識論述記卷九。

二、加行位〔一〕。「頌曰：現前立少物，謂是唯識性，以有所得故，非實住唯識。「論曰：菩薩先於初無數劫，善備福德智慧資糧，順解脱分既圓滿已，爲入見道，住唯識性，復修加行，伏除二取，謂煖、頂、忍、世第一法。此四揔名順決擇分，順趣真實決擇分故。乃至〔二〕菩薩此四加行中，猶於現前安立少物，謂是唯識真勝義性。以彼空、有二相未除，帶相觀心有所得故，非實安住真唯識理，彼相滅已，方實安住。依如是義，故有頌言：菩薩於定位，觀影唯是心，義想既滅除，審觀唯自想。如是住自心，知所取非有，以能取亦無，後觸無所得。

「乃至〔三〕此加行位未遣相縛〔四〕，於麁重縛〔五〕亦未能斷，唯能伏除分別二取，違見道故。於俱生者及二隨眠有漏觀心有所得故，有分别故，未全伏除，全未能滅。乃至〔六〕此位亦是解行地攝，未證唯識真勝義故。」〔七〕

釋云：「四揔名順決擇分」者，則名真實決擇分。決擇是智，即擇法也。決簡疑品，彼猶預故；擇簡見品，彼不擇故。分者，是支因義，即擇法覺支。「現前立少物」者，心上變如，名爲少物。此非無相，故名帶相。若證真時，此相便滅。相者，即是空所執相〔八〕。

校　注

〔一〕加行位：謂加功力修行之位。智周撰大乘入道次第：「加行位者，亦分總、别。總言加行者，加功用行而趣見道故，名加行。故唯識云：『近見道故，立加行名。』即此亦名順決擇分。言『決擇』者，體即是智，決簡於疑，疑不決故。擇者簡見，見不擇故。智異於彼，故名決擇。分者，支分。此決擇體，即是見道。七覺支中，是其一支，故名爲分。順者，趣向欣求之義。加行位中，煖等善根欣求趣向彼決擇分，故煖等善名順決擇。故唯識云：『此四總名順決擇分，順趣真實決擇分故。』其別名者：一、煖。此位菩薩初得見道，火相前故，名爲煖。然見道體能斷煩惱，如火燒薪，故喻於火。煖位菩薩未得火體而得火相，故名煖也。二、頂。此位菩薩依尋思智觀所取空。此位功極，故名爲頂。頂者，極義，如山之頂，上之極也。三、忍。忍者，印可達悟之義也。此位菩薩知忘執識及心外境而體皆空，故名爲忍。四、世第一法。此位菩薩所得智等一切世間所有法中，無先此者，名世第一。」

〔二〕乃至：表示引文中間有删略。

〔三〕乃至：成唯識論無。按，此處亦無删節。

〔四〕窺基撰成唯識論述記卷九：「相縛者，謂相分縛見分等也。（中略）謂一切有漏善、無記、不善等心，皆有分別相分，此相能縛於心，非謂相縛即是執也。」

〔五〕窺基撰成唯識論述記卷九：「麁重縛者，即一切有漏法。」瑜伽師地論卷五八：「略有二種麁重：一、漏麁重，二、有漏麁重。漏麁重者，阿羅漢等修道所斷，煩惱斷時，皆悉永離。此謂有隨眠者，有識身中不安隱性、無堪能性。有漏麁重者，隨眠斷時，從漏所生，漏所熏發本所得性、不安隱性、苦依附性、與彼相似無堪能性，皆得微薄。又，此有漏麁重名煩惱習，阿羅漢獨覺所未能斷，唯有如來能究竟斷，是故説彼名永斷習氣，不共佛法。」

〔六〕乃至：表示引文中間有删略。

〔七〕見玄奘譯成唯識論卷九。

〔八〕「釋云」至此，詳見窺基撰成唯識論述記卷九。

三、通達位〔一〕。「頌曰：若時於所緣，智都無所得，爾時住唯識，離二取相故。「論曰：若時，菩薩於所緣〔二〕境、無分别智都無所得，不取種種戲論相故。爾時，乃名實住唯識真勝義性，即證真如，智與真如平等平等，俱離能取、所取相故，能、所取相俱是分别，有所得心戲論現故。乃至〔三〕此智雖有見分，而無分别，説非能取，非取全無。雖無相分，而可説此帶如相起，不離如故。如自證分緣見分時，不變而緣，此亦應爾，變而緣者便非親證，如後得智應有分别，故應許此有見無相。加行無間此智生時，體會真如，名通達位。初照理故，亦名見道。乃至〔四〕前真見道〔五〕證唯識性，後相見道〔六〕證唯識相，二中初勝，故頌偏説。前真見道，根本智攝；後相見道，後得智攝。諸後得智，有二分耶？乃至此智現身土等，爲諸有情説正法故，若不變現似色、聲等，寧有現身説法等事？轉色蘊依不現色者，轉四藴依應無受等。又若此智不變似境，離自體法應非所緣，緣色等時應緣聲等。又緣無法等應無所緣緣，彼體非實無勝用故，由斯後智二分俱有。」〔七〕

釋曰：「又若此智不變似境，離自體法，應非所緣」者，既無相分，其〔八〕他之心、他身土等離自己體之法，不帶影像，應非所緣緣，直親照彼不變爲相故，不同真如，真如即是智自體故。

問：若爾，真如應非所緣緣，無似境相故。

答：不然。帶如之相起故，離自體法既無影像，不可言帶彼相起，如何説有所緣緣？彼皆離自體故。既不〔九〕帶相起名所緣緣，緣〔一〇〕色等時應緣聲等，緣色等智不帶聲等相故。

「又緣無法等，應無所緣緣」者，不變爲無相，爲見所緣故。以無相分直照於無，無非有體，所緣緣義如何得成？由此故知，佛亦不能親緣於無。此文理證也〔一一〕。

校注

〔一〕通達位：唯識五位的第三位，即通達真如之位，也即「見道」，道就是我空、法空的真如實相，也就是唯識實性。「通達」意謂無礙，即能觀心與所觀境合一。又，智周撰大乘入道次第：「通達位者，亦分二種：一、釋總名。言通達者，證會之義也。此位菩薩，無漏之智了證真如，故名通達。即唯識云：『加行無間此智生時，體會真如，名通達位。』此通達位，即是見道。唯識等云：通達位者，謂諸菩薩所住見道。見道名者，即無漏智。照理名『見』，故唯識云：『初照理故，亦名見道。』道，遊履義，行人遊履趣於極果。或通運義，通運行人至於極果，故名爲道。次釋别名。一、真見道。體離虚妄，親能證理，實能斷障，故名爲真。又釋：真者是理，見者是智。證真之智，名真見道。二、相見道。相者，類似之義。真見道後而起，於此行解，安摸倣像，真見所有功能，不能證理及斷於障，類似於真，故名相見。」

〔二〕「緣」，原作「餘」，據清藏本及成唯識論改。

〔三〕乃至：表示引文中間有删略。下二「乃至」同。

〔四〕按，此删略部分，即對「真見道」「相見道」等的解釋。

〔五〕真見道：在見道位生起無漏根本之無分别智，悟唯識真如之理。參前「通達位」注。

〔六〕相見道：在真見道之後生起後得有分别之智，對於前無分别智所證真理再加分别，變真如之相分。參前「通達位」注。

〔七〕見玄奘譯成唯識論卷九。

〔八〕「其」，原作「自」，據成唯識論述記改。如理集成唯識論疏義演卷一二：「『其他之心、他身土等』者，此總舉三法：一、謂他心，即是他心智所緣境；二、他身五根扶塵；三、他人所變四塵等。此等離自體法，不帶影像，應非所緣緣。」

〔九〕「不」，原作「亦」，據嘉興藏本及成唯識論述記改。

〔一〇〕「緣」，原無，據成唯識論述記補。

〔一一〕「釋曰」至此，詳見窺基撰成唯識論述記卷九。

四、修習位〔一〕。「頌曰：無得不思議，是出世間智，捨二麤重故，便證得轉依。

「論曰：菩薩從前見道起已，爲斷餘障，證得轉依，復數修習無分別智。此智遠離所取、能取，故説『無得』及『不思議』。或離戲論説爲『無得』，妙用難測名『不思議』。是出世間無分別智，斷世間故名出世間，二取隨眠是世間本，唯此能斷獨得出名。或出世名，依二義立，謂體無漏及證真如。此智具斯二種義故，獨名出世，餘智不然，即十地中無分別智。數修此故，捨二麤重。二障種子，立麤重名，性無堪任，違細輕故。令彼永滅，故説爲『捨』。此能捨彼二麤重故，便能證得廣大轉依。『依』謂所依，即依他起，與染、浄法爲所依故。『染』謂虚妄偏計所執，『浄』謂真實圓成實性，『轉』謂二分：轉捨、轉得。由數修習無分別智，斷本識中二障麤重故，能轉捨依他起上偏計所執，及能轉得依他起中圓成實性。由轉煩惱得大涅槃，轉所知障證無上覺，成立唯識，意爲有情證得如斯二轉依果。或『依』即是唯識真如，生死涅槃之所依故。愚夫顛倒，迷此真如，故無始來受生死苦；聖者離倒，悟此真如，便得涅槃畢竟安樂。由數修習無分別智，斷本識中二障麤重，故能轉滅依如生死及能轉證依如涅槃，此即真如離雜染性。如雖性浄而相雜染，故離雜染時假説新浄，即此新浄説爲轉依，修習位中斷障證得。雖於此位亦得菩提，而非此中頌意所顯，頌意但顯轉唯識性，二乘滿位名解脱身，在大牟尼名法身故。云何證得二種轉依？謂十地〔二〕中修

十勝行〔三〕，斷十重障〔四〕，證十真如〔五〕，二種轉依由斯證得。」〔六〕

校注

〔一〕修習位：指二地至十地菩薩得見道已，爲斷除障而復修習根本智，故稱修習位。即於通達位證得真如理，再反覆修習之位。智周撰大乘入道次第：「此位菩薩而更進修無分别智，斷所餘障，故名修習。」

〔二〕十地：謂歡喜地、離垢地、發光地、焰慧地、難勝地、現前地、遠行地、不動地、善慧地、法雲地。詳見本書卷九注。

〔三〕十勝行：即十波羅蜜。六波羅蜜（一、布施，二、持戒，三、忍辱，四、精進，五、静慮，六、般若）外，七、方便善巧波羅蜜，八、願波羅蜜，九、力波羅蜜，十、智波羅蜜。詳見本書卷九注。

〔四〕十重障：異生性障（即凡夫因執著我法而具有的煩惱障和所知障）、邪行障（俱生所知障的一部分，於諸有情身爲行邪之障）、闇鈍障（俱生所知障的一部分，能使地勝定與總持所發之三慧忘失所聞思之境）、微細煩惱現行障（俱生所知障的一部分，與第六識相應而起的我見、邊見、我慢、我愛等，行相最細，任運而起，遠隨現行）、於下乘般涅槃障（障礙生死涅槃無差别之道，在第五地難勝地可斷除）、麁相現行障（即執有染浄之相，到第六地即可斷除）、細相現行障（即執有流轉還滅細相現行，障礙妙無相道，到第七地即可斷除）、無相中作加行障（使無相觀不能任運而起，障礙不動地的無功用道，到八地即可斷除）、利他中不欲行障（不願意做有利於他人的事，到第九地即可斷除）、於諸法中未得自在障（使其智慧在各種事物中不得自在，到第十地即可斷除）。

〔五〕十真如：徧行真如（謂我、法二空所顯，無有一法而不在故）、最勝真如（具足無邊之德，於一切法爲最勝）、勝流真如（所流教法於餘教法極爲勝故）、無攝受真如（無所繫屬，非我執等之依所取）、無别真如（類無差别，非如眼等類有異故）、無染浄真如（本性無染，亦不可説後方爲浄）、法無别真如（雖多教法，種種安立而無異故）、不增減真如（離增減執，不隨浄染有增減故）、智自在所依真如（謂若證得此真如已，於無礙解得自在故）、業自在等所依真如（謂若證得此真如已，普於一切神通作業總持定門，皆自在故）。按，成唯識論卷九此段引文後，即分别釋「十地」「十勝行」「十重障」「十真如」等。

〔六〕見玄奘譯成唯識論卷九。

五、究竟位〔一〕。「頌曰：此即無漏界，不思議、善、常，安樂、解脱身，大牟尼名法。「論曰：前修習位所得轉依，應知〔二〕即是究竟位相。此謂此前二轉依果〔三〕，即是究竟無漏界攝〔四〕。諸漏永盡，非漏隨增，性浄圓明〔五〕，故名無漏。界者，藏義，此中含容無邊希有大功德故；或是因義，能生五乘世、出世間利樂事故。」〔六〕

校注

〔一〕究竟位：指佛果之位，謂妙覺佛證此果位，最極清浄，更無有上，故名究竟位。智周撰大乘入道次第：「究竟位者，功成事畢，故稱究竟，簡資糧等。彼之四位，功未畢故。亦簡二乘，二乘所得菩提涅槃非高勝故，唯佛獨能所作皆辦功德最勝，得名究竟。」

〔二〕「應知」，原作「前」，據成唯識論改。

〔三〕此前二轉依果：即涅槃和菩提(無上覺)。

〔四〕窺基撰成唯識論述記卷一〇：「『無漏界攝』，即菩提、涅槃二轉依果是究竟位。言『究竟』者，略有二義：一、簡前四位名究竟，二、簡二乘名究竟。二乘雖得菩提、涅槃，非究竟義，非高勝故。」

〔五〕窺基撰成唯識論述記卷一〇：「言『性浄』者，簡二乘無學善有漏等蘊，雖亦離二縛而性非浄，前有漏類故，有第七所知障漏俱非性浄故；言『圓』者，簡一切有學無漏，因未圓故；『明』者，簡二乘無學無漏，顯彼雖圓果之極故而非是明，非勝妙故。又，『浄』簡有漏，『圓』簡二乘，『明』簡菩薩無漏。」

〔六〕見玄奘譯成唯識論卷一〇。

莊嚴經論説四加行位。「偈曰：爾時此菩薩，次第得定心，唯見意言故，不見一切義。

「釋曰：此菩薩初得定心，離於意言，不見自相、惣相一切諸義，唯見意言。此見即是菩薩煖位，此位名『明』。如佛灰河經中所説『明』，此『明』名見法忍〔一〕。偈曰：爲長法明故，堅固精進故，法明增長已，通達唯心住。

「釋曰：此中菩薩，爲增長法明故，起堅固精進，住是法明，通達唯心。此通達即是菩薩頂位。偈曰：諸義悉是光，由見唯心故，得斷所執亂，是則住〔二〕於忍。

「釋曰：此中菩薩，若見諸義，悉是心光，非心光外別有異見，爾時得所執亂滅。此見即是菩薩忍位。偈曰：所執亂雖斷，尚餘能執故，斷此復速證，無間三摩提。

「釋曰：此中菩薩，爲斷能執亂故，復速證無間三摩提。

「問：有何義故，此三摩提名無間？

「答：由能執亂滅時，爾時入無間，故受此名。此入無間，即是菩薩世間第一法位。」〔三〕

校注

〔一〕出三藏記集卷四新集續撰失譯雜經録第一著録灰河經一卷。開元釋教録卷一六小乘别生經中著録，子注曰：「一名塵灰河譬喻經，出第四十三卷。」即此經出雜阿含經四十三卷。雜阿含經卷四三：「譬如灰河，兩岸極熱，多諸利刺，在於闇處，衆多罪人在於河中隨流漂没。中有一人，不愚不癡，聰明黠慧，樂樂厭苦，樂生厭死，作如是念：『我今何緣在此灰河，兩岸極熱，又多利刺，在闇冥處隨流漂没？我當以手足方便，逆流而上。』漸見小明。（中略）微見小明者，謂得法忍。」

〔二〕「住」，原作「任」，據諸校本及大乘莊嚴經論改。

〔三〕見大乘莊嚴經論卷七教授品。

乃至五位。第一、資糧位。初學唯識，爲發心之始。第一發心分，依止大菩提而發心故。「菩薩善生，有四義：一、種子勝，以菩提心爲種子故；二、生母勝，以般若波羅蜜爲生母故；三、胎藏勝，以福智二聚住持爲胎藏故；四、乳母勝，以大悲長養爲乳母故。」〔一〕

校注

〔一〕出大乘莊嚴經論卷一歸依品。

第二、通達位。頌曰：「已知義類性，善住唯心光，現見法界故，解脱於二相。」

「論曰：此位由解一切諸義，唯是意言爲性，則了一切諸義悉是心光。菩薩爾時名善住唯識，從彼後現見法界，了達所有二相，即解脱能執、所執。」〔一〕

校注

〔一〕出大乘莊嚴經論卷三真實品。按，「論曰」，大乘莊嚴經論中作「釋曰」。後同。

第三、見道位。頌曰：「心外無有物，物無心亦無，以解二無故，善住真法界。」

「論曰：此位如彼現見法界故，解心外無有所取物。所取物無故，亦無能取心。由離所取、能取二相故，應知善住法界自性。」〔一〕

第四、修道位。頌曰：「無分別智力，恒平等徧行，爲壞過聚體，如藥能除毒。」

「論曰：此位菩薩，入第一義智轉依已，以無分別智恒平等作及徧處行。何以故？爲壞依止依他性熏習稠林過聚相故，此智力譬如阿伽陁藥〔二〕，能除一切衆毒。」〔三〕

校注

〔一〕出大乘莊嚴經論卷二真實品。

〔二〕阿伽陁藥：又作「阿竭陀藥」等，佛經中一種能普去衆病的藥。慧苑新譯大方廣佛華嚴經音義卷上：「阿伽陀藥，此云『無病藥』也，謂有藥處必無有病也。」

〔三〕出大乘莊嚴經論卷二真實品。

第五、究竟位。頌曰：「緣佛善成法，心根安法界，解念唯分別，速窮功德海。」

「論曰：『緣佛善成法』者，諸菩薩於佛善成立一切妙法中，作惣聚緣故。

「問：云何惣聚緣？

「答：『心根安法界』，是〔一〕故此心名根。此後起觀，如前觀事處處念轉，解知諸念唯是分別，非實有故。如此知已，『速窮功德海』，即佛果功德海，能速窮彼岸故。」〔二〕

校注

〔一〕按，「是」前，大乘莊嚴經論有「此明入第一義智故，由此慧安住法界」。

〔二〕出大乘莊嚴經論卷二真實品。

攝論偈云：「福德、智慧二資糧，菩薩善備無邊際，於法思量善決已，故了義趣唯言類。若知諸義唯是言，即住似彼唯心理，便能現證真法界，是故二相悉蠲除。體知離心無別物，由此即會心非有，智者了達二皆無，等住二無真法界。慧者無分别智力，周徧平等常順行，滅依榛梗〔一〕過失聚，如大良藥消衆毒。佛説妙法善成立，安慧并根法界中，了知念趣唯分别，勇猛疾歸德海岸。」〔二〕

「釋曰：復有現觀伽他，如經莊嚴論説。其中難解，於此顯示。『福德、智慧二資糧，菩薩善備無邊際』者，資糧有二種：一、福德資糧，二、智慧資糧。謂施等三波羅蜜多，是福德資糧；第六般若波羅蜜多，是智慧資糧；精進波羅蜜多，二資糧攝。何以故？若爲智慧而行精進，是智慧資糧；若爲福德而行精進，是福德資糧。如是静慮波羅蜜多，亦通二種。若緣無量而修静慮，是福德資糧，餘是智慧資糧。如是資糧，是誰所有？謂諸菩薩。長遠難度，名『無邊際』。如無邊語，非無有邊，但以多故，得無邊稱，此亦如是。『於法思量善決已』者，要由定後思惟諸法，方善決定，非餘所能。『故了義趣唯言類』者，謂了知諸義，唯意言爲因。『若知諸義唯是言，即住似彼唯心理』者，謂若了知似義顯現，唯是意言，即住似義唯心正理。『便能現證真法界，是故二相悉蠲除』者，謂從此後現證真如，永離所取、能取二相，如入現證，次當顯示。『體知離心無別物，由此即會心非有』者，體知離心無所緣義，彼無有故，即會能緣心亦非有。『智者了達二皆無』者，謂諸菩薩了達此二悉皆是無。『等住二無真法界』者，謂平等住離義離心真實法界。『慧者無分别智力』者，謂諸菩薩無分别智所有勢力。『周徧平等常順行』者，於平等中隨順而行，觀契經等一切諸法，猶如虚空，性平等故。内外諸法，皆如是觀，故名周徧常恒。『滅依榛梗過失聚，如大良藥消衆毒』者，『滅』謂除滅，『依』謂所依，即所依中雜染法因極難了故，如谿谷林，榛梗難入。『過失聚』者，是雜染法熏習自性。『佛説妙法善成立，安慧并根法界中』者，謂由佛教善安其慧，置真如中及能緣彼根本心中。根本心者，謂緣如來所有正教惣爲一相，應知即是無分别心。『了知念趣唯分别』者，謂彼安住根本心已，爲説正教，由後得智念諸義趣，知此念趣唯是分别。『勇猛疾歸德海岸』者，謂諸菩薩由無分别智及後得智巧方便故，速趣佛果功德海岸。如是五頌惣略義者，謂第一頌顯資糧道，第二頌初半顯加行道，後半、第三顯於見道，第四一頌顯於修道，第五一頌顯究竟道。」〔三〕

校注

〔一〕榛梗：叢生的雜木。慧琳一切經音義卷五〇：「榛梗，上鋤侁反，許注淮南子曰：木榛。廣雅：木叢生亦曰榛。説文：從木秦聲。下革杏反，方言：自關而東，草木刺人者爲梗。賈注國語：梗，害也。王逸注曰：梗，强也。説文：從木更聲。」

〔二〕見玄奘譯攝大乘論本卷中入所知相分。

〔三〕「攝論偈云」至此，見世親造、玄奘譯攝大乘論釋卷六。

金剛三昧經云：「大力菩薩言：『云何二入不生於心？心本不生，云何有入？』佛言：『二入者，一謂理入，二謂行入。理入者，深信衆生不異真性，不一、不共，但以客塵之所翳障，不去、不來。凝住覺觀，諦觀佛性不有、不無，無己、無他，凡、聖不二。金剛心地，堅住不移，寂静無爲，無有分別，是名理入。行入者，心不傾倚，影無流易，於所有處，静念無求，風鼓不動，猶如大地。捐離心我，救度衆生，無生、無相，不取、不捨。菩薩，心無出入，無出入心，入不入故，故名爲入。菩薩，如是入法，法相不空。不空之法，法不虚棄。何以故？不無之法，具足功德，非心、非影，法爾清浄。』」〔一〕

校注

〔一〕見金剛三昧經入實際品。

又云：「佛言：從闡提心乃至如來，如來實相住五等位：一者、信位。信此身中真如種子爲妄所翳，捨離妄心，浄心清白，知諸境界意言分別〔二〕。二者、思位。思者，觀諸境界唯是意言，意言分別，隨意顯現，所見境界非我本識，知此本識非法、非義，非所取、非能取〔二〕。三者、修位。修者，常起能起，所起〔三〕同時故，先以智導，排諸障難，出離蓋纏〔四〕。四者、行位。行者，離諸行地，心無取捨，極浄根利，不動心如決定實性，大般涅槃唯性空大〔五〕。五者、捨位。捨者，不住性空正智流易，大悲如相相不住如，三藐三菩提虚心不證，心無邊際，不見處所，是至如來〔六〕。善男子，五位一覺，從本利入，若化衆生，從其本處。」〔七〕

校注

〔一〕元曉金剛三昧經論卷下：「初中有二，先信後解。初明信者，所謂信有三種佛性。『信此身中真如種子』者，信住自性佛性真如，正是第一義空種子，即是阿耨菩提中道種子。自性浄心本來法然，故名『真如』；與三身果而作正因，故名『種子』。未發心住，名『住自性』。未出諸障，『爲妄所翳』也。言『捨離妄心』者，是信引出佛性，從十信位乃至等覺，漸出不信、無知等障，隨捨麁妄分別心故。言『浄心清白』者，是信至得佛性，謂至道後，離一切垢，自性浄心顯現清白故。上句『信』字貫下二句故。『知諸境界意言分別』者，既信三種佛性，亦知唯識道理故，知心所取一切境界，唯是意言分別所作。若離分別，無所有故。」

〔二〕元曉金剛三昧經論卷下：「此明思位，亦有二句，先明無相尋思觀，後顯無生如實智。初言『觀』者，思量觀察。『唯是意言』者，所取外境無所有故。『隨意顯現』者，似外相分不離見故。『非我本識』者，離識已外，所見境界既非我識，故無所有。此中言『本識』者，謂第六識三有本故。如提婆菩薩所説頌言：『意識三有本，諸塵是其因。若見塵非有，有種自然滅。』上來通顯無相尋思及如實智，自下明其無生道理。『知此本識非法、非義』者，非能詮法、非所詮義，知名與義互爲客故。『非所取、非能取』者，所取塵既無，能取不成故。能取之義必待所取，既無所待，即無能待故。此是通顯無生、尋思及如實智，始從十解已上乃至世第一法修此尋思如實智觀，於中亦有修慧觀察，而皆未離思察分別，所以通名爲思位也。」

〔三〕「所起」，金剛三昧經作「起修」。按，據大正藏本金剛三昧經校勘記，宮本金剛三昧經作「起」，元曉金剛三昧經論即與宮本金剛三昧經同，參後注。

〔四〕元曉金剛三昧經論卷下：「先明修相，後顯修因。言修相者，謂正體智止觀雙運，更無出入，故言『常起』；言『能起』者，謂止能起，能起觀故。次言『起』者，謂所起觀。止觀不離，故曰『同時』。止相觀如必同時故，是明修相。次顯其因。所以得此雙運修者，由先加行排諸障故。言『智導』者，謂加行智，意言分別，不離名言，故名智導。七地已還，一切地中皆有加行在先伏障故。『排諸障難』者，損伏麁重故。『出離蓋纏』者，不起現纏故。」

〔五〕元曉金剛三昧經論卷下：「是等覺位，亦有二句，先明位狀，後顯其行。初中言『離諸行地』者，行過十地故。『心無取捨』者，解與佛同故，故説此位名等覺行。次總結。言『極淨根利』者，謂本覺心顯成滿因故。次明行中，言『不動心如決定實性』者，此位得入金剛三昧故。『大般涅槃唯性空大』者，寂滅無爲，一相無相故。如本業經言：『入金剛三昧，一相無相寂滅無爲，名無垢地故。』」

〔六〕元曉金剛三昧經論卷下：「此明佛地，亦有二句。先明捨義，即以三義顯其捨相。『不住性空正智流易』者，不住涅槃灰身滅智智不滅故，量智續流隨根變易作佛事故。『大悲如相相不住如』者，無緣大悲不取人法差別之相，故曰『如相』。恒涉六道，未曾停息，故言『相不住如』。『三藐』曰『正』，『三』者云『等』，『菩提』言『覺』，總而言之，謂『正等覺』，即是圓滿無上菩提，於中無住，虚心不證。此三義中，前二不住涅槃故捨，後一不取菩提故捨。次明位狀。『心無邊際』者，歸一心源，心體周遍，遍十方故無邊，周三世故無際。雖周三世而無古今之殊，雖遍十方而無此彼之處，以之故言『不見處所』。如是極果，不與他共，唯乘如者之所來至，以之故言『是至如來』。」

〔七〕見金剛三昧經真性空品。

如上經論所言，諸佛菩薩四加行位、唯識五位等，皆從一心分其深淺。從本起末，似現初心；因末顯本，復歸元地。所以經云：「五位一覺，從本利入，若化衆生，從其本處。」

如上諸位，但是一心，因智有淺深，證分初後，於行布中，似有階降。如慤疏〔一〕云：首楞嚴經於一念上立六十位〔二〕，如珠中影像，物類雖多，珠全是一。一中含衆像，衆像還入一珠中。如六十位中，一一位含六十位，且如位位全是心證，一心能生多心，多心還入一心。心心互含，有何障礙？

校注

〔一〕愨疏：即惟愨述首楞嚴經玄贊。宋高僧傳卷一六唐京師崇福寺惟愨傳：「釋惟愨，俗姓連氏。（中略）一説楞嚴經初是荆州度門寺神秀禪師在内時得本，後因館陶沙門慧震於度門寺傳出，愨遇之，著疏解之。」宋思坦集注楞嚴經集注引用文目中，有惟愨玄贊，即此「愨疏」。明錢謙益楞嚴經疏解蒙鈔卷首古今疏解品目：「崇福寺惟愨法師疏，愨公於至德初年，得房相家筆受經函，發願譔疏。計十一年始下筆，勒成三卷，目爲玄贊。文義幽頤，盛行西北，實此經疏解之祖也。高僧傳云：愨公撰疏，夢妙吉祥乘狻猊自其口入，及將徹簡，寐中見由口而出，在乎華嚴宗中文殊智也。永明宗鏡，引愨公論楞嚴六十聖位，深契華嚴圓融法界之旨。」

〔二〕詳見大佛頂如來密因修證了義諸菩薩萬行首楞嚴經卷九。

音義

誘，與久反，進也，導也。　慳，苦閑反，悋也。　諂，丑琰反，諂僞也。　禦，魚據反，禁也，止也。　扞，侯旰反。　廓，苦郭反，虚。　寇，苦候反。　撫，芳武反，安存也。　敵，徒歷反，當也，主也。　基，居之反，址也。　爰，雨元反。　榛，側詵反。　梗，古杏反。

戊申歲分司大藏都監開板

宗鏡録卷第八十八

慧日永明寺主智覺禪師延壽集

夫證唯識理而登佛果，從初資糧位至究竟位，具幾智而得成就？

答：唯一無分别智，約初後有三種：一、加行無分别，謂尋思等智，即是道因；二、無分别智，即是道正體；三、無分别後智，即是出觀智，謂道果〔一〕。

校注

〔一〕無分别智：指菩薩於初地入見道時，緣一切法真如，超越能取與所取的差别，境智冥合，平等而無分别之智。亦即遠離名相概念等虚妄分别的世俗認識，唯對真如認識能如實而無分别。世親釋、真諦譯攝大乘論釋卷一二：「若智與所取不異，平等平等起，是名無分别智。」此智屬於出世間智與無漏智，有加行（準備階段）、根本、後得等三種：一、加行無分别智，又稱加行智，是尋思之慧，乃道之「因」。二、根本無分别智，又稱出世無分别智、根本智，是正證之慧，乃道之「體」。三、後得無分别智，又稱後得智，是出觀起用之慧，乃道之「果」。世親釋、真諦譯攝大乘論釋卷一二：「無分别智有三種：一、加行無分别智，謂尋思等智，即是道因；二、無分别智，即是道正體；三、無分别後智，即是出觀智，謂道果。」

問：此三智行相如何？

答：攝論云：「無分別智自性，應知離五種相：一、離非思惟故，二、離非覺觀地故，三、離滅想受定〔一〕寂静故，四、離色自性故，五、於真實義離異分別故。」〔二〕「此智若由離思惟故名無分別智，熟眠、放逸、狂醉同離思惟，應得此智；若由過覺觀地故名無分別智，從二定以上已過覺觀，應得此智。若依此二義，凡夫應得此智，是處能離心及心法，應説名無分别智，謂想受滅定等。若人在此位中得無分別智，此則不成智。何以故？於滅定等位無心及心法故。若言如色自性，智自性亦如此，如色鈍無知，此智應鈍無知。若於真實義，由已分別顯現，是分別應成無分別智。何以故？此分別能分別真實義，謂此義真實。若智離五相，緣真實義起。若不異分別真實義，謂此法真實，但緣真實義，如眼識不以分別爲性，是名無分別智。無分別智，衆行中最爲上首。更以偈顯：諸菩薩自性，五種相所離，無分別智性，於真無分別。菩薩以無分別智爲體，無分別智與菩薩不異，無分別智自性即是菩薩自性。由於真無分別故，離五相得無分別名。」〔三〕

校注

〔一〕滅想受定：又稱滅盡定，即滅盡六識心、心所而不使之起的禪定。玄奘譯阿毗達磨俱舍論卷五：「如説復有别法，能令心、心所滅，名無想定。如是復有别法，能令心、心所滅，名滅盡定。」隋慧遠撰大乘義章卷二三有爲義兩門分別：「滅盡定者，謂諸聖人患心勞慮，暫滅心識，得一有爲非色心法，領補心處，名滅盡定。」又卷九滅盡定義九門分別：「滅受想者，偏對受、想二陰彰名。想絶受亡，名滅受想。滅盡定者，通對一切心、心數法以彰名也。心及心法一切俱亡，名曰滅盡；又復三界緣心都盡，亦名滅盡。」

〔二〕見無著造、真諦譯攝大乘論卷下依慧學勝相。

〔三〕見世親釋、真諦譯攝大乘論釋卷一二。

又，三智揔以喻顯，頌曰：「如五求受塵，如五正受塵，如非五受塵，三智譬如是。「釋曰：譬如人在眼等五識中求覓五塵，或緣實，或緣虛，意識與五識相間起故。加行無分別智亦爾，或證一分爲實，或不證爲虛。譬如人正在五識中，得真實境無分別、無言說；根本無分別智亦爾，得真實境無分別、無言說。譬如人在意識中，但緣先所受塵，名緣虛境，有分別、有言說；無分別後智亦爾，緣虛境，有分別、有言說。」〔一〕

又，偈云：「如人初開目，是名加行智〔二〕，如人正閉目，是無分別智。即彼復開眼，後得智亦爾。應知如虛空，是無分別智。於中現色像，後得智亦爾。」〔三〕

校　注

〔一〕見世親釋、真諦譯攝大乘論釋卷一二。

〔二〕「如人初開目，是名加行智」，攝大乘論本作「次第譬三智，應知加行等」。

〔三〕見無著造、真諦譯攝大乘論本卷下增上慧學分。按，此處所引同大方廣佛華嚴經隨疏演義鈔卷一八引。

問：此無分別智，從何而成？

答：了一切名義無所有故，能成無分別智。攝論頌云：「鬼畜人天等，各隨其所應，一切意有異，故知義不成。過去等及夢，并餘二影像，無有爲攀緣，然彼攀緣成。」〔一〕釋曰：若義成於境，無無分別智。此智若不有，佛果無可得〔二〕。「於一物中，各隨其意，見有差别。是故應知義無所有故，彼等所取既不成就。若爾，義無所有故，識應不緣境而生？答：亦有識不緣境而生，如夢及過去、未來等，無實攀緣即自攀緣，如鏡像及定境。」謂自心爲境而攀緣。若義有自性爲境，則無無分別智。此智若有，有佛果可得〔三〕。

校注

〔一〕見世親造、笈多共行矩等譯攝大乘論釋論卷九增上慧學勝相勝語第八之二。下一處引文同。

〔二〕按，攝大乘論釋論卷九中，「若義成於境，無無分別智。此智若不有，佛果無可得」四句亦爲偈語。

〔三〕世親造、笈多共行矩等譯攝大乘論釋論卷九增上慧學勝相勝語第八之二：「由無實攀緣故無攀緣，非無攀緣即自攀緣故，謂自心爲境而攀緣故，即是過去、未來及夢并二影像等次第相應。『若義成爲境，無無分別智』者，若義有自性，則無無分別智。若汝言『無無分別智』，有何失者？『此智若不有，佛果無可得』，若無分別智不有，則不能得佛果。」

問：於宗鏡中最初信入，有何位次？

答：若圓信人，初有五品位。台教據法華經分別功德品，依圓教立五品位：第一品，初發一念信解心；第二品，加讀誦；第三品，加説法；第四品，兼行六度；第五品，正行六度〔一〕。

校注

〔一〕智顗説妙法蓮華經玄義卷五上：「初品圓信法界，上信諸佛，下信衆生，皆起隨喜，是圓家慈停心，遍對治法界上嫉妬。第二品讀誦大乘文字，文字是法身氣命，讀誦明利是圓家數息停心，遍治法界上覺觀。説法品，能自浄心，亦浄他心，是圓家因緣停心，遍治法界上自、他癡，癡去故，諸行去乃至老死去。兼行六度品，是圓家不浄停心，六蔽初名貪欲，若捨貪欲，欲因、欲果皆捨，捨故無復報身，非浄非不浄也。正行六度品，是圓家念佛停心，正行六度時，即事而理，理不妨道，事妨於道，即事而理，無障可論。」「慈停心」等，參後注「五停心觀」。

從初品須依静處建立道場，於六時中行四三昧〔二〕，懺六根罪，修習五悔。五悔者：

「一、懺悔，破大惡業罪；二、勸請，破謗法罪；三、隨喜，破嫉妬罪；四、迴向，破諸有罪；五、發願，順空無相願，所得功德不可限量，譬筭校計亦不能説。若能勤行五悔方便，助開觀門，一心三諦，豁爾開明。如臨淨鏡，徧了諸色，一念心中，圓解成就，不加功力，任運分明，正信堅固，無能移動，此名深信隨喜心，即初品弟子位也。分別功德品云：『若有聞佛壽命長遠，解其義趣，是人所得功德，無有限量，能起如來無上之慧。乃至[二]若聞是經而不毀呰，起隨喜心，當知已爲深信解相。』[三]即初品文也。

「以圓解觀心，修行五悔，更加讀誦，善言妙義，與心相會，如膏助火，是時心觀益明，名第二品也。經云：『何況讀誦、受持之者，斯人則爲頂戴如來。』

「又以增品信[四]心，修行五悔，更加説法，轉其內解，導利前人，以曠濟故，化功歸己，心更一轉，倍勝於前，名第三品也。經云：『若有受持、讀誦、爲他人説，若自書、若教人書，供養經卷，不須復起塔寺及造僧坊、供養衆僧。』

「又以增進心，修行五悔，兼修六度，福德力故，倍助觀心更一重深進，名第四品也。經云：『況復有人能持是經，兼行六度，其德最勝，無量無邊。譬如虛空，東西南北、四維上下，無量無邊。是人功德，亦復如是，無量無邊，疾至一切種智。』

「又以此心，修行五悔，正修六度，自行化他，事理具足，心觀無礙，轉勝於前，不可比喻，名第五品也。經云：『又爲他人種種因緣，隨義解説此法華經，復能清浄持戒，與柔和者而共同止，忍辱無瞋，志念堅固，常貴坐禪，得諸深定，精進勇猛，攝諸善法，利根智慧，善答問難。乃至當知是人已趣道場，近阿耨多羅三藐三菩提，坐道樹下。』〔五〕

「始自初品，終至初住，一生可修，一生可證。不待位登七地，爾乃修習，何假歡喜，始入雙流？前教所以高其位者，方便之説，圓教位下者，真實之説。法華經云：『如此之事，是我方便，諸佛亦然，今當爲汝説最實事。』〔六〕即此意也。」〔七〕

校注

〔一〕四三昧：即四種三昧。智顗摩訶止觀卷二上，將衆多「止觀行」依其實行方式而分爲四種行法：常坐三昧、常行三昧、半行半坐三昧、非行非坐三昧，由之即可正觀實相，住於三昧。智顗説、灌頂記摩訶止觀卷二上：「行法衆多，略言其四：一、常坐，二、常行，三、半行半坐，四、非行非坐。通稱三昧者，調直定也。大論云：善心一處住不動，是名三昧。法界是一處，正觀能住不動，四行爲緣觀心藉緣調直，故稱三昧也。」

〔二〕乃至：表示引文中間有删略。下一「乃至」同。

〔三〕見妙法蓮華經卷五分別功德品。下四處「經云」同。

〔四〕「信」，摩訶止觀作「勝」。勝心，謂修殊勝之行的心。隋慧遠撰無量壽經義疏卷下：「所修勝上，名爲勝心。」

〔五〕見智顗説、灌頂記摩訶止觀卷七下。
〔六〕見妙法蓮華經卷三藥草喻品。
〔七〕見智顗説、灌頂記摩訶止觀卷六下。

又，約藏、通、別、圓四教，論位高以言優劣。如圓教圓修，「至十行中第二行，便與別教妙覺位齊。若登三行，所有智斷，別人不識其名，況知其法！大乘別教，詮中道佛性不空之理，尚此懸殊，何況藏、通但空灰斷之果！若從圓教第三行，乃至十向、十地，等、妙二覺，所有智斷，皆非境界。別教但知至十行第二行中，只斷無明，爲己家之極果，不知是他家之下因。譬如構甎石爲基，以金寶飾上，豈如從基至頂，悉累金剛！非唯高位有殊，亦乃寶非寶別」〔一〕。

乃至約斷惑門論斷不斷者，「別教但明斷，不論不斷。圓具二義。若教道明斷，證道不斷〔二〕，例如小乘方便論斷，證真不論斷不斷。今亦如是。若不思議觀者，内不見有煩惱可斷，煩惱性不障菩提，菩提不障煩惱，煩惱即菩提，菩提即煩惱。故淨名云：『佛爲增上慢人説斷婬、怒、癡，名爲解脱。』〔三〕無增上慢者，婬、怒、癡性即解脱，六根六塵而無限礙，只眼中見色，亦眼中入三解脱門。華嚴明十眼乃至六根，皆明於一塵中具十方三世諸佛，八相成道，轉法輪，度衆生，皆不斷而明了」〔四〕。

校注

〔一〕出智顗説、灌頂記四念處卷四。

〔二〕教道：方便教示之道。證道：諸佛所證之實理。隋慧遠撰大乘義章卷九證教兩行義三門分別：「證、教兩行，出地經論。所言證者，乃是知得之別名也。實觀平等契如，名證。所言教者，義別有七：一、方便行德，依教修起，從其所依，故名教行；二、差別之行，可以教辨，行從詮目，故名教行；三、知諸佛所説教法，從其所知，故名教行；四、説法智行，能起言説，教被世間，故名教行；五、平等證行，約言分異，異從教別，故名教行；六、行能顯真，義説爲教，如因分行，名爲説大；七、上德下被，義名爲教。」「出地論經」者，十地經論卷一：「歎説者，於中有二種：一者、爲説阿含義；二者、爲證入義。」

〔三〕見維摩詰所説經卷中觀衆生品。

〔四〕出智顗説、灌頂記四念處卷四。

又，五品位，同小乘五停心觀〔一〕。今五品以四弘誓願、四種三昧以明五停心。四弘誓願明四種停心，四種三昧明第五停心。

四弘誓願者，一者、未度令度，二者、未解令解，三者、未安令安，四者、未滅令滅。四種三昧者，一、常行，二、常坐，三、半行半坐，四、非行非坐。

且四弘誓願明四種停心者，「生死苦諦，即是涅槃，無二無別，此即信事順理。信是道元功德母，此是第一誓願，未度苦諦令度苦諦，是初品信理停心。煩惱即菩提，無二無別，是爲未解集諦令解集諦，是第二品讀誦解脱停心。即是大悲拔苦，與前兩誓願。未安道諦令安道諦，即是以無恡之慈而爲説法，即第三品説法停心。未入滅諦令入滅諦，即是兼行六度，六度蔽此岸生死，即第四停心。大慈與樂，與此兩誓願」〔一〕。

校注

〔一〕「五品位，同小乘五停心觀」者，智顗説妙法蓮華經玄義卷三上：「五停、四念者，有定故言停，有慧故言觀。觀能翻邪，定能制亂。數息治散，不浄治貪，慈治瞋，因縁治癡，念佛治障道。」又參前注中引妙法蓮華經玄義卷五上文。五停心觀：又稱五停心、五度觀門、五度門、五門禪等，是爲了息止惑障而修行的五種觀法。隋慧遠撰大乘義章卷一二五停心義四門分别：「一、不浄觀，二、慈悲觀，三、因縁觀，四、界分别觀，五、安那般那觀。此五，經中名『五度門』，亦曰『停心』。言『度門』者，度是出離至到之義，修此五觀，能出貪等五種煩惱到涅槃處，故名爲度。又，斷煩惱度離生死，亦名爲度。通人趣入，因之爲門。言『停心』者，停是息止、安住之義，息離貪等制意，住於不浄等法，故曰停心。」「界分别觀」者，觀想六界或十八界諸法悉由地、水、火、風、空、識所和合，以對治我執之障。「安那般那觀」者，即數息觀。「數息觀者，觀自氣息，繫心數之，無令妄失，名數息觀。」又，妙法蓮華經玄義等中，以第四「界分别觀」與第三「因縁觀」相似，省之而加「念佛觀」，因念佛能治一切煩惱故。

〔二〕出智顗說、灌頂記四念處卷四。

四種三昧明第五停心者，「此四三昧，皆修念佛，破障道罪。自有人數息，覺觀不休。若念佛，若稱名，即破覺觀，怗然心定。故經云：若有衆生多於貪欲，常念觀音，即便得離，破根本無明〔一〕。又云：『一念知一切法是道場。』〔二〕皆是念佛法門也。即常行三昧，諸佛停立現前，覩法界佛也」〔三〕。常坐三昧者，「繫緣法界，一念法界而念佛也」。半行半坐三昧者，「思惟諸佛實法。法華經云：當成就四法，爲諸佛護念〔四〕。此語初心行人，若人行道者，常好坐禪，觀心無心，法不住法，名大懺悔」。非行非坐三昧者，「行住、坐卧、語默等，皆是摩訶衍，以不可得故」〔五〕。

校注

〔一〕按，此意出妙法蓮華經卷七觀世音菩薩普門品，非經文。

〔二〕出維摩詰所説經卷上菩薩品。

〔三〕出智顗說、灌頂記四念處卷四。

〔四〕妙法蓮華經卷七觀世音菩薩普門品：「若善男子、善女人，成就四法，於如來滅後，當得是法華經：一者、爲諸佛護念，二者、植衆德本，三者、入正定聚，四者、發救一切衆生之心。」

〔五〕按，上引文皆出智顗説、灌頂記四念處卷四。

若三藏中，以事觀緣事，謂數息、不浄、慈悲、界分別、念佛五停心觀等〔一〕。今圓教五品之位，「以理觀緣理，生死即涅槃，煩惱即菩提，生命是衆生之息命，涅槃是法身之息命，雖不可數而可散動，明寂對於數息也。煩惱是底下之穢惡，菩提是尊極之浄理，對前顯後故，以文字解脱對不浄停心也。若大悲誓願拔因果苦者，若有我所，尚不自出，況拔他苦！謂無我所故，所以發慈悲心，自拔拔他。若大慈誓願與因果樂者，若於十二因緣起無明癡愛，尚自無樂，況與他樂！今自無癡故，能與他樂耳。若小乘念生身應佛相好，今念法身相好，事、理永殊」〔二〕。乃至藏教，佛與圓教十信心位齊，以同除界内四住煩惱〔三〕故。十信雖與三藏佛同除界内煩惱齊，而十信又圓伏界外根本無明，藏教尚未識住地無明，云何稱伏？三藏佛位，猶稱爲劣，況二乘乎？所以云：「同除四住，此處爲齊。若伏無明，三藏即劣。佛尚猶劣，二乘可知。」〔四〕

校注

〔一〕按，智顗四教義卷四：「初賢五停心觀者，一、阿那般那觀，二、不浄觀，三、慈心觀，四、因緣觀，五、界方便觀。此五通言停心者，停以停止爲義，亦名五度門觀。若人歸依三寶，受佛戒法，名佛四衆弟子。若聞生滅四諦之教，因此發聲聞心，欲觀四諦，離生死苦，求涅槃樂，但此以五種煩惱散動不定，如風中燈，當修五種觀法。五種觀法者，一、數息觀，二、不浄觀，三、慈心觀，四、因緣觀，五、界方便觀。」有「因緣觀」而無「念佛觀」，據下文圓教五品之位，則有「念佛觀」而無「界分別觀」，以第四「界分別觀」與第三「因緣觀」相似，合之而加「念佛觀」故。參前注。

〔二〕出智顗説、灌頂記四念處卷四。

〔三〕四住煩惱：三界一切見、思煩惱。四住，即見一切住地（三界一切見惑）、欲愛住地（欲界一切思惑。思惑之中，以貪愛爲重）、色愛住地（色界一切思惑）、有愛住地（無色界一切思惑）。

〔四〕出智顗説妙法蓮華經玄義卷五上。

今略明圓信初入之位。其五十二位智斷行相，廣在彼明。故知圓信頓修，與漸證權機功行鍊磨，日劫相倍。入此宗鏡，功德無邊。是以祖師云：「即心是者疾，發心行者遲。」〔一〕故台教云：「大機扣佛，譬忍辱草；圓應頓説，譬出醍醐〔二〕。又，頓教最初始入内凡，仍呼爲乳。呼爲乳者，意不在淡，以初故本故。如牛新生，血變爲乳〔三〕，純浄在身，犢子若嗽，牛即出乳。佛亦如是，始坐道場，新成正覺，無明等血，轉變爲明，八萬法藏、十二部經具在法身，大機犢子先感得乳，乳爲衆味之初，譬頓在衆教之首，故以華嚴爲乳耳。」〔四〕

校注

〔一〕按，此説亦見本書卷三六、心賦注卷三，「祖師」者，不詳。

〔二〕大般涅槃經卷二七：「雪山有草，名爲忍辱，牛若食者，則出醍醐。更有異草，牛若食者，則無醍醐。雖無醍醐，不可説言雪山之中無忍辱草。佛性亦爾，雪山者，名爲如來；忍辱草者，名大涅槃；異草者，十二部經。衆生若能聽受、諮啓大般涅槃，則見佛性。」

〔三〕大般涅槃經卷一〇：「如牛新生，乳血未别。」

〔四〕見智顗説妙法蓮華經玄義卷一〇上。

如大涅槃經云：「雪山有草，名曰肥膩，牛若食者，純得醍醐，無有青、黄、赤、白、黑色穀草因緣，則有色味之異。是諸衆生以明、無明業因緣故，生於二相，若無明轉，則變爲明。一切諸法善、不善等，亦復如是，無有二相。」〔一〕則法華一乘之教，爲醍醐耳。

校注

〔一〕見大般涅槃經卷八。

華嚴論云：「此華嚴大意，一乘正宗，但識滅時亡，情塵頓絶。唯真智境，一念則五位齊明，爲全將佛果以爲因故。設凡夫住世百年及以多劫，而於自見不見須臾可還，不見當成佛，不見已成佛，不見現成佛。十住之位，法既如是，更有何生不成佛耶？更有何生而成正覺？此華嚴經是本法界門。一切諸佛本住大宅，一切佛子究竟所歸，化身權乘，惣居其外。若有入者，一入全真。此位中初發心住菩薩見道，住佛知見，入佛知見，直與如來同身心性智相，故頓印五位行相，惣在其中。如持明鏡，普臨衆色。此經法門，法合如是，所有歎説，應如是知，應如是信解。爲法界法門，圓無始終，於一念中，歲月晦明重重無盡；一毫之内，佛境衆生境色相無邊。一成一切成，一壞一切壞。」〔一〕

又，「華嚴經即以普門法界、普見法門、如來藏身、三昧境、因陁羅網莊嚴法、世界海旋重重妙智一時同得，爲一證一切證，一斷一切斷故。即自身之内，有十方諸佛刹海莊嚴；佛身之内，即自身之境重重隱現。十方世界，法合如斯，猶如衆流歸於大海，雖未入海，潤性無差；若入大海，皆同鹹味。一切衆生，亦復如是，迷之與悟，雖然有殊，本來佛海，元本不出」〔二〕。

校　注

〔一〕見李通玄撰新華嚴經論卷四。

〔二〕見李通玄撰新華嚴經論卷一。

問：真如寂滅，本無次第之殊；法界虚玄，豈有階降之別？云何一真體上，而分五位十地之名？

答：若以唯識真性，則性融一切，尚不指一，何況分多！以解行證入之門，不無深淺，如太虚空，本無差異，嬰孩之時，觀唯不遠；長大之後，見則無邊。非彼空之有短長，乃是眼之自明昧。又如大摩尼寶，處礦雖淨，無良工巧治，焉能成器？如蘇迷盧山，雖寶所集，無日輪迴照，何以出光〔一〕？又如指畫虚空，是無數量之數量，猶心量法界，乃非淺深之淺深。

校注

〔一〕窺基撰成唯識論述記卷一〇：「如真如性雖本性浄，若不修習，浄無以彰顯，教、理俱得。如珠寶等，性雖光潔，若不磨瑩，無以出光故也；如蘇迷盧，雖寶所集，無日輪迴照，何以顯光？」

如華嚴論云：「初地菩薩，多百法明門王，化多百佛世界；二地菩薩，多千法明門王，化多千佛世界者〔二〕，不同權教實有分限，如前數法，互相徹入。又如人以指畫空，作百千微塵數，復以手除之令盡，然彼空中無有增減，以情量故，見彼虚空數有增減。此經亦爾，所有菩薩安立諸地，法門增減亦復如是，爲成諸有情故，使令進修。若也一概皆平，無心進也。凡夫無有策修之心，發心修至不修，方知萬法無修也。而實教菩薩，一得一切得，爲稱法體中無前後故，猶如帝網光影，互相參徹相入，無前後際也。亦如百千寶鏡，同臨妙像，一一鏡中影像相入，色像齊平。如佛果位中諸菩薩，爲從性起法身根本智，爲十位之中創證心故，所有法門境界，皆悉依本。以體用通收，皆悉徹故，還以性齊，即時齊故。更有餘不齊之法，爲不可也。」〔二〕

又云：「十住以來菩薩所行，皆是助道，非是正位故。意欲明行所行者，是爲助道。無住無行，任真自體，名之爲正果故。若以初發心住，以法性無相、根本智不離無作用之體行諸萬行，菩薩與佛因果本來體齊。若簡佛果無作無修，菩薩正加行已來，惣名助道，以動寂無礙，正助元來不異一法門也，眉目不可不簡。體、用圓寂，正、助全同，此即全別全同門。還以重玄門，思之可解。聞所未聞之法，聞之不疑，全別全同，境界難解。佛及凡夫，各自別有，是全別義，故二見恒存。若全同故，便成滯寂。圓融道理，事理不礙。若也法門全分兩向，是凡夫法；全合一體，是二乘法。但以理事自在，其道在中，留心滅之，此亦不可；以心存之，此亦不可。此助道行門，與正智果德無作之門體合無二，事中軌則，不可不分。以其體、用不可一向全別，以全同作全別，以全別作全同，不可全別無全同，不可全同無全別。如迷此同別二門，即智不自在。」〔三〕

又，「經云『智入三世，悉皆平等』〔四〕者，明智能隨俗，言『入三世』。即俗體本真，故言『平等』。以惣、別、同、異、成、壞門六相義該括，即惣而全別，即別而全惣；即同而俱異，即異而恒同；即成而俱壞，即壞而俱成。皆非情繫一異、俱不俱、有無非有無、常無常、生滅相故。如是皆是如來理智、體用、依正悉自在故，以自體無念力大智，照之可見」〔五〕。

校注

〔一〕仁王般若波羅蜜多經卷上菩薩行品：「若菩薩摩訶薩住百佛刹，作贍部洲轉輪聖王，修百法明門，以檀波羅蜜多住平等心，化四天下一切衆生；若菩薩摩訶薩住千佛刹，作忉利天王，修千法明門，説十善道化一切衆生。」菩薩瓔珞本業經卷下佛母品第五：「法門者，所謂十信心，是一切行本。是故十信心中，一信心有十品信心，爲百法明門。復從是百法明門中，一心有百心故，爲千法明門。」智顗撰四教義卷九：「十信心者，一信心，二念心，三精進心，四慧心，五定心，六不退心，七迴向心，八護法心，九戒心，十願心。」

〔二〕見李通玄撰新華嚴經論卷六。

〔三〕見李通玄撰新華嚴經論卷五。

〔四〕見實叉難陀譯大方廣佛華嚴經卷一。

〔五〕見李通玄撰新華嚴經論卷九。

是以若上上根人，頓了心空，入真唯識性，現行餘習、種子俱亡，則何用更立地位？只爲中下之根，或有緣信、或有正信，或有解悟、或有證悟，根機莫等，見解不同，於妄功用中分其深淺。雖即明知信入唯識，心、境俱空，以微細想念不盡，未得全除，分分鍊磨，於昇進中，故有地位差別。以根塵、五陰微細難亡，若得識陰盡，方超地位，了無所得，究竟圓成，如淨瑠璃，内含寶月。

如首楞嚴經云：「佛告阿難及諸大衆：汝等當知，有漏世界十二類生，本覺妙明覺圓心體，與十方佛無二無別。由汝妄想迷理爲咎，癡愛發生，生發徧迷，故有空性。化迷不息，有世界生。則此十方微塵國土，非無漏者，皆是迷頑妄想安立。當知虚空生汝心内，猶如片雲點太清裏，況諸世界在虚空耶？汝等一人發真歸元，此十方空皆悉消殞，云何空中所有國土而不振裂？」〔一〕

次消五陰之文。如經云：「此五陰元，重疊生起，生因識有，滅從色除。理則頓悟，乘悟併消；事非頓除，因次第盡。」〔二〕

消色陰文云：「佛告阿難：當知汝坐道場，消落諸念。其念若盡，則諸離念一切精明，動静不移，憶忘如一，當住此處，入三摩提。如明目人處大幽闇，精性妙淨，心未發光，此則名爲色陰區宇。若目明朗，十方洞開，無復幽黯，名色陰盡。是人則能超越劫濁，觀其所

由，堅固妄想以爲其本。」〔三〕

盡受陰文云：「佛告阿難：彼善男子，修三摩提奢摩他〔四〕中，色陰盡者，見諸佛心，如明鏡中顯現其像，若有所得而未能用，猶如魘人，手足宛然，見聞不惑，心觸客邪而不能動，此則名爲受陰區宇。若魘咎歇，其心離身，返觀其面，去住自由，無復留礙，名受陰盡。是人則能超越見濁，觀其所由，虚明妄想以爲其本。」

盡想陰文云：「佛告阿難：彼善男子，修三摩提，受陰盡者，雖未漏盡，心離其形，如鳥出籠，已能成就。從凡身上歷菩薩六十聖位〔五〕，得意生身，隨往無礙。譬如有人，熟寐寱言，是人雖則無別所知，其言已成音韻倫次，令不寐者咸悟其語，此則名爲想陰區宇。若動念盡，浮想消除，於覺明心如去塵垢，一倫生死，首尾圓照，名想陰盡。是人則能超煩惱濁，觀其所由，融通妄想以爲其本。」

盡行陰文云：「佛告阿難：彼善男子，修三摩提，想陰盡者，是人平常夢想消滅，寤寐恒一，覺明虚静，猶如晴空，無復麁重前塵影事，觀諸世間大地山河，如鏡鑒明，來無所黏，過無蹤跡，虚受照應，了罔陳習，唯一精真，生滅根元，從此披露，見諸十方十二衆生，畢殫其類。雖未通其各命由緒，見同生基，猶如野馬熠熠清擾，爲浮根塵究竟樞穴，此則名爲行陰區宇。若此清擾熠熠元性，性入〔六〕元澄，一澄元習，如波瀾滅，化爲澄水，名行陰盡。是

人則能超衆生濁，觀其所由，幽隱妄想以爲其本。」〔七〕

盡識陰文云：「佛告阿難：彼善男子，修三摩提，行陰盡者，諸世間性，幽清擾動，同分生幾，倏然隳裂，沉細綱紐，補特伽羅〔八〕酬業深脉，感應懸絶〔九〕。於涅槃天，將大明悟，如鷄候〔一〇〕鳴，瞻顧東方已有精色〔一一〕。六根虚静，無復馳逸，内内〔一二〕湛明，入無所入〔一三〕，深達十方十二種類受命元由，觀由執元，諸類不召。於十方界，已獲其同，精色不沉，發現幽秘，此則名爲識陰區宇。若於群召已獲同中，消磨六門，合開成就，見聞通隣，互用清浄，十方世界及與身心，如吠瑠璃，内外明徹，名識陰盡。是人則能超越命濁，觀其所由，罔象虚無，顛倒妄想以爲其本。」

乃至「識陰若盡，則汝現前諸根互用，從互用中，能入菩薩金剛乾慧〔一四〕，圓明精心於中發化，如浄瑠璃，内含寶月。如是乃超十信、十住、十行、十迴向、四加行心、菩薩所行金剛十地、等覺圓明，入於如來妙莊嚴海，圓滿菩提，歸無所得」。

校　注

〔一〕見大佛頂如來密因修證了義諸菩薩萬行首楞嚴經卷九。

〔二〕見大佛頂如來密因修證了義諸菩薩萬行首楞嚴經卷一〇。

〔三〕見大佛頂如來密因修證了義諸菩薩萬行首楞嚴經卷九。下兩處引文同。

〔四〕三摩提奢摩他：玄義撰一切經音義卷六：「三昧，莫盖反，正言『三摩地』，此云『等持』，持諸功德也。或云『正定』，謂住緣一境，離諸邪乱也。舊云『三摩提』者，訛也。」慧琳一切經音義卷二六：「奢摩他，亦云『三摩地』，亦云『三昧』，此云『定』也、『止』也。定有多名，此總稱也。或名『三摩鉢底』也。」宋思坦集注楞嚴經集注卷一引孤山智圓云：「今於一止，復有三名：謂奢摩他，此言『體真止』，止於真諦。三摩，具云『三摩提』，亦曰『三摩地』，此云『等持』，即方便隨緣，止止於俗諦。禪那，此云『静慮』，即息二隨分別止，止於中道第一義諦。」

〔五〕六十聖位：三漸次、乾慧地、十信、十住、十行、十迴向、四加行、十地、等覺、妙覺，通六十位。大佛頂如來密因修證了義諸菩薩萬行首楞嚴經卷八：「云何名爲三種漸次？一者、修習，除其助因；二者、真修，刳其正性；三者、增進，違其現業。」

〔六〕「入」，原作「久」，據嘉興藏本及大佛頂如來密因修證了義諸菩薩萬行首楞嚴經改。

〔七〕見大佛頂如來密因修證了義諸菩薩萬行首楞嚴經卷一〇。下兩處引文同。

〔八〕補特伽羅：即有情衆生。翻譯名義集卷二人倫篇：「此云『數取趣』，謂諸有情起惑造業，即爲能取當來五趣，名之爲趣。」玄應一切經音義卷二三：「補特伽羅，案，梵本『補』，此云『數』；『特伽』，此云『趣』；『羅』，此名『取』。云『數取趣』，謂數數往來諸趣也。」

〔九〕子璿集首楞嚴義疏注經卷一〇：「綱上大繩曰綱，衣領結處曰紐，皆喻其要也。十二類生，如綱如衣，行陰貫通微細結要，如綱如紐。補特伽羅，云『數取趣』，即總指十二類也。行陰能持此類生故，故云『沈細綱紐』。綱紐是業因，伽羅是果報。業因亡則孰爲引果？果報息則誰作能酬？因果既亡，故絶感應。深脉，亦喻行陰幽隱也。」

〔一〇〕「候」，嘉興藏本作「後」。按，大正藏本首楞嚴經作「後」，但據其校勘記，元本作「候」。參後注。

〔一一〕子璿集首楞嚴義疏注經卷一〇：「涅槃名爲第一義天，得無生忍，名大明悟。明悟在近，故名曰將。將，當也，欲也。『如雞後鳴』者，雞第二鳴，天將曉也。五陰在如全夜，陰都盡如大明，色、受二陰破如雞初鳴，天全未變，今想行又除，唯有識陰，明悟在近，即如雞後鳴，天有精色。」精色，即曙色。

〔一二〕「内内」，清藏本作「内外」。按，大正藏本首楞嚴經作「内外」，但據其校勘記，宋本作「内内」。參後注。

〔一三〕子璿集首楞嚴義疏注經卷一〇：「由定所攝，無行陰使，雖存六根，識不馳散，故云『虚静無復馳逸』。唯專内境，定心内照，故云『内内湛明』。又，『内内』者，深深寂照也。窮到識陰，更無所見，名『入無所入』。」

〔一四〕乾慧：即乾慧地，是菩薩自初發心乃至得順忍前之覺位。此位未得法性理水之智慧，故云「乾慧地」。乾者，乾燥。又，有漏智慧不以法性理水潤之，故云「乾慧」。大智度論卷七五：「乾慧地有二種：一者、聲聞，二者、菩薩。聲聞人獨爲涅槃故勤精進，持戒心清浄，堪任受道。或習觀佛三昧，或不浄觀，或行慈悲、無常等觀，分别集諸善法、捨不善法。雖有智慧，不得禪定水則不能得道，故名乾慧地。於菩薩，則初發心乃至未得順忍。」大乘義章卷一四三乘共地義三門分别：「言乾慧者，謂聲聞中五停心觀總别念處。於此位中勤修精進持戒之行，或觀不浄，或修慈悲，或觀因緣，或分别界，或爲數息，或復修習念佛三昧，於四念處總别觀察，（中略）此等皆是假總觀行，雖有智慧，未得定水，故云乾慧。又，此事觀未得理水，亦名乾慧。」

問：既論初心入道，何用廣録上地行位？

答：若論其道，必有其果。若無行位，即是天魔外道。經論所説，微細難知。台教有六即之文〔一〕，仁王具五忍之位〔二〕，恐墮上慢，執解不修，皆是古聖所詮，不敢不録，非是叨濫，自立異端，唯望後賢，願遵先製。

校注

〔一〕六即：理即、名字即、觀行即、相似即、分真即（分證即）和究竟即。六即之文，詳見智顗説、灌頂記摩訶止觀卷一下。本書卷三七有引。

〔二〕五忍：指伏忍、信忍、順忍、無生忍和寂滅忍。仁王護國般若波羅蜜多經卷上菩薩行品：「諸菩薩摩訶薩依五忍法以爲修行，所謂伏忍、信忍、順忍、無生忍——皆上中下，於寂滅忍而有上下，名爲菩薩修行般若波羅蜜多。」

問：佛地功德，都具幾法成就圓滿？

答：成就五法，具攝一切佛地功德。故佛地論云：一、清淨法界者，「一切如來真實自體，無始時來自性清淨，具足種種過十方界極微塵數性相功德，無生無滅，猶如虚空，徧一切有情，平等共有，與一切法不一不異，非有非無，離一切相，一切分別、一切名言，皆不能得，唯是清淨聖智之所證，二空無我所顯真如爲其自性，諸聖分證，諸佛圓證」。

二、大圓鏡智者，「能現生一切境界諸智影像，一切身土影像所依，住〔一〕持一切佛地功德，窮未來際無有斷盡」。

三、「平等性智，謂觀自他一切平等，建立佛地無住涅槃」。

四、「妙觀察智，謂於一切境界差別，常觀無礙；於大衆會，能現一切自在作用，斷一切疑，雨大法雨」。

五、「成所作智，謂能徧於一切世界，隨所應化，成熟有情」〔二〕。

釋曰：清淨法界者，則無垢淨識真如一心，即此正宗，凡聖共有。此一法界，是四智之體，四智則一體之用。以諸佛現證，衆生不知，以不知故，執爲八識之名；以現證故，能成四智之相。若昧之，則八識起執藏之號，七識得染汙之名，六識起徧計之情，五識變根塵之境；若了之，賴耶成圓鏡之體、持功德之門，末那爲平等之原、一自他之性，第六起觀察之妙、轉正法之輪，五識興所作之功、垂應化之迹。斯則一心匪動，識智自分，不轉其體，但轉其名；不分其理，而分其事。

校　注

〔一〕「住」，諸校本作「任」。按，大正藏本佛地經論作「任」，但據其校勘記，餘諸本皆作「住」。

〔二〕按，上引佛地論文，出玄奘譯佛地經論卷三。又，玄奘譯成唯識論卷一〇：「一、大圓鏡智相應心品，謂此心品離諸分別，所緣行相微細難知，不忘不愚一切境相，性相清浄，離諸雜染，純浄圓德，現種依持，能現能生身土智影，無間無斷，窮未來際，如大圓鏡，現衆色像；二、平等性智相應心品，謂此心品觀一切法、自他有情，悉皆平等，大慈悲等恒共相應，隨諸有情所樂，示現受用身土影像差別，妙觀察智不共所依，無住涅槃之所建立，一味相續，窮未來際；三、妙觀察智相應心品，謂此心品善觀諸法自相、共相無礙而轉，攝觀無量總持、定門及所發生功德珍寶，於大衆會，能現無邊作用差別，皆得自在，雨大法雨，斷一切疑，令諸有情皆獲利樂；四、成所作智相應心品，謂此心品爲欲利樂諸有情故，普於十方示現種種變化三業，成本願力所應作事。」

問：於五法中，一清浄法界者，即是自性清浄圓明之體，從本已來性自滿足，非生因之所生，唯了因之所了。此則不論心境，其四智等行相不同，於妙用時各緣何境？

答：識論云：「圓鏡智相應心品，有義但緣真如爲境，是無分別智，非後得智，行相所緣不可知故。莊嚴論説大圓鏡智，於一切境不愚迷故〔一〕。又，此〔二〕決定緣無漏種及身土等諸影像故，行緣微細〔三〕，説不可知，如〔四〕阿賴耶識亦緣俗故。緣真如故，是無分別智。緣餘境故，後得智攝。其體是一，隨用分二。了俗由證真故，説爲後得。平等性智相應心品，有義但緣第八浄識，如染第七緣藏識故。有義但緣真如爲境，緣一切法平等性故。有義偏緣真俗爲境，莊嚴論説緣諸有性自他平等，隨他勝解示現無邊佛影像故〔五〕。由斯此品通緣真俗二智所攝，於理無違。妙觀察智相應心品，緣一切法自相、共相皆無障礙，二智所攝。成所作智相應心品，有義但緣五種現境，莊嚴論説如來五根一一皆於五境轉故〔六〕。有義此品亦能偏緣三世諸法，不違正理。佛地經説成所作智起作三業諸變化事，決擇有情心行差別，領受去、來、現在等義〔七〕。若不偏緣，無此能故。」〔八〕

又，「後得智攝此四心品，雖皆偏能緣一切法，而用有異，謂鏡智品現自受用身淨土相，持無漏種；平等智品現他受用身淨土相；成所作智品能現變化身及土相；觀察智品觀察自他功能過失，雨大法雨，破諸疑網，利樂有情。如是等門，差别多種」。

校注

〔一〕無著造、波羅頗蜜多羅譯大乘莊嚴經論卷三：「『四智鏡不動三智之所依』者，一切諸佛有四種智：一者、鏡智，二者、平等智，三者、觀智，四者、作事智。彼鏡智以不動爲相，恒爲餘三智之所依止。何以故？三智動故。『八七六五識，次第轉得故』者，轉第八識得鏡智，轉第七識得平等智，轉第六識得觀智，轉前五識得作事智。」「轉第八識，得鏡智。『鏡智緣無分』者，於一切境界不作分段緣故；『相續恒不斷』者，於一切時常行不斷絶故；『不愚諸所識』者，了知一切境界障永盡故；『諸相不現前』者，於諸境界離行相緣無分别故。」

〔二〕「此」，原作「比」，據諸校本及成唯識論改。

〔三〕窺基撰成唯識論述記卷一〇：「『行緣微細』者，行相、所緣也。因既微細，果亦難知，非不緣俗。」

〔四〕「如」，原無，據諸校本補。

〔五〕無著造、波羅頗蜜多羅譯大乘莊嚴經論卷三：「轉第七識得平等智。『衆生平等智，修淨證菩提』者，若諸菩薩證法現前時，即得一切衆生平等智。若修習此智，最極清淨，即得無上菩提。『不住於涅槃，以無究竟故』者，由衆生無盡故無究竟，無究竟故不住涅槃，由此義故説爲平等智。」

〔六〕無著造、波羅頗蜜多羅譯大乘莊嚴經論卷三：「轉前五識，得作事智。彼作事智，於一切世界中作種種變化事，無量無邊，不可思議。如此等業，皆爲利益一切衆生故，此作事智即是化身。」

〔七〕玄奘譯佛地經：「又如衆生決擇意業，由是衆生決擇可作及不可作。如是如來成所作智決意化業，由是如來決擇衆生八萬四千心行差別，以是善巧方便力故，引諸衆生令入聖教成熟解脱。」

〔八〕見玄奘譯成唯識論卷一〇。下一處引文同。按，此處引文略有删節。

問：成所作智與第六識相應，起於化用，與觀察智性有何差別？

答：識論云：「觀察智觀諸法自相、共相，此所作智唯起化，故有差別。此二智品，應不並生，一類二識不俱起故。同體用分，俱亦非失。或與第七淨識相應，依眼等根緣色等境，是平等智作用差別，謂淨第七起他受用身土相者，平等品〔一〕攝。起變化者，成事品〔二〕

攝。」〔三〕

校注

〔一〕平等品：即平等性智，又稱平等性智相應心品等。

〔二〕成事品：即成所作智，又稱成所作智相應心品等。

〔三〕見玄奘譯成唯識論卷一〇。

問：説有爲法，皆蘊處攝。如來純無漏法，還具蘊、處、界不？

答：識論云：「處處經〔一〕説轉無常蘊獲得常蘊，界、處亦然，寧説如來非蘊、處、界？故言非者，是密意説。」〔二〕又，「佛身中十八界等，皆悉具足，而純無漏。此轉依果，又不思議，超過尋思言議道故，微妙甚深，自内證故」。

校注

〔一〕「經」，成唯識論無。

〔二〕見玄奘譯成唯識論卷一〇。下一處引文同。成唯識論述記卷一〇：「又涅槃經、莊嚴論等説轉無常蘊獲得常蘊，勝鬘等説如來妙色身等，故諸經中説爲非色等，是密意説。密意説者，顯非麁淺智境界故。」

問：此智是佛知見，無師自爾，何假因緣稱揚開示？

答：此智雖不約緣生，而從緣顯，若執無因，皆成外道。

如古師云：「佛法雖有無師智、自然智，而是常住真理，要假緣顯，則亦因緣矣。」〔一〕

法華經云：「佛種從緣起。」〔二〕

楞伽經云：「大慧白佛：『佛説常不思議，彼諸外道亦有常不思議，何以異耶？』佛言：『彼諸外道無有常不思議，以無因故。我説常不思議有因，因於内證，豈得同耶？』是則真常亦因緣起。」〔三〕

故知無有一法不從心而生，三乘之道，悉皆内證。若心外立義，任説幽玄，皆成外道。

又，若入唯識智，雖不執前境，不同愚闇無知無見，雖照境虚，智眼斯在。能斷金剛般若論頌云：「雖不見諸法，非無了境眼。」〔四〕

所以永嘉集云：「夫境非智而不了，智非境而不生。智生則了境而生，境了則智生而了。智生而了，了無所了；了境而生，生無能生。生無能生，雖智而非有；了無所了，雖境而非無。無即不無，有即非有。有、無雙照，妙悟蕭然。如火得薪，彌加熾盛。薪喻發智之多境，火比了境之妙智。其詞曰：達性空而非縛，雖緣假而無著。有無之境雙照，中觀之心歷落。」〔五〕

又頌曰：「若智了於境，即是境空智，如眼了空華，是了空華眼。若智了於智，即是智空智，如眼了眼空，是了眼空眼。智雖了境空，及以了智空，非無了境智，境空智猶有。了境智空智，無境智不了，如眼了空華，及以了眼空。非無了空眼，華空眼猶有，了華眼空眼，無華眼不了。」

校注

〔一〕見澄觀述大方廣佛華嚴經隨疏演義鈔卷六四。

〔二〕見妙法蓮華經卷一方便品。

〔三〕按，此處引文據大方廣佛華嚴經隨疏演義鈔卷六四引。「楞伽經云」者，詳見楞伽阿跋多羅寶經卷一。

〔四〕見金剛般若波羅蜜經論卷下。

〔五〕見玄覺撰禪宗永嘉集毗婆舍那頌第五。下一處引文同。

音義〔一〕

呰，將此反，口毀也。　膏，古勞反。　犢，徒谷反。　擻，蘇后反。　抖擻，舉也。
膩，女利反，肥膩也。　概，古代反，平斛斗概也。　策，楚革反，謀也，籌也。　咎，
其九反，僭也，過也。　殞，于敏反，歿也。　魘，於琰反，睡中魘也。　寱，魚祭反，

睡語也。　黏，女廉反，黏麵也。　殫，都寒反，盡也。　緒，徐吕反，由也。　熠，羊入反。　瀾，落干反，大波也。　倏，式竹反，倏忽也。　隳，許規反，毁也。　綱，古郎反，綱紀也。　紐，女久反，結也。　脉，莫獲反，血也。

戊申歲分司大藏都監開板

校　注

〔一〕「音義」，原作「八十八卷」，據全書體例改。

宗鏡録卷第八十九

慧日永明寺主智覺禪師延壽集

夫諸佛唯一法身，云何説三身差别？

答：約用分三，其體常一。識論云：「如是法身，有三相别：一、自性身，謂諸如來真淨法界，受用、變化平等所依，離相寂然，絶諸戲論，具無邊際真常功德，是一切法平等實性。即此自性亦名法身，大功德法所依止故〔一〕。二、受用身。此有二種：一、自受用，謂諸如來修集無量福慧資糧，所起無邊真實功德及極圓淨常徧色身，相續湛然，盡未來際，恒自受用廣大法樂；二、他受用，謂諸如來由平等智示現微妙淨功德身，居純淨土，爲住十地諸菩薩衆現大神通，轉正法輪，決衆疑網，令彼受用大乘法樂〔二〕。三、變化身，謂諸如來由成事智變現無量隨類化身，居淨穢土，爲未登地諸菩薩衆、二乘、異生稱彼機宜，現通説法，令各獲得諸利樂事〔三〕。」〔四〕

校注

〔一〕自性身：自性本有之身，是諸佛内證的真浄妙理，是受用身、變化身所依之實性。

〔二〕受用身：指圓滿一切功德，住於純浄土，恒受用法樂之身。由大圓鏡智所變，是佛的境界，居住於浄土，菩薩不能見聞。受用身可分爲二：一、自受用身，是佛自受用法樂之身。二、他受用身，是佛平等性智所示現的化他的微妙浄功德身。

〔三〕變化身：成所作智變現的無量隨類化身，居住於浄土或穢土，爲教化地前菩薩、二乘、凡夫等有情衆生，根據其機宜，變現爲天、人、鬼、龍等，爲其説法，使其得到利益和享樂。

〔四〕見玄奘譯成唯識論卷一〇。

是以轉滅三心得三身：一、根本心，即第八識，轉得法身；二、依本心，即第七識，轉得報身；三、起事心，即前六識，轉得化身〔一〕。又，一、斷德，斷一切煩惱，即法身；二、智德，惣四智，爲報身；三、恩德，恩憐悲育一切有情，爲化身〔二〕。則八解六通，一心而起；三身四智，八識所成。終無一理一行而從外來，皆從自識施爲，一心而轉，乃至一身無量身。如華嚴所明無量身雲〔三〕，重重無盡，皆從性起，無礙圓融。

校注

〔一〕金光明最勝王經卷二分别三身品：「諸凡夫人未能除遣此三心故，遠離三身，不能得至。何者爲三？

一者、起事心，二者、依根本心，三者、根本心。依諸伏道，起事心盡；依法斷道，依根本心盡；依最勝道，根本心盡。起事心滅故，得現化身；依根本心滅故，得顯應身；根本心滅故，得至法身。是故一切如來具足三身。」隋慧遠撰大乘義章卷一九三佛義七門分別：「一切凡夫有三種心，不得三身，翻對彼故，建立三身。言三心者，一、起事心，所謂四住所起煩惱，此惑麁强，能起業事，名起事心，障佛化身。菩薩修習伏結之道，伏除此心，故得化身。二、依本心，謂四住地依無明起，名依本心，障佛應身。菩薩修習斷結之道，斷除此心，故得應身。三、根本心，謂無明地與彼四住煩惱爲本，故名本心，障佛真身。菩薩修習勝拔之道，滅此本心，故得真身。」

〔二〕玄奘譯阿毗達磨順正理論卷一：「此中世尊智、斷二德皆具足故，自利圓滿；恩德備故，利他圓滿。所以者何？一切種冥皆永滅故，智德圓滿；諸境界冥亦永滅故，斷德圓滿；授正教，手拔衆生出生死泥故，恩德圓滿。」法藏述華嚴經探玄記卷六：「由律儀戒，得斷德法身果；由攝善戒，得智德報身果；由益衆生戒，得化身恩德果。」澄觀撰大方廣佛華嚴經疏卷一二：「佛種不斷，有何相耶？謂成三德。救護衆生，成就恩德；永斷煩惱，成於斷德；了知諸行，成於智德。」

〔三〕詳參實叉難陀譯大方廣佛華嚴經卷五一。

又，古德問〔一〕：夫法身者，法是軌持義，軌謂軌則，令物生解，即法身能令三根本智而生解故；持謂任持，不捨自性，謂持法身凝然之體，不捨無爲之自體故〔二〕。且如根本智正證如時，不作如解，能、所冥合一體，如日光與虛空合，不分彼此，是無分別，如何得明軌解？若有軌解義，即有分別。若有分別，即與後得智何別？

答：凡論分別，有其三種：一、隨念分別，剎那後念續於前念；二、計度分別，即周徧計度；三、自性分別，任運緣境，不帶名言。今本智證如但無隨念、計度二分別，名無分別，然不妨有自性分別。如人飲水，雖無言説，然冷煖自知，故知亦有軌義。

校注

〔一〕按，此「問」未見他處，「古德」者，不詳。

〔二〕玄奘譯成唯識論卷一：「法謂軌持。」窺基撰成唯識論述記卷一：「法謂軌持，軌謂軌範，可生物解；持謂任持，不捨自相。」按，唯識論以任持自性和軌生物解二義解釋「法」。任持自性，意指能保持各自本性不改變，法乃具有自性的一切存在；軌生物解，意謂法爲規範、教法，能有使人對物生了解之意。

問：變化身與他受用身，爲是真實心？是化現心？

答：此二身是化，然化不離真。識論云：此二身「雖無真實心及心所，而有化現心、心所法，無上覺者神力難思，故能化現無形質法。若不爾者，云何如來現貪、瞋等？久已斷故。云何聲聞及傍生等知如來心？如來實心，等覺菩薩〔二〕尚不知故。由此經説化無量類，皆令有心〔二〕。又説如來成所作智，化作三業〔三〕。又説變化有依他心，依他實心相分現故〔四〕。乃至〔五〕自性法身唯有真實常、樂、我、浄，離諸雜染，衆善所依，無爲功德，無色、心等差別相用。自受用身具無量種妙色、心等真實功德。若他受用及變化身，唯具無邊似色、心等，利樂他用，化相功德。」〔六〕

校注

〔一〕等覺菩薩：大乘階位五十二位中第五十一位的菩薩，是菩薩的極位。智顗説、灌頂記摩訶止觀卷一下：「究竟即菩提者，等覺一轉，入於妙覺。」明昱成唯識論俗詮卷一〇：「證無上菩提者，神力難思，能化無形心、心所法。若不化現，云何如來現貪、嗔等？如來貪嗔久已斷故。又諸聲聞及傍生等，知如來心，或慈或威，生敬生畏，皆是化現。何以故？如來實心，等覺菩薩尚不知故，況諸聲聞及傍生等！」

〔二〕大般涅槃經卷二三：「如來一心安住不動，所可示化無量形類，各令有心。」

〔三〕詳見佛説佛地經。

〔四〕解深密經卷五如來成所作事品第八：「非是有心，亦非無心。何以故？無自依心故，有依他心故。」

〔五〕乃至：表示引文中間有删略。

〔六〕見玄奘譯成唯識論卷一〇。智旭述成唯識論觀心法要卷一〇：「自性身如濕性，自受用身如水，他受用及變化身如波；自性身如月體，自受用身如圓滿白月，他受用及變化身如千江月影。觸波之時，全觸水濕；覩月影時，便覩光體。是故智者觀於土木等像，三身宛然，四德無減。以是如來大悲大智，徧入衆生心想，仗因托緣而顯現故。因緣所生，即空假中，無有微塵許法出於法界外故，皆非徧計所行境故，如彼愚小計繩爲蛇而繩未嘗不即麻故。」

是以如來妙體清浄法身不去、不來，如影、如像，猶四王天之日月，顯清浄水中，不出、不入；似憍尸迦〔一〕之宫殿，現瑠璃地内，非有、非無。涅槃無名論云：「法身無像，應物以形；般若無知，對緣而照。萬機頓赴而不撓其神，千難殊對而不干其慮。動若行雲，止猶谷神，豈有心於彼此，情繫于動静者乎？既無心於動静，亦無像於去來。去來不以像故，無器而不形；動静不以心故，無感而不應。然則心生於有心，像出於有像。像非我出故，金石流而不燋；心非我生故，日用而不勤。紜紜自彼，於我何爲？所以智周萬物而不勞，形充八極而無患，益不可盈，損不可虧，寧復痾癘中逵，壽極雙樹，靈竭天棺，體盡焚燎者哉？」〔二〕

是以諸佛不出世，亦不入涅槃，本悟真心成道。真心無形，豈有出没耶？但隨有心機熟衆生，感見報化之身，所有見聞，皆是衆生心中之影像，故云「心生於有心，像出於有像」，則諸佛無心無身，豈有勞慮疲患者乎？

校　注

〔一〕憍尸迦：帝釋往古因地之姓。慧琳一切經音義卷二：「憍尸迦，上蕎妖反，下薑佉反，梵語，即天主帝釋之別號也。」

〔二〕見肇論涅槃無名論位體第三。元康撰肇論疏卷下：「痾癘，病也。逵，道路也。爾雅：九達謂之逵。雙卷泥洹經云：佛將涅槃，向拘尸國，中路患痢，後至雙樹，遂即涅槃。今言何有斯理也？涅槃經云：佛正説法，至第十卷，中途現病，此亦『痾癘中逵』也。『靈竭天棺，體無焚燎』，佛涅槃後，疊纏綿裹，入金銀槨，次銅次鏡，盛滿香油，以火焚之。此是轉輪聖王之法，故云『天棺』也。焚、燎，皆燒也。」

復禮法師述三身義云：「法身猶虚空之性，雲蒸即翳，霧斂即明，其性本常矣；報身若乘空之日，赫矣高昇，朗然大照，其體恒在矣；化身如鑒水之影，泚清即現，流濁乃昏，顯晦不恒，往來無定。夫化佛者豈他歟？報身圓應之用。報身者何哉？悲智所成之體也。悲以廣濟爲理，智以善權爲業，所以因時降跡，隨物現身。身跡者，用也；悲智者，體也。體是其本，用是其末。依體興用，攝末歸本。欲求其異，理可然乎？報身即化也，化身即法也。化身即法，理微矣，還寄影喻而述焉：夫水中之日影也，不從外來，不從内出，不此不彼，不異不一，不無其狀，不有其質，倏然而存，忽焉而失，像著而動，性靈而謐，執實者爲妄，知妄者了實。日何謂也？日若從外來者，水外寧在乎？若從内出者，水内先有乎？若言在此者，於彼不見乎？若言在彼者，於此不覩乎？若言是異者，一見有二乎？若言是一者，二見豈一乎？若言是無者，於見可亡乎？若言是有者，求體曾得乎？謂其生，生無所從；謂其滅，滅無所往。不生矣，不滅矣，性相寂然，心言路斷，斯可謂見水影之實性也。見影之性者，可見化身實性；見化之性者，即證法身之體也。浄名云：『佛身即法身也。』〔一〕又，『觀身實相，觀佛亦然』〔二〕。般若云：『若見諸相非相，即見如來。』〔三〕又，『離一切諸相，即名諸佛』。是以舉足、下足，道場觸處而無盡；開眼、閉眼，諸佛現前而不滅。」〔四〕

校　注

〔一〕見維摩詰所説經卷上方便品。

〔二〕見維摩詰所説經卷下見阿閦佛品。

〔三〕見鳩摩羅什譯金剛般若波羅蜜經。下一處引文同。

〔四〕見復禮十門辯惑論卷下化佛隱顯門。復禮，京兆人，俗姓皇甫，傳見宋高僧傳卷一七唐京兆大興善寺復禮傳。

如上所説，一體三身，理、事相成，體、用交徹，不出、不在，隱、顯同時，皆是一心本宗正義。是以一身、多身，皆是法界。所悟一法，即無礙法界。即事之理，全在多中。所現乃是即理之事，全居一内〔一〕。又，成壞一際，緣起同時，如始造衆寶像時，十年像成，百年像壞。初得一寶之時，十年像成，百年像壞。惣在得寶緣起之時，以百年不去，現在不住，衆寶緣中無成壞體，以明智慈萬行諸波羅蜜，三十七道品衆善法〔二〕中，以成如來身。然一一緣中，無我無作者，無成壞體，方名正覺。

校注

〔一〕澄觀撰大方廣佛華嚴經疏卷一四：「所悟一法，即無礙法界。即事之理，全在多中。所現乃即理之事，全居一內。以即多之一是所悟，即一之多是所説，既無障礙，何有相違？」

〔二〕三十七道品衆善法：即三十七道品，是達到涅槃境界的三十七種修行方式。法顯譯大般涅槃經卷上：「三十七道品法，所謂四念處、四正勤、四如意足、五根、五力、七覺支、八聖道分。」詳見本書卷二「三十七品」注。

問：諸佛法身，湛然明浄，如何起六根之相？

答：一、以即相明真，何乖大用？二、以利他勝業，不斷化門。如寶性論云：「依自利、利他，成就業義故。説偈云：無漏及偏至，不滅法與恒，清涼不變異，不退寂靜處。諸佛如來身，如虛空無相，妙色常湛然，六根甚明浄。佛眼見衆色，耳聞一切聲，鼻能齅諸香，舌能練衆味，身覺三昧觸，意知一切法，除諸稠林行，佛離虛空相。」〔一〕

又偈云：「如虛空無相，而現色等相，法身亦如是，具足六根相。」

又偈云：「如來鏡像身，而不離本體，猶如一切色，不離於虛空。」如法華經中明六根清淨[二]，眼見一切色，耳聞一切聲，鼻齅一切香，舌了一切味，身現一切境，意知一切法等。

校注

[一] 見究竟一乘寶性論卷四身轉清淨成菩提品。下兩處引文同。
[二] 詳見妙法蓮華經卷六常不輕菩薩品。

問：若衆生可度，則諸佛界增，衆生界減。若不可度，諸有行願，皆悉唐捐。如何會通，斷其邪見？

答：經云：「一切愚癡凡夫，不如實知一法界故，不如實見一法界故，起邪見心，爲衆生界增、衆生界減。」[一]所以只爲不如實了一法界心，故見增減。又，經云：「衆生定相不可得故。」[二]又，經云：「衆生界無性故，衆生界無邊故[三]。」

校注

[一] 出不增不減經。
[二] 出文殊師利所説摩訶般若波羅蜜經卷上。

〔三〕按，此非經文，是對佛教經義的概括。

古德云：「以要言之，衆生界猶如虛空。假使無量勝神通者，各無量劫行於虛空，求空邊際，終不可盡，非以不盡不名遊行，非以遊行令得其〔一〕際。當知此中佛度生道理亦爾，非以當得令其有終，非以無終説有無得。」〔二〕是故若難一切衆生皆當作佛，是則衆生雖多，必有終盡之疑，無不通也。

校注

〔一〕「得其」，華嚴一乘教義分齊章作「其得」。

〔二〕見法藏述華嚴一乘教義分齊章卷二。按，此引文後有云：「是故諸難無不通也。」

起信論明不思議業相〔一〕，則諸佛境界云何不思議？以非一非異、不有不無，非言思可定、情解所測故，稱不思議之業相。此不思議之業相者，謂與衆生作六根境界故。寶性論云：「諸佛如來身，如虛空無相，爲諸〔二〕勝智者，作六根境界。示現微妙色，出顯〔三〕妙音聲，令齅佛戒香，與佛妙法味，便〔四〕覺三昧觸，令知深妙法。」〔五〕常化衆生，是真如之用，故云「不思議業」也。此本覺用與衆生心本來無二，但不覺隨流，用即不現，用則於彼心中稱根顯現，而不作意我現差別，故云「隨根自然相應」，見無不益〔六〕。是隨染本覺之相，所以菩薩能行非道，通達正道。若入宗鏡門究竟之道，則染淨由心，無非無正。若入方便門分別之道，則菩薩大悲力故，常行無礙。

校注

〔一〕真諦譯大乘起信論：「不思議業相者，以依智淨，能作一切勝妙境界，所謂無量功德之相，常無斷絶，隨衆生根，自然相應，種種而見，得利益故。」

〔二〕「諸」，原無，據寶性論及大乘起信論義記補。

〔三〕「顯」，寶性論作「於」。按，大乘起信論義記引亦作「於」。

〔四〕「便」，寶性論作「使」。按，大乘起信論義記引亦作「使」。

〔五〕見究竟一乘寶性論卷四身轉清淨成菩提品。

〔六〕「此不思議之業相者」至此，詳見法藏撰大乘起信論義記卷中末。

古德問云〔一〕：非道之行，是煩惱業，菩薩應斷，云何行之？

答：有三義：一、漸捨門，止惡行善；二、捨相門，善惡俱離；三、隨相利益門，染、淨俱行。此第三門，更有三意：一、約行，自行修淨，化他隨染；二、約人，化凡同染，化聖同淨；三、約法，隨世間法，必須現染，修菩薩法，必須修淨〔二〕。

校注

〔一〕按，此「問」未見他處，「古德」者，不詳。參後注。

〔二〕按，隋慧遠撰維摩義記卷三末：「染法非是出世正道，名爲非道。諸佛常以此法化人，名爲佛道。菩薩行此，名通佛道。問曰：非道，菩薩應斷，何用行乎？如上所辨，法有三門：一是對治修捨之門，有惡悉除，有善皆習，故上文言：『不善不生，善法不滅。』二、息相門，善惡俱離，乃至無有一法可存，故論説言：『法尚須捨，何況非法？』三、立相門，染、淨俱行。言行染者，如地經説發起勝行，此中所説行非通道；下文宣説『八萬四千諸煩惱門而諸衆生爲之疲勞，諸佛以此而作佛事』，如是等也。行淨可知。問曰：直爾修淨便足，何用行染？解有四義：一、約行分別。行有自利、利他之異，自行修淨，化他現染。現染對破聲聞偏淨，修淨對破凡夫偏染。故上文言：『非垢非淨，是菩薩行。』第二、約就化人分別。人有凡聖，化凡現染，化聖修淨。又，復人有大小之別，教大起染，化小唯淨。三、隨法分別。法有世間、涅槃之異，願隨世間，必須現染；欲求涅槃，必須修淨。四、顯實分別。如來藏中有二種門：一是寂滅真如之門，二是緣起作用之門，欲證是二，必須了因。欲入寂門，必須修淨而作了因；欲隨用門，必須行染以爲了因。」顯然與此處所引有一定的關係，故此「古德」，或與隋慧遠有一定聯繫。

又問：菩薩行非通〔一〕修何道？

答：道有三種〔二〕：一、證道，謂二空真如，正體智證；二、助道，緣修萬行，助顯真理；三、不住道，即是悲智，不住生死，不住涅槃。所以菩薩示行，現同其事，爲欲同惡止惡、同善進善。若其疎異，教化即難，故須行非而度脱之，皆令悟入同體真心耳。

校　注

〔一〕「通」，嘉興藏、清藏本作「道」。按，或作「通道」是。「行非通道」者，大般涅槃經卷六：「是人爲欲調伏如是諸比丘故，與共和光，不同其塵，自所行處及佛行處，善能別知。」慧遠述大般涅槃經義記卷三：「『是人爲』下，同事攝取，爲攝向前諸惡比丘與之同事，猶如日光，與塵和合，名『共和光』。（中略）順起所修，名自行處；行非通道，名佛行處：皆能知也。」

〔二〕隋慧遠撰大乘義章卷一〇同相三道義兩門分別：「同相三道，出地經論。名字是何？一是證道，二是助道，三不住道。言證道者，證是知得契會之義。心冥實性，亡於分別，契會平等，名之爲證。言助道者，助是扶佐資順之義。諸度等行，迭相扶佐，資順菩提，故名助。言不住者，是離著之義。巧慧雙遊，行無偏在，故曰不住。」「出地經論」者，菩提流支譯十地經論卷一〇：「同相有三種：一者、二種無我上上證故；二者、不住道清淨故；三者、彼方便智行所攝滿足助菩提分法故。」

所以入楞伽經云：「出世間上上波羅蜜者，如實能知但是自心虚妄分別見外境界，爾時實知唯是自心見内外法，不虚妄分別，不取内外自心色相故，菩薩摩訶薩如實能知一切法故，行檀波羅蜜，爲令一切衆生得無怖畏安隱樂故。乃至〔一〕菩薩如實觀察自心分別之

相，不見分別，不墮二邊，依如實修行轉身，不見一法生，不見一法滅，自身内證聖行修行，是菩薩般若波羅蜜。」〔二〕

校注

〔一〕乃至：表示引文中間有删略。

〔二〕見入楞伽經卷八剎那品。

還原觀云：「智身影現衆緣觀者，謂智體唯一，能鑒衆緣，緣相本空，智體寂照，諸緣相盡，如如獨存。謂有爲之法，無不俱含真性。」〔一〕

校注

〔一〕見法藏述修華嚴奧旨妄盡還源觀。

故知真心偏一切處，無緣不具，無法不隨。所以華嚴經云：「佛身充滿於法界，普現一切衆生前，隨緣赴感靡不周，而恒處此菩提座。」〔一〕

校注

〔一〕見實叉難陀譯大方廣佛華嚴經卷六。

大智度論云：「如日照天下，不能令高者下、下者高，但顯現而已。佛亦如是，於諸法無所作。」〔一〕故經云：「佛身無爲，不墮諸數。」〔二〕

校注

〔一〕見龍樹造、鳩摩羅什譯大智度論卷二六。

〔二〕見維摩詰所説經卷上弟子品等。

問：一心實相，福智同如，云何分真化、虚實之佛身，有供養福田之優劣？

答：佛非真、化，真、化從心。心真則真福無邊，心假則假報有限。如「惡心出佛身血」〔一〕，執佛身實有，則血從心生。若敬心欲見佛化身，則佛從心現。故知隱顯在我，佛身無爲，優劣唯心，福田平等。

如大智度論問云：「佛若無分别者，供養真佛，乃至無餘涅槃，福故不盡，供養化佛亦爾不？佛答：供養化佛、真佛，其福無異。何以故？佛得諸法實相故，供養福無盡；化佛亦不離實相故，若供養者心能不異，其福亦等。問曰：化佛無十力等諸功德，云何與真佛等？答曰：十力等諸功德，皆入諸法實相。若十力等離諸法實相，則非佛法，墮顛倒邪見。問曰：若爾，真、化中定有諸法實相者，何以言『惡心出佛身血得逆罪』，不説化佛？答曰：經中但説『惡心出佛身血』，不辯真、化。若供養化佛得具足福者，惡心毁呰亦應得逆罪。惡人定謂化佛是真而惡心出血，血則爲出，便得逆罪。」〔二〕故知隨心虚實，佛無定形，實相理中，罪福俱寂。

校注

〔一〕見大般涅槃經卷九。

〔二〕見龍樹造、鳩摩羅什譯大智度論卷八四。

問：報、化既同實相，云何教中説佛壽量有其延促？

答：一心真如性無盡故，即十方諸佛之壽量。是以山斤海滴尚可比方，空界地塵猶能知數，況如來常、樂、我、浄法身慧命〔一〕，豈窮邊際乎？故云：「法性壽者，非得〔二〕命根，亦無連持，强指不遷不變名之爲壽。此壽非長量，亦非短量，無延促〔三〕，强指法界同虚空量。此即非身之身，無壽之壽，不量之量也。」〔四〕

校注

〔一〕詳參後文引金光明經。又，金光明最勝王經卷二夢見金鼓懺悔品：「如大海水量難知，大地微塵不可數，如妙高山叵稱量，亦如虚空無有際。」智顗説、灌頂録金光明經文句卷三釋懺悔品：「海水難知，況常德也；地塵難知，況浄德也；山斤難知，況我德也；空邊難知，況樂德也。」

〔二〕「得」，金光明經文句作「報得」。

〔三〕「無延促」，金光明經文句作「無延無促」。

〔四〕見智顗説、灌頂録金光明經文句卷二釋壽量品。

故金光明經偈云：「一切諸水，可知幾滴。無有能數，釋尊壽命。諸須彌山，可知斤兩。無有能量，釋尊壽命。一切大地，可知塵數。無有能筭，釋尊壽命。虚空分界，尚可盡邊。無有能計，釋尊壽命。」〔一〕

校注

〔一〕見金光明經卷一壽量品。

法華疏釋如來壽量品云：壽者，受也。若法身，真如不隔諸法故名爲受；若報身，境智相應故名爲受；若應身，一期報得百年不斷故名爲受。法身如來，以如理爲命；報身如來，以智慧爲命；應身如來，以同緣理爲命。法身如來如理命者，有佛無佛，性相常然，不論相應與相續，亦無有量及無量。經云：「非如非異，非虚非實。」〔二〕蓋是詮量法身如理命也。詮量報身如來者，以如如智，契如如境，境發智爲報，智冥境爲受。境既無量無邊，常住不滅，智亦如是，函大蓋大〔二〕。經偈云：「我智力如是，久修業所得，慧光照無量，壽命無數劫。」〔三〕此是詮量報身如來智慧命也。詮量應身者，應身同緣，緣長同長，緣促同促。紜紜自彼，於我無爲。經云：數數現生，數數現滅〔四〕。或復「自説名字不同、年紀大小」〔五〕。此是詮量應佛同緣命也〔六〕。

校注

〔一〕見妙法蓮華經卷五如來壽量品。

〔二〕函大蓋大：彼此二物能吻合、相應者，譬如函之與蓋，彼此相稱。此處譬境、智相應。龍樹造、鳩摩羅什譯大智度論卷二：「如諸法無量，智慧亦無量無數無邊，如函大蓋亦大，函小蓋亦小。」

〔三〕見妙法蓮華經卷五如來壽量品。

〔四〕按，此非經文。「經云」，妙法蓮華經文句作「文云」，智顗説妙法蓮華經玄義卷七下：「此經數數現生現滅者，生非實生，滅非實滅，常住義顯。」又，大般涅槃經卷四：「我雖在此閻浮提中，數數示現入於涅槃，然我實不畢竟涅槃，而諸衆生皆謂如來真實滅盡，而如來性實不永滅，是故當知是常住法、不變易法。」

〔五〕見妙法蓮華經卷五如來壽量品。

〔六〕見妙法蓮華經文句卷九下釋壽量品。

無生義〔一〕云：性自爾者，即是法性空〔二〕，空即菩提。今生身命，從過去貪取中生，意既是法性空，當知今生身命亦即是〔三〕從法性空中出。法性既空，所生身命亦還法性空去。故涅槃經云：「如八大河及諸小河悉入大海，如是一切人中、天上、地及虛空壽命大河，悉入如來壽命海中。又如阿耨達池，出四大河。如來亦爾，出一切命。」〔四〕命既從如出，還如去，六根亦如是，從如出，還如去。

校注

〔一〕無生義：據智證大師將來目録，一卷（傳教大師將來越州録中著録爲一卷），注云佛窟撰。佛窟，即釋遺則，或作惟則，牛頭慧忠法嗣。傳見宋高僧傳卷一〇唐天台山佛窟巖遺則傳。詳見本書卷四注。

〔二〕法性空：謂諸法本性空寂。智顗説、灌頂記仁王護國般若經疏卷三：「法性空者，性本若不空，不可令其得空，以性本自空故，諸法皆空也。」

〔三〕「是」，諸校本作「命」。

〔四〕見大般涅槃經卷三。

若信如上所説，如來壽量，佛親校量功德，譬如有人於無量億劫行五波羅蜜，不如以般若正智發一念信心，比前功德百千萬倍。故法華經偈云：「是人於百千，萬億劫數中，行此

諸功德，如上之所説。有善男女等，聞我説壽命，乃至一念信，其福過於彼。」〔一〕

校注

〔一〕見妙法蓮華經卷五分別功德品。

問：既立一心正報之身，須有一心依報之土。身已具三，土有幾種？

答：隨義區分，相亦多種。華嚴具十土〔一〕，或一二三等，開合不定。台教云：佛國有四：一、染淨國，凡聖同居。二、有餘國，方便人住。三、果報國，純法身菩薩居，即因陁羅網無障礙土。四、常寂光，即妙覺所居〔二〕。

校注

〔一〕窺基撰大乘法苑義林章卷七佛土章：「十身皆唯法身，法身依義既有十名，是故真如隨於勝德，亦成十土：一、遍行土，二、最勝土，三、勝流土，四、無攝受土，五、類無別土，六、無染淨土，七、法無別土，八、不增減土，九、智自在土，十、業自在土。」澄觀撰大方廣佛華嚴經疏卷三〇：「今且十十科之，以配十地十如。初遍一切及無相爲相等，即遍滿真如之義；二中無能測量無有比對，即最勝義；三中於法無礙爲衆法眼，即勝流義；四中無著無住等，即無攝受義；五中畢竟無盡無有變易，即類無別義；六中無有分別體性無生，即無染淨義；七中無所不在住有無法，即法無別義；八中體性清淨體性平等，即不增滅義；九中遍一切法是佛境界，即智自在義；十中住一切地，成就一切諸佛菩薩等，即業自在義。」

〔二〕智顗撰維摩經文疏卷一：「别明佛國者，諸佛隨緣利物，差别之相無量無邊，今略作四種分别：一者、染浄國，即凡聖共居也；二者、有餘國，即方便行人所住也；三者、果報國，純法身大士所居，即因陀羅網無障礙土也；四者、常寂光土，即究竟妙覺所居處也。」

又，經論通辯有五。古釋云〔二〕：一、法性土，真如爲體。或五法中，以清浄法界爲體。真如與法界，揔相門中即不殊，别相門中即有異。真如徧一切，因果兼該通，即廣；清浄法界，即狹，唯果位故。二、實報土，力、無畏等一切功德、無漏五陰以爲體性。攝相歸性，以真如爲體。因修萬行，果起酬因，真實果報之所招感，名實報土。於佛自受用身中，以四智爲身，所依十力、四無所畏功德以之爲土。三、色相土，攝境從心，自利後得智爲體，最極自在浄識爲相。第八無垢名爲浄識，大圓鏡智後得智中之所變。攝相歸性，亦以真如爲體。若約相别，四塵爲體。四、他受用土，攝境從心，利他後得智爲體。攝相歸性，以真如爲體。若約相别，四塵爲體。五、變化土，菩薩變化土有漏者，同前，攝境從心，本識爲體；無漏者，同前，自利後得智爲體。佛亦同此體。約性，真如爲體；相别，四塵、五塵爲體。然變土者，若第八識中從種子變生四塵、五塵現行者，名因緣變，佛唯無漏，菩薩有漏，通浄穢。

若六七識所變者，名分别變，佛唯無漏，報、化二土，或通浄穢。若第七識有漏位中，但内緣第八識見分，不能變土。若無漏六七後得智中能變之者，唯通影，不可受用。爲不從種生故，但可現浄穢之相，教化衆生。

上諸身、土，言惣體，則皆以一心法界如來藏性爲體，以法爾故；約别體，則如上所辯。

校注

〔一〕按，宗密撰圓覺經大疏釋義鈔卷四之下：「然浄名楷疏出浄土體，總分爲二：一、約如來，二、約菩薩。初有五種：一、法性土，以真如爲體。二、實報土，力、無畏等一切功德、無漏色蘊爲體。（原注：彼文云總持國等。）三、色相土，攝境從心，自利後智爲體。故佛地云：『最極自在浄識爲相。』四、他受用土，攝境從心，利他後智爲體。（原注：三四皆云約相，則四塵五塵爲體。若攝相歸性，一切皆以真如爲體。）五、變化土，同他受用。若約菩薩，亦五：一、二分得而出體同前。三、色相有漏土，攝境從心，本識爲體。四、色相無漏土，攝境從心，自利後智爲體。若約相，則四塵五塵。五、變化土，亦同前也。若攝相歸性，亦一切真如爲體。此釋雖有攝相歸性之説，亦與上融攝之義不同，詳之可見。」「浄名楷疏」者，即釋神楷維摩經疏，已佚。敦煌遺書伯二〇四九寫卷等殘存卷一、卷三、卷五和卷六，大正藏第八五册收卷三、卷六。據宗密説，此處「古釋云」者，顯即釋神楷維摩經疏中的解釋。又，敦煌遺書北敦本六五七六維摩經疏（擬題）分七門釋「浄土義」，其中第二門「出體性」云：「出體者，有其二種：一、約如來，二、約菩薩。約如來者，有其五種：一、法性土，真如爲體，或可五法中以清浄法界爲體。二、實報土，力、无畏等一切功德，無漏五陰以爲體性，故下經云：『總持之薗苑，无漏法林樹，覺意浄妙花，解脱智慧菓。』又思益經云，是正知覺世間。若以攝相皈性，亦以真如爲體。三、色相土，攝境從心，正體、後得智以爲體性，故佛地論云：『最極自在浄識爲體。』攝相皈性，以真如爲體。若約相別，四塵爲體。若通取聲，五塵爲性。四、他受用土，攝境從心，利他後得智爲其體性。攝相皈性，還以真如爲體。若約相別，四塵、五塵爲體。五、變化土，出體同前，亦有三種。二、約菩薩，亦有五種：一、法性土。二、實得土。此二，菩薩分得，出體同前。三、色相有漏土，攝相皈性，以真如爲體。攝境從心，以本識爲體。若約相別，四塵、五塵爲體性。四、色相无漏土，攝相皈性，以真如爲體。攝境從心，自利後得智爲體。若約相別，四塵、五塵爲性。五、變化土，并體同前，還有三種。」此卷首殘尾缺，是對鳩摩羅什譯維摩詰所説經佛國品、方便品、弟子品之注釋。從這裏所引釋「浄土義」來看，與宗密所引基本相同，北敦本六五七六維摩經疏（擬題）當出神楷維摩經疏。其中弟子品部分，文句與伯二〇四九多同，但更簡略，可知是對神楷維摩經疏的摘抄。

問：浄、穢二土，爲當同體異見？爲當別體異見？爲當無體妄見？爲當有體妄見？

答：非同非異，不有不無，但隨自心因業所現。安法師云：浄、穢二土，四句分別：一質不成，浄穢虧盈；異質不成，一理齊平。無質不成，緣起萬形；有質不成，搜原即冥〔一〕。故楞伽經偈云：「不知唯心現，是故分二見，如實但知心，分別即不生。」〔二〕

校注

〔一〕按，澄觀撰大方廣佛華嚴經疏卷一一：「又此浄土，一質不成，浄、穢虧盈；異質不成，一理齊平。有質不成，搜源則冥；無質不成，緣起萬形。故形奪圓融，無有障礙，土既不等，因緣亦殊。」大方廣佛華嚴經隨疏演義鈔卷二五：「『又此浄土，一質不成』下，第二融攝，因上第四義故，略爲此融。然東安莊公本有三句，無『有質不成』。今加此句，以成二對。謂浄穢域絶，不可言一；理唯一味，不可言異。冥同性空，不可言有；隨緣成立，不可言無。然一爲遣異，無相遣有。然其釋中，一亦約理，實則一義。」宗密圓覺經略疏鈔卷五，亦有云「然東安莊公本有三句，無『有質不成』句，清涼加此句以成二對」云云。此「安法師」，顯即「東安莊公」。元清遠述圓覺經疏鈔隨文要解卷八釋「東安莊公」云：「今鈔與演義同，大鈔云『東晉安莊公』，莫知取與也。或云即東安寺莊公耳。」「東安寺莊公」，或即隋釋道莊，傳見續高僧傳卷九隋東都内慧日道場釋道莊傳。「東安寺在揚州，道莊又是揚州建業人；另外，兩者（引者按，即吉藏與道莊）生活的年代也一致；而且他後來先於吉藏到長安活動，其著作有數十卷，從這些情況來看，所謂的東安莊法師應該即是道莊。」（印覺吉藏所謂「北土三論師」的具體所指，中國佛學，二〇一六年第一期。）又，道綽撰安樂集卷上引云：「故浄土論云：『一質不成故，浄穢有虧盈；異質不成故，搜原則冥一；無質不成故，緣起則萬形。』」懷感釋浄土群疑論卷一：「如安法師浄土論：浄、穢二土，爲一質異見，爲異質異見，爲無質而見。彼釋言：一質不成故，浄穢虧盈；異質不成故，搜玄即冥；無質不成故，緣起萬形。」「安法師慧悟開明，神襟俊爽，制造斯論，妙窮深旨。于時大乘經論文義未周，已能作此推尋，實爲印手菩薩，可謂鑿荒途以開轍，標玄旨於性空。」釋浄土群疑論探要記卷三云：「問中『安法師淨土論』者，樂邦文類二云：「又此方諸法師，各造論著書，先讚西方，道安法師往生論六卷。」則以此安法師爲釋道安，安法師淨土論爲其往生論。

〔二〕見入楞伽經卷六涅槃品。

密嚴經偈云：「是心有二性，如鏡含衆像，亦如水現月，瞖者見毛輪。毛輪瓔珞珠，此皆無所有，但從病瞖眼，若斯而顯現。瓶衣皆自識，衆生亦復然，虚妄計我人，不知恒執取。衆生及瓶等，種種諸形相，内外雖不同，一切從心起。」〔一〕「依止賴耶識，一切諸種子，心如境界現，是故説世間。世間非作者，業及微塵作，但是阿賴耶，變現似於境。」〔二〕

校注

〔一〕見地婆訶羅譯大乘密嚴經卷二顯示自作品。

〔二〕見地婆訶羅譯大乘密嚴經卷三阿賴耶微密品。

清涼記云：此上分別淨、穢二土四句，是「一向遮過，實則即異即同，即有即無。若互相形奪，則一異而兩亡，有無雙寂；若圓融無礙，則即一即多，即無即有。有是無有，無是有無〔一〕。多是即一之多，一是即多之一。有無即事理無礙，一多兼事事無礙。由此重重故，華嚴藏刹一一塵中皆見法界」〔二〕。

又，依正無二，四句渾融：一、佛身即刹者，佛體即是法性土故。廢他從己，佛體虚故；土外無佛，法性無二故。二、刹即佛身者，刹體即是法性身故。廢己從他，刹體虚故；佛外無法，性無二故。由性無二，以性融相，故身刹相即。三、俱者，謂有身有土，不壞相故。若無身、土，無可相即故。四、泯者，謂佛即刹故非佛，刹即佛故非刹，以互奪故〔三〕。

校注

〔一〕「有是無有，無是有無」，大方廣佛華嚴經隨疏演義鈔作「有是無家之有，無是有家之無」。

〔二〕見澄觀述大方廣佛華嚴經隨疏演義鈔卷二五。

〔三〕「一、佛身即刹者」至此，見澄觀述大方廣佛華嚴經隨疏演義鈔卷三。

問：身、土既揔唯一心法界之體，如何是自、他各受用身、土〔一〕之行相？

答：一體雖同，不妨互徧。同中有異，自入於他；異中有同，他徧於自。

校注

〔一〕受用身、土：即受用身、受用土。受用土，指受用身所居之土，亦有自、他之别。據佛地經論卷一，自受用土爲自受用身所居，其量無邊，周遍法界；他受用土爲他受用身所居，故隨機宜示現，而有大小、勝劣之别，其改轉不定，猶如變化之土。佛地經論卷一：「受用身土，略有二種：一、自受用，謂諸如來三無數劫所修無邊善根所感周遍法界，爲自受用大法樂故，從初得佛盡未來際相續無變，如諸功德諸大菩薩亦不能見，但可得聞，如是浄土以無量故，諸佛雖見亦不能測其量邊際；二、他受用，謂諸如來爲令地上諸菩薩衆受大法樂，進修勝行，隨宜而現，或勝或劣，或大或小，改轉不定，如變化土，如是浄土以有邊故，地上菩薩及諸如來皆測其量，但就地前言不能測，由是二種差别故，言『周圓無際，其量難測』。」

古德問云〔一〕：自受用身、土，一一無邊，諸佛身、土不相障礙，行相如何？

答：如水乳一處，其體無别。鵝王飲之，但得其乳，不得其水〔二〕。乍見將謂水乳是一，若飲已，即知有異。又如衆燈光同處一室，自色不可分，若論光體，元來各别〔三〕。自受用身雖合一處，元來各各有異，皆自受用法樂，則一一皆具八識故，所以得互徧，非同一體無異，非一非異，可辯佛身。

校注

〔一〕按，此「問」未見他處，「古德」者，不詳。

〔二〕正法念處經卷六四：「譬如水乳同置一器，鵝王飲之，但飲乳汁，其水猶在。」

〔三〕大般涅槃經卷三九：「譬如一室有百千燈，炷雖有異，明則無差。」

問：既是真如，何分身、土耶？

答：據義立之。於真如中，以性成萬德爲身，以空之理爲土。約義即別，體不相離。又，真理中具四德，常、浄二德爲土，我、樂二德爲身，故云「我此土浄，而汝不見」〔一〕，則真身含萬法爲土耳。若心外取土，見相迷真，成妄想之垢，故稱爲穢。若見心性，則名浄耳。是以一法不動，異見常生。迷有作塵勞，悟空成佛國。非移妙喜，匪變娑婆〔二〕，亦非神力所爲，法性何曾遷變？猶眩瞖之者，同處各觀，蠅髮毛輪，所見差別。如執外境界，皆是妄心。如經云：例如今目覩山河，皆是無始見病〔三〕。

校注

〔一〕見維摩詰所説經卷上佛國品。

〔二〕詳見維摩詰所説經卷下見阿閦佛品。

〔三〕大佛頂如來密因修證了義諸菩薩萬行首楞嚴經卷二：「例汝今日以目觀見山河國土及諸衆生，皆是無始見病所成。」

問：心外無法，道外無心，云何諸佛自稱出世得道，廣説教門？

答：只爲衆生不了唯心，妄生外境，以不實故，所以諸佛出世。若有一法是實，則諸佛終不出世。所説方便教門，不爲知者説，但爲未知者破執除疑，似形言教。若執喪疑消，則無道可得，無法可説。

思益經云：「佛言：我坐道場時，唯得顛倒所起煩惱畢竟空性，以無所得故得，以無所知故知。」〔一〕

又，「思益梵天問文殊師利：『得何法故，名爲得道？』文殊師利言：『若法不自生、不彼生、亦不衆緣生，從本已來常無有生，得是法故，説名得道。』又問：『若法不生，爲何所得？』答言：『若知法不生，即名爲得。是故佛説：若見諸有爲法不生相，即入正位。』又問：『云何名爲正位？』答言：『我及涅槃等不作二，是名正位』〔二〕。夫正位者，即自真心。入此位中，諸見自泯。

校注

〔一〕見思益梵天所問經卷一解諸法品。

〔二〕見思益梵天所問經卷三論寂品。

入佛境界經云：「如來不應以色見，不應以法見，不應以相見，不應以好見，不應以法性見。」〔一〕

校注

〔一〕見如來莊嚴智慧光明入一切佛境界經卷下。

大集經云：「爾時，衆中有一天子，名曰勝意，語不可説菩薩言：『善男子，若一切法不可説者，衆生云何而得言説？』不可説言：『善男子，汝寧知響有言説不？』勝意言：『善男子，響者皆從因緣而有。』『善男子，是響之因，爲定在内？爲定在外？』天子言：『善男子，如是因者，不定在内，不定在外。』『天子，一切衆生强作二想而有所説，諸法之性實不可説。』天子言：『善男子，若不可説，云何如來宣説八萬四千法聚，令諸聲聞受持讀誦？』『天子，如來世尊實無所説。無所説者，即是如來。天子，汝知何等爲如來耶？將不謂色受想行識是如來乎？將不説佛是去來現在、有爲無爲、陰界諸入、三界所攝，是因是果？是和合耶？或想、非想，亦想非想、非想非非想耶？』『不也，善男子。』『天子，若如是等非如來者，云何可説？若不可説，如何而言如來世尊演説八萬四千法聚？是故八萬四千法聚，實不可説。聲聞受者，亦不可説。不可説者，即是正義。若無説，即是真實。』」〔二〕

校注

〔二〕見大方等大集經卷一三。

楞伽經云："我唯説無始虚僞妄想習氣，種種諸惡，三有之因，不能覺知自心現量，而生妄想，攀緣外性。"〔一〕斯則但了自心，外境無性，以不覺心量故，妄取外緣。若知心即是道，心即是法，豈於心外有法可説耶？所以華嚴經頌云："諸佛不説法，佛於何有説？但隨其自心，爲説如是法。"〔二〕

校　注

〔一〕見楞伽阿跋多羅寶經卷三。

〔二〕見實叉難陀譯大方廣佛華嚴經卷一九。

廣百論云："諸有行願，隨順世俗所見所聞，强假施設。勝義理中，二俱不許，一切分別戲論絶故，非諸如來有法可説，亦無有法少有所得。

"問：若爾，精進則爲唐捐〔一〕，應棄如來甘露聖教？

"答：爲欲方便除倒見執，施設二事，俱無有過。

"問：既言一切所見、能見皆無所有，云何無過？

"答：雖無真實所見、能見，而諸愚夫顛倒爲有，除彼增上慢見，隨順世間，施設無過。若能隨此聖教修行，隨俗説爲真佛弟子。世俗愚夫，隨自心變顛倒境相而起見心，佛非其境，於彼無用。乃至〔二〕謂佛世尊在昔因位，爲欲利樂一切有情，發起無邊功用願行，由此證得無分別慧。因此慧力，發起無量利樂有情作用。無盡諸有情類，用佛願行所得妙慧爲增上緣，自心變現，能順世間最勝生道及順上緣〔三〕。」「又，本願行亦非顛倒，以能了知諸法實義，於一切法無所執著，能爲無上妙果生因。雖復發心，起諸勝行，求無上果，利樂有情，然似幻師起諸幻事，都無所執，故非顛倒。」〔四〕

校注

〔一〕唐捐：虚棄。玄應一切經音義卷二：「唐捐，徒郎、以專反。案，唐，徒也。徒，空也。説文：捐，棄也。」

〔二〕乃至：表示引文中間有删略。

〔三〕「上緣」，大乘廣百論釋論作「出世」。

〔四〕見玄奘譯大乘廣百論釋論卷五。按，廣百論中，無諸「問」「答」字。

又，古德問：衆生即佛心衆生，衆生心佛自教化佛心衆生，何故説言佛悲願力？答：即此真心，是佛悲願。謂同體大悲及自體無障礙願等，即性起大用也〔一〕。

校注

〔一〕按，法藏撰大乘起信論義記卷下本：「衆生真心，即諸佛體，更無差別。故華嚴經云：『若人欲求知，三世一切佛，應當如是觀，心造諸如來。』又不增不減經云：法身即衆生，衆生即法身。法身與衆生，義一名異也。既從法身起報化用，何得不是衆生真心耶？問：義若然者，衆生心佛還自教化衆生，何故説言佛悲願力？答：即此真心，是佛悲願。謂無緣大悲及自體無障礙願等，即性起大用也。」故此「古德」者，即法藏。

又，衆生者，即是諸雜雜心識，念念起滅，故号衆生。經云：佛告比丘：汝等日夜常生無量百千衆生〔一〕。若能智照，不起相續之念，即是度衆生。又，了念即空，無有起處，即是度盡無量百千衆生，不見有一衆生而得滅度者。台教云：「無明爲父，貪愛爲母，六根爲男，六塵爲女，識爲媒嫁，出生無量煩惱爲子孫。」〔二〕故經云：有念即生死，無念即尼洹〔三〕。

校注

〔一〕按，經中未見此説。智顗説、湛然略維摩經略疏卷二：「衆生者，佛告諸比丘：汝等日夜常生無量百千衆生。」又金光明經玄義卷下：「從心生心，雜雜沓沓，長風駛流，不得爲喻。日夜常生無量百千萬億衆生，六道輪迴，十二鉤鎖，從闇入闇，闇無邊際，皆心之過也，故言『一念心一切心』。」

〔二〕見智顗說、灌頂記觀音義疏卷下。

〔三〕般舟三昧經行品：「心不自知心，心不自見心。心有想爲癡，心無想是涅槃。」龍樹造、鳩摩羅什譯大智度論卷六：「有念墮魔網，無念則得出。」

問：若如上說，成佛度生不離一念，諸佛何以發願更度他衆生？

答：雖發願度生，皆令倣此真修，究竟同此，指歸一念。所以先發誓度盡一切衆生，方成正覺，則念盡心澄，天真獨朗，即成佛義也。先佛已如是自度竟，然後轉示他人，即是真實之慈。離此興悲，皆成妄想。

如舍利弗問菴提遮女：「何不轉女身？」偈答言：「自男生我女，徒生妄想悲。」〔一〕則是不了自是非男，錯認衆生之相，卻乃執生他女，徒興彼我之情，於一真內而妄立自他，向同體中而强分愛見。

如古師云：「有二義門，俱無可度：一、契空，如性空寂滅，故無可度；二、契不空，同一法性，法性平等，故無可度。」〔二〕

故金剛三昧經云：「若化衆生，無生於化，不生於化，其化大焉。」〔三〕

又，大虛空藏菩薩所問經偈云：「猶如於幻師，害多幻化衆，實無有所害，所度生亦然。」

幻化及有情，諸佛法亦爾，若悟同一性，無自性爲性。」〔四〕

所以先德云：八地已上菩薩得無生忍，恒河沙世界外有衆生求救，菩薩都不起念，衆生自然見菩薩到其前，與其説法，四事供養〔五〕。菩薩得如是智，由是無心之心量故，我説爲心量〔六〕，亦爲無量之量耳。

校注

〔一〕詳見佛説長者女菴提遮師子吼了義經。

〔二〕見澄觀述大方廣佛華嚴經隨疏演義鈔卷五一。

〔三〕見金剛三昧經無相法品。

〔四〕見大集大虚空藏菩薩所問經卷四。

〔五〕按，古尊宿語録卷二大鑑下三世（百丈懷海禪師廣録）：「者箇語逆耳苦口，可中與麽作得，至第二第三生，能向無佛處坐大道場，示現成等正覺，變惡爲善，變善爲惡；使惡法教化十地菩薩，使善法教化地獄餓鬼；能向明處解明縛，能向暗處解暗縛；撮金成土，撮土成金；百般作得，變弄自由。於恒沙世界外有求救者，婆伽婆即披三十二相，現其人前，同渠語音，與渠説法。」則「先德」者，或即懷海禪師也。

〔六〕楞伽阿跋多羅寶經卷三：「觀諸有爲法，離攀緣所緣，無心之心量，我説爲心量。量者自性處，緣性二俱離，性究竟妙淨，我説名爲量。」

問：大涅槃經云：「解脱之法亦非涅槃，如來之身亦非涅槃，摩訶般若亦非涅槃。」〔一〕如何是涅槃正義？

答：欲知涅槃正義，即我真如心性。故經偈云：「如無生性佛出興，如無滅性佛涅槃，言辭譬喻悉皆斷，一切義成無與等。」〔二〕

是以非即三法，非離三法，不縱不横，不並不別，豈可言一言三而指斯妙道乎？清涼記釋云：「法身爲所證，般若爲能證，解脱爲離障。又，佛身者，即是法性。有佛身義，作二所依故；有智慧義，偏照法界光明故；有解脱義，性離一切障故。此三亦不相離。」「今三，俱不思議焉可縱？俱不思議焉可横？俱不思議焉可並？俱不思議焉可別？意云：即一而三，即三而一，非三非一，雙照三一，焉可作一三等思？」〔三〕

校注

〔一〕見大般涅槃經卷二。

〔二〕見實叉難陀譯大方廣佛華嚴經卷五二。

〔三〕見澄觀述大方廣佛華嚴經隨疏演義鈔卷八〇。

故肇論云：「菩提之道，不可啚度，高而無上，廣不可極，淵而無下，深不可測，大包天

地，細入無間，故謂之道。」〔一〕

校注

〔一〕見肇論涅槃無名論位體第三。按，「菩提之道」前，肇論有「經云」，可知此説是肇論引經中之説。文才述肇論新疏卷下：「經即太子本起瑞應經也。菩提，祕藏中般若故，圖度，思慮也。何故不可耶？以高而無上等。謂高深有際可思，上下無窮故不可也。天地至大，智又包含無間，至小智，復入中無間，如子微極細，無中間也，以證涅槃體大用廣。」太子本起瑞應經卷下：「佛得定意，一切知見，坐自念言：『是實微妙，難知難明，甚難得也。高而無上，廣不可極；淵而無下，深不可測；大包天地，細入無間。』」

又，涅槃無名論云：「夫涅槃之爲道也，寂寥虚曠，不可以形名得；微妙無相，不可以有心知。超群有以幽昇，量太虚而永久，隨之弗得其蹤，迎之罔眺其首，六趣不能攝其生，力負無以化其體。潢漭惚恍，若存若往，五目莫覩其容，二聽不聞其響〔一〕。冥冥窈窈，誰見誰曉？彌綸靡所不在，而獨曳於有無之表。然則言之者失其真，知之者反其愚，有之者乖其性，無之者傷其軀。乃至〔二〕何者？本之有境，則五陰永滅；推之無鄉，而幽靈不竭。幽靈不竭，則抱一湛然；五陰永滅，則萬累都捐。萬累都捐故，與道通同；抱一湛然故，神而無功。神而無功故，至功常存；與道通同故，沖而不改。沖而不改，不可爲有；至功常存，不可爲無。然則有無絶於內，稱謂淪於外，視聽之所不泊，四空之所昏昧，恬焉而夷，泊焉而泰〔三〕，九流於是乎交歸〔四〕，衆聖於是乎冥會。斯乃希夷之境，太玄之鄉〔五〕，而欲以有無題牓標其方域而語其神道者，不亦邈哉！」〔六〕

校注

〔一〕元康撰肇論疏卷下：「五目謂肉眼、天眼、慧眼、法眼、佛眼也；二聽，兩耳也。又，天耳、人耳也。五目不覩其形，明無形也；二聽不聞其響，明無聲也。言涅槃之道，非色、聲也。」

〔二〕乃至：表示引文中間有删略。

〔三〕元康撰肇論疏卷下：「『四空之所昏昧』，外道得四無色定，名曰空定，生四空處，將爲涅槃而不識真實涅槃，故昏昧也。『恬乎而夷，泊焉而泰』，夷，平也。老子云：視之不見曰夷。泰，通泰也。恬虚寂泊，甚自空浄耳。」

〔四〕元康撰肇論疏卷下：「九流者，謂道流、儒流、墨流、名流、法流、陰陽流、農流、縱横流、雜流，亦云小説流也。言此文字語言皆是佛説，並會涅槃，故云交歸。」

〔五〕元康撰肇論疏卷下：「希，微；夷，坦；境，界；太，大；玄，幽；鄉，域也。涅槃微而坦，大而幽，何界域之不遍？故云『夷境玄鄉』也。」

〔六〕見肇論涅槃無名論開宗第一。元康撰肇論疏卷下：「涅槃言語道斷，而欲以有以無題牓名目、標指方域，其可得乎？不亦邈哉！」

是以心道孤標，神無方所，豈在有無之朕迹，見聞之影響乎？所以般若波羅蜜經云：文殊師利，如是應知，彼一切法不起不滅，名爲如來。又，梵王問經云：第一義中，佛不出世，亦不涅槃，從本已來無起滅故〔一〕。

般若燈論偈云：「不應捨生死，不應立涅槃，生死及涅槃，無二無分別。乃至〔二〕如般若波羅蜜經云〔三〕：佛告極勇猛菩薩言：善男子，色無縛無脱，受、想、行、識無縛無脱。若色至識無縛無脱，是名般若波羅蜜。又如梵王所問經云〔四〕：佛言：梵王，我不得生死，不得涅槃〔五〕。何以故？言生死者，但是如來假施設故，而無一人於中流轉；説涅槃者，亦假施設，而無一人般涅槃者。」〔六〕

校注

〔一〕「般若波羅蜜經云」至此，見波羅頗蜜多羅譯般若燈論釋卷二觀緣品之二。

〔二〕乃至：表示引文中間有删略。

〔三〕「云」，般若燈論釋作「中」。「般若波羅蜜經云」者，參見鳩摩羅什譯摩訶般若波羅蜜經卷五莊嚴品。

〔四〕「云」，般若燈論釋作「所説」。

〔五〕菩提流支譯勝思惟梵天所問經卷一：「如來復告大梵天言：梵天，我不得生死，不得涅槃。何以故？如來雖説生死，實無有人往來生死；雖説涅槃，實無有人得涅槃者。若有得入如此法門，當知是人非生死相、非涅槃相。」

〔六〕見波羅頗蜜多羅譯般若燈論釋卷九觀縛解品。

問：宗鏡唯心者，何分始末乎？

答：始末是述心之義用，約〔一〕行布門中，相雖歷然，體常融即。

起信鈔問云：據其論旨，初是一心，後亦一心，初、後何別？答：初之一心，心當能起；後之一心，心當所歸。雖前後體同，且爲始終義異，由是行布諸門歷然。又云：但以本是一心，離名絶相，任其迷悟，萬法隨生。生法本空，但唯一體〔一〕。

校注

〔一〕「用約」，諸校本作「約用」。

校注

〔一〕按，起信鈔後至此，參見起信論疏筆削記卷一，故此起信鈔者，當即傳奥大乘起信論隨疏記，參見本書卷六注。

宗鏡亦爾，爲廣義用，前後不同，然是一心之前後，前後之一心耳，所以理事平等。何者？非初無以立後，初等於後；非後無以成初，後等於初。又，理從事顯，理等於事；事因理成，事等於理。故云：萬法雖殊，不能自異也〔一〕。況宗鏡中，一尚不能一，豈況異乎？所以起信論云：一切諸法，平等平等〔二〕。鈔釋有二：一、謂真性於一切法中平等，如像中鏡；二、即諸法本空故平等，如鏡中像〔三〕。

校注

〔一〕肇論不真空論第二：「萬象雖殊而不能自異。」

〔二〕按，此説見解深密經卷三分别瑜伽品、瑜伽師地論卷七七等。據後鈔釋，「起信論云」者，當即真諦譯大乘起信論「一切法真如平等」句。參後注。

〔三〕起信論疏筆削記卷六：「論『真如平等』者，謂真性於一切法中，爲平等體故，如像中鏡；非同諸法本空，空故平等，如鏡中像。」故此鈔者，當即傳奥大乘起信論隨疏記，參見本書卷六注。

音義

紜，玉分反，紛紜也。　燋，即消反，傷火。　痾，烏何反，病也。　癘，力制反。逵，渠追反，隱也。　燎，力照反，照也。　沚，諸市反。　謐，彌畢反，静也，慎也。　齅，許救反，鼻取氣也。　眩，胡涓反，亂也。　瞖，於計反，目瞖也。媒，莫杯反。　嫁，古訝反。　倣，分兩反，學也。　眺，他弔反，視也。　潢，乎光反，積水池。　又乎曠反。　漭，模浪反。　捐，與專反。　沖，直弓反，和也。洎，其冀反。　恬，徒兼反，靖也。　泊，傍各反，止也。　朕，直引反。

戊申歲分司大藏都監開板

宗鏡録卷第九十

慧日永明寺主智覺禪師延壽集

夫如上所説，涅槃非有，故經云：設有一法過涅槃者，我亦説如幻如夢〔一〕。即後學之人，徒勞景慕。

答：斯言破著，非壞法性。如觀和尚云：難一切法如幻者，「妄法緣生，可許如幻。涅槃真實，又不從緣，如何同幻？」故牒釋有二意：一明雖真而亦從緣，雖非緣生，而是緣顯，亦空無性；二明涅槃非幻，爲破著涅槃心，云如幻耳。是則破心中涅槃，亦顯涅槃體，即真空〔二〕而成妙有」〔三〕。故知四種涅槃，初後俱有，所以唯識論云：「一、本來自性清淨涅槃，謂一切法相真如理，雖有客塵而本性淨，具無數量微妙功德，無生無滅，湛若虚空，一切有情平等共有，與一切法不一、不異，離一切相、一切分別，尋思路絶，名言道斷，唯真聖者自内所證，其性本寂，故名涅槃〔四〕；二、有餘依涅槃，謂即真如出煩惱障，雖有微苦所依未滅，而障永寂，故名涅槃〔五〕；三、無餘依涅槃，謂即真如出生死苦，煩惱既盡，餘依亦滅，衆苦永寂，故名涅槃〔六〕；四、無住處涅槃，謂即真如出所知障，大悲般若常所輔翼，由斯不住生死、涅槃，利樂有情，窮未來際，用而常寂，故名涅槃。」〔七〕

校注

〔一〕小品般若波羅蜜經卷一摩訶般若波羅蜜釋提桓因品：「設復有法過於涅槃，我亦説如幻如夢。」大般若波羅蜜多經卷八二初分諸天子品第二十三之二：「設更有法勝涅槃者，我亦説爲如幻、如化、如夢所見。」

〔二〕「空」，原無，據大方廣佛華嚴經隨疏演義鈔補。

〔三〕見澄觀述大方廣佛華嚴經隨疏演義鈔卷七五。

〔四〕本來自性清淨涅槃：謂真如理隨緣變造一切諸法，雖有煩惱垢染而本性清淨，具足無量微妙功德，無生無滅，湛若虚空，一切衆生平等共有，與一切法不一、不異，離一切相無有分別，故名本來自性清淨涅槃。

〔五〕有餘依涅槃：謂煩惱之障雖滅，尚餘欲界五陰之身而爲所依，故名有餘依涅槃。窺基撰成唯識論述記卷一〇：「顯其因盡，苦依未盡，異熟猶在，名有餘依。依者，身也。就實出體，故是真如出煩惱障。此中有餘，約二乘説，以言唯有微苦依故。依謂依身，以其所離顯此涅槃，以大乘中難見相貌，從易處言。」

〔六〕無餘依涅槃：謂煩惱既盡，所餘五陰之身亦滅，故名無餘依涅槃。窺基撰成唯識論述記卷一〇：「有漏苦果所依永盡，由煩惱盡，果亦不生，名得涅槃。亦就實出體，通三乘釋。」

〔七〕見玄奘譯成唯識論卷一〇。無住處涅槃：謂不住生死，不住涅槃，窮未來際利樂有情，故名無住處涅槃。窺基撰成唯識論述記卷一〇：「所知障者，顯唯菩薩得，非二乘，二乘不能出所知障故。『大悲般若常所輔翼』者，顯緣此涅槃生智悲故，或由智悲緣證如故，於生死、涅槃，二俱不住。緣此雖起悲智二用，體性恒寂，故名涅槃。」

問：夫言法身者，心爲法家之身，身是積聚義，積集〔一〕含藏一切萬法，故名爲心，即何用更立般若及解脱二法？

答：法身即是人人須〔二〕有靈智，故名般若。若得般若照，則顯現法身。故經云：「隱名如來藏，顯名爲法身。」〔三〕又，若得般若，則一切處無著，不爲境縛，即是解脱。若顯法身得解脱，功全由般若。非唯此二法，一切萬行皆由般若成立。故五度如盲，般若如導。若布施無般若，唯得一世榮，後受餘殃債；若持戒無般若，暫生上欲界，還墮泥犁中；若忍辱無般若，報得端正形，不證寂滅忍；若精進無般若，徒興生滅功，不趣真常海；若禪定無般若，但行色界禪，不入金剛定；若萬善無般若，空成有漏因，不契無爲果。故知般若是險惡徑中之導師，迷闇室中之明炬，生死海中之智檝，煩惱病中之良醫，碎邪山之大風，破魔軍之猛將，照幽途之赫日，警昏識之迅雷，抉愚盲之金鎞，沃渴愛之甘露，截癡網之慧刃，給貧乏之寶珠。若般若不明，萬行虛設。祖師云：「不識玄旨，徒勞念静。」〔四〕不可刹那忘照，率爾相違，以此三法不縱不横，非一非異，能成涅槃秘藏。

校注

〔一〕「集」，嘉興藏本作「聚」。按，冥樞會要作「集」。

〔二〕「須」，清藏本作「俱」。按，冥樞會要、心賦注皆作「須」。

〔三〕按，此說見智顗說妙法蓮華經玄義卷二下等，無「經云」。隋慧遠撰大乘義章卷一八涅槃義五門分別：「如勝鬘說，如來之藏，顯爲法身。」此說當是對勝鬘經經意的概括。圓測撰仁王經疏卷中：「諸佛未成佛時，名自性，即是隱爲如來藏。後修得佛解脱道時，性顯爲法身，即薩婆若。」

〔四〕見僧璨信心銘。

如大涅槃經云：「佛言：我今當令一切衆生及以我子四部之衆，悉皆安住秘密藏中。我亦復當安住是中，入於涅槃。何等名爲秘密之藏？猶如伊字三點，若並則不成伊，縱亦不成。如摩醯首羅面上三目，乃得成伊。三點若别，亦不得成。我亦如是，解脱之法亦非涅槃，如來之身亦非涅槃，摩訶般若亦非涅槃，三法各異亦非涅槃。我今安住如是三法，爲衆生故，名入涅槃。」〔一〕

所以云：法身常、種智圓、解脱具，一切皆是佛法，無有優劣，故不縱。三德相冥，同一法界，出法界外，何處別有法？故不横。能種種建立，故不一。同歸第一義，故不異〔二〕。雖三而一，雖一而三。一則壞於三諦，異則迷於一實。在境則三諦圓融，在心則三觀俱運〔三〕。在因則三道相續，在果則三德周圓，如是本末相收，方入大涅槃秘密之藏。

校注

〔一〕見大般涅槃經卷二。

〔二〕「一切皆是佛法」至此，出智顗説、灌頂記摩訶止觀卷三上。

〔三〕澄觀撰大方廣佛華嚴經疏卷二二：「一則壞於三諦，異則迷於一實，故即一而三，即三而一，非三非一，雙照三一。在境則三諦圓融，在心則三觀俱運。」

古德云：「此之三德，不離一如，德用分異，即寂之照爲般若，即照之寂爲解脱，寂照之體爲法身。如一明淨圓珠，明即般若，淨即解脱，圓體法身，約用不同，體不相離。故此三法，不縱不横，不並不別，如天之目，似世之伊，名秘密藏，爲大涅槃。」〔一〕

校注

〔一〕見澄觀撰大方廣佛華嚴經疏卷五〇。

又，台教類通三軌法：「一、真性軌，二、觀照軌，三、資成軌。」〔一〕即是三德。以真性軌爲一乘體，此爲法身，一切衆生悉一乘故。以觀照軌爲般若，只點真性，寂而常照，便是觀照，第一義空。以資成軌爲解脱，只點真性法界，含藏諸行無量衆善，即如來藏。三法不一、不異，如點如意珠中論光、論寶，光、寶不與珠一，不與珠異，不縱不横，三法亦如是〔二〕。

校注

〔一〕智顗説妙法蓮華經玄義卷五下：「言三法者，即三軌也。軌名軌範，還是三法可軌範耳。（中略）總明三軌者：一、真性軌，二、觀照軌，三、資成軌。名雖有三，秖是一大乘法也。」真性軌，即真如實相的本體，無僞爲真，不變爲性。觀照軌，即破迷情、顯真理的智慧（般若）。資成軌，資助觀照智用（智慧之作用）的萬行。

〔二〕智顗説妙法蓮華經玄義卷五下：「明圓教三法者，以真性軌爲乘體。不僞名真，不改名性，即正因常住，諸佛所師，謂此法也。一切衆生亦悉一乘，衆生即涅槃相，不可復滅；涅槃即生死，無滅不生。故大品云是乘不動不出，即此乘也。觀照者，秖點真性，寂而常照，便是觀照，即是第一義空。資成者，秖點真性法界，含藏諸行，無量衆具，即如來藏。三法不一、異，如點如意珠中論光、論寶，光、寶不與珠一，不與珠異，不縱不横。三法亦如是，亦一、亦非一、亦非一非非一，不可思議之三法也。」

今更廣類通十種三法：一、三道，二、三識，三、三佛性，四、三般若，五、三菩提，六、三大乘，七、三身，八、三涅槃，九、三寶，十、三德。此十種三法，通收一切凡聖因果諸法。今引金光玄義，觀心廣釋。

十種三法門者〔一〕。淨名經云：諸佛解脱，當於衆生心行中求〔二〕。若不觀自心，非己智分，不能開發自身寶藏。今欲論凡夫地之珍寶，即聞修故，明觀心釋也〔三〕。

校　注

〔一〕按，後釋十種三法門，詳見智顗説、灌頂録金光明經玄義。具體見各部分注。

〔二〕維摩詰所説經卷中文殊師利問疾品：「問：諸佛解脱當於何求？答曰：當於一切衆生心行中求。」

〔三〕「淨名經云」至此，詳見智顗説、灌頂録金光明經玄義卷下。

一、觀心明三道者，一、煩惱道，過去無明、現在愛、取三支；二、業道，過去行、現在有二支；三、苦道，現在識、名色、六入、觸、受、未來生死、憂悲苦惱七支〔一〕。

今觀心王即苦道，觀慧數心〔二〕即煩惱道，觀諸數心〔三〕即業道〔四〕。淨名經云「觀身實相，觀佛亦然」〔五〕者，若頭等六分〔六〕各各是身，此即多身。若别有一身，則無是處，各各非身，合時亦無。若頭六分，求身叵得，現在不住故不可得，過去因滅亦不可得，未來未至亦不可得，如是横豎求身，畢竟不可得，則是無。無亦不可得，亦有亦無亦不可得，非有非無亦不可得，但有名字，名字爲身。如是名字，不在内，非四陰中故；不在外，非色陰中故；不在中間，非色心合故；亦不常自有，非離色心故。當知名無得物之功，物無應名之實，假實既空，名物安在？如此觀身，是觀實相，觀身是假名。假名既如此，觀色、受、想、行、識亦如是，即爲苦道觀也。

觀煩惱道者，煩惱與業皆是身因，今且取煩惱爲身因而觀也。浄名經云「不壞身因而隨一相」〔七〕者，應作四句分別：誰身因果俱壞？誰身因果俱不壞？誰壞果不壞因？誰壞因不壞果？云何身果？父母所生頭等六分是也。云何身因？貪、恚、癡、身、口、意業等是。今且置三業，觀貪、恚、癡等。四果〔八〕以無常、苦、空觀智，破貪、恚、癡，子斷〔九〕名壞身因，不受後有名壞身果。凡俗之流，名衣好食，長養五陰，縱心適性，放逸貪恚，自惱、惱他，一身死壞，復受一身，因果相續，無有邊際，是名因果俱不壞。如犯王憲付栴陁羅〔一〇〕，如怨對者自害其體。身既爛壞，四陰亦盡，是爲壞果；貪、恚、癡身因轉更熾盛，彌淪生死，無得脱期，是爲壞果不壞因；以無常觀智斷五下分〔一一〕因縛，五下分〔一二〕果身由未盡，是名壞身因不壞身果。如此四句，存壞不同，皆不隨一相。而隨一相者，所謂修大乘觀。觀一念貪、恚、癡心，心爲自起？爲對塵起？爲根塵共起？爲離根塵起？皆無此義，非自、非他、非共、非無因，亦非前念滅故起，非生非非生、亦非滅非非滅，如是横豎求心叵得，心尚無本，何所論壞？是名不壞身因而隨一相。

觀業道者，如浄名經云：「舉足下足，無非道場，具足一切佛法矣。」〔一三〕觀舉足時，爲是業舉？爲是業者舉？爲是業、業者共舉？爲離業、業者舉？若業舉，不關業者；業者舉，不關於業。各既無舉，合亦無舉。合既無舉，離那得舉？舉足既無，下足亦無。觀行既然，住、坐、卧、言語、執作亦復如是，是爲觀業道實相〔一四〕。

校注

〔一〕「觀心明三道者」至此，詳見智顗説、灌頂録金光明經玄義卷上。

〔二〕「慧數心」，金光明經玄義作「慧數」。慧數，即心所法。以心王雖一，而心所法有多數，故稱慧數。

〔三〕「數心」，金光明經玄義作「數」。數者，智之異名。惠沼撰成唯識論了義燈卷二本：「數是智慧。」

〔四〕按，此後金光明經玄義有云：「心王是金，慧數是光，餘數是明。」

〔五〕見維摩詰所説經卷下見阿閦佛品。

〔六〕頭等六分：頭、身及二手、二足。

〔七〕見維摩詰所説經卷上弟子品。

〔八〕四果：聲聞修行所得的四種果位，即須陀洹果（預流果）、斯陀含果（一來果）、阿那含果（不還果）、阿羅漢果。

〔九〕「子斷」，金光明經玄義作「子縛斷」，義同，即斷除煩惱。煩惱如種子，煩惱所生苦報如果實，故稱斷除煩惱爲子斷。大般涅槃經卷二九：「解脱有二種：一者、子斷，二者、果斷。言子斷者，名煩惱斷。阿羅漢等已斷煩惱，衆結爛壞，是故子結不能繫縛。未斷果故，名果繫縛。」隋慧遠述大般涅槃經義記卷八：「斷生死因，名爲子斷。」智顗説妙法蓮華經玄義卷三上：「無明滅故，諸行滅，乃至老死滅。若不然火，是則無煙，是名子縛斷。無子則無果，滅智灰身，離二十五有，是名果縛斷。」

〔一〇〕栴陁羅：指獄卒。

〔一一〕「下分」，原作「分下」，據金光明經玄義改。湛然述法華文句記卷七中：「五上分者，謂掉舉、慢、無明、色染、無色染；五下分者，謂身見、戒取、疑、貪、嗔。五上分中色染、無色染一向唯上，掉、慢等三雖復通下，不能牽下，故云『上分』。言『下分』者，貪雖通上不是唯上，嗔一唯下不通於上，餘三遍攝一切見惑，雖復通上而能牽下，故名爲下。」

〔一二〕「下分」，原作「分下」，據金光明經玄義改。參前注。又，從義撰金光明經玄義順正記卷下：「『五下分果身猶未盡』者，父母所生之形猶在故也。」

〔一三〕見維摩詰所説經卷上菩薩品。

〔一四〕「今觀心王即苦道」至此，詳見智顗説、灌頂録金光明經玄義卷下。

二、觀心明三識者，諦觀一念，即空、即假、即中，即是觀心識於三識。何者？意識託緣發，意本無其識，緣何所發？又，緣中爲有識？爲無識？若有識，緣即是識，何謂爲緣？若無識，那能發識？若意、緣合發，二俱無故，合不能發，離亦不可。當知此識不在一處，從衆緣生。從緣生法，我説即是空。於此空中，假作分別，是惡識？是善識？是非惡非善識？種種推畫，强謂是非。識若定空，不可作假；識若定假，不可作空。當知空非空，假非假，非空非假，雙亡二邊，正顯中道。一念識中三觀具足，識於三識亦不得三觀。故淨名云：「不觀色，不觀色如，不觀色性，乃至〔一〕不觀識，不觀識如，不觀識性。」〔二〕雖不得識，不得識如，不得識性，雙照識、識如、識性，宛然無濫。以照識性故是菴摩羅識，照識如故是阿賴耶識，亦照亦滅故是阿陁那識，是名觀心中三識〔三〕。

校　注

〔一〕乃至：表示引文中間有删略。按，金光明經玄義卷下引已删略。

〔二〕見維摩詰所説經卷下見阿閦佛品。

〔三〕「觀心明三識者」至此，詳見智顗説、灌頂録金光明經玄義卷下。金光明經玄義卷上：「云何三識？識名爲覺了，是智慧之異名爾。菴摩羅識，是第九不動識。若分别之，即是佛識。阿梨耶識，即是第八無没識，猶有隨眠煩惱與無明合。别而分之，是菩薩識。大論云：『在菩薩心名爲般若。』即其義也。阿陀那識，是第七分别識，訶惡生死，欣羨涅槃。别而分之，是二乘識，於佛即是方便智。波浪是凡夫第六識，無俟復言。」

三、觀心三佛性者，一、正因佛性，佛名爲覺，性名不覺，即是非常非無常，如土内金藏，天魔外道所不能壞；二、了因佛性，覺智非常非無常，智與理相應，如人善知金藏，此智不可破壞；三、緣因佛性，一切非常非無常，功德善根資助覺知，開顯正性，如耘除草穢，掘出金藏〔一〕。

觀心即中是正因佛性，即空是了因佛性，即假是緣因佛性。復次，佛是覺智也，性者理極也，能以覺智照其理極，智境相稱，合而言之，名爲佛性。今觀五陰心，稱五陰實相，名正因佛性；觀假名實相，名了因佛性；觀諸心數，稱心數實相，名緣因佛性。故經云：佛性者，不即六法，不離六法〔二〕。此之謂也〔三〕。

校注

〔一〕「觀心三佛性者」至此，詳見智顗説、灌頂録金光明經玄義卷上。

〔二〕大般涅槃經卷三二：「如彼盲人各各説象，雖不得實，非不説象。説佛性者，亦復如是，非即六法，不離六法。」寶亮等集大般涅槃經集解卷六二：「寶亮曰：盲人觸象，若一一而望，不得象體，然復不得離此而有象也。外道凡夫，捉五陰及離陰，一一計非佛性，然始終不離此六法也。」

〔三〕「觀心即中是正因佛性」至此，詳見智顗説、灌頂録金光明經玄義卷下。

四、觀心三般若者，一、實相般若，非寂非照，即一切種智；二、觀照般若，非照而照，即一切智；三、方便般若，非寂而寂，即道種智[一]。

觀一念心，即空、即假、即中，即是三般若。何者？一念心一切心，一切心一心，非一非一切。一念心一切心者，從心生心，雜雜沓沓，長風駛流，不得爲喻，日夜常生無量百千萬億衆生，六道輪迴，十二鉤鎖[二]，從闇入闇，闇無邊際，皆心之過也，故言「一念心一切心」，是則凡夫所迷没處。一切心一心者，若能知過生猒，皆自持出，如世小火，燒大積薪，置一小珠，澄清巨海。能觀心空，從心所生一切心無不即空，故言「一切心一心」。如此一心，乃是二乘所迷没處，非究竟道，雙亡二邊故，煩惱非一非一切。大經云：「依智勿依識。」[三]識但求樂，凡夫識求妄樂，二乘識求涅槃樂，是故雙亡，不可依止。智則求理。如是觀者，即是一心三智：即空，是觀照般若，一切智；即假，是方便般若，道種智；即中，是實相般若，一切種智。是三智一心中得，即空、即假、即中，無前、無後，不並、不别，甚深微妙，最可依止，是爲觀心三般若[四]。

校注

〔一〕「觀心三般若者」至此，詳見智顗説、灌頂録金光明經玄義卷上。

〔二〕十二鉤鎖：喻指十二因緣。寶臣注大乘入楞伽經卷七：「凡夫不能了諸妄緣，是故長劫爲之鉤鎖，連環不斷，故目因緣名鉤鎖也。」慧琳一切經音義卷一一：「鉤鎖，苟侯反，考聲：求也，取也。説文：曲也。廣雅：引也。下桑果反，考聲：連環也。經作『鎖』，俗字也。」

〔三〕見大般涅槃經卷六。按，「勿」，大般涅槃經、金光明經玄義作「不」。據大正藏校勘記，金光明經玄義有本作「勿」。又，大般涅槃經卷六：「『依智不依識』者，所言智者即是如來。若有聲聞不能善知如來功德，如是之識不應依止。若知如來即是法身，如是真智所應依止。若見如來方便之身，言是陰界諸入所攝，食所長養，亦不應依，是故知識不可依止。」

〔四〕「觀一念心」至此，詳見智顗説、灌頂録金光明經玄義卷下。

五、觀心三菩提者，一、真性菩提，以理爲道；二、實智菩提，以智慧爲道；三、方便菩提，以善巧逗會爲道〔一〕。

今觀一念之心，即空、即假、即中，是三菩提心。何者？一心一切心，交横嫽亂，如絲如砂，如蠶如蛾，爲苦爲惱。若知即空真諦菩提心，度妄亂心數之衆生，通四住之壅；若即假發菩提心者，空雖免妄亂，經言「空亂意衆生」〔二〕而智眼甚盲闇，復是三無爲坑，是大乘怨鳥〔三〕，未具佛法，不應滅受而取證。若知〔四〕即假俗諦菩提心，度沉空心數之衆生，通塵沙之壅，分别可否，分别時宜，分别藥病，分别逗會，不住無爲，故言「即假發菩提心」。空是浮心對治，假是沉心對治，由病故有藥，藥存復成病，病去藥止，宜應兩捨，非空非假，雙亡二邊，即發中道第一義諦菩提心，度二邊心數之衆生，通無明壅，以不住法住於中道，故言即中。説時如三次第觀則不然，一心中具三菩提心也〔五〕。

校注

〔一〕「觀心三菩提者」至此，詳見智顗説、灌頂録金光明經玄義卷上。

〔二〕見勝鬘師子吼一乘大方便方廣經自性清浄章。

〔三〕知禮述金光明經玄義拾遺記卷五：「小乘證空，得三無爲，謂擇滅無爲、非擇滅無爲、虚空無爲。此處滅心，菩提善根不得生長，故斥爲『坑』。『是大乘怨鳥』者，大論三十云：譬如空澤有樹名奢摩黎，枝觚廣大，衆鳥集宿。一鴿後至，住一枝上，枝觚即時爲之而折。澤神問言：鵰鷲皆能任持，何至小鳥便不自勝？樹神答云：此鳥從我怨家樹來，食彼樹子，來棲我上，或當放糞，子墮地者，惡樹復生，爲害必大。是故懷憂，寧捨一枝，所全者大。菩薩摩訶薩亦復如是，於諸外道、天魔等無如是畏而畏二乘。二乘於菩薩邊，亦如彼鳥，壞彼大乘心，永滅佛乘心。今取此義，明破空出假成菩提觀。」按，「大論三十云」者，今見大智度論卷二七。

〔四〕「知」，金光明經玄義作「真」。知禮述金光明經玄義拾遺記卷五：「『若真』下，正明假觀菩提心相。真即假故，依空建立也。此菩提心，度義、通義，並就塵沙即假而説。」

〔五〕「今觀一念之心」至此，詳見智顗説、灌頂録金光明經玄義卷下。

六、觀心三大乘者，一、理乘，理性虚通，任運荷諸法故；二、隨乘，智隨於境，如蓋隨函；三、得乘，若得果故自解脱，若得機故令他解脱〔一〕。

觀一念之心，即空、即假、即中，是〔二〕三大乘。何者？雖觀一念心，而實有四運，此心迴轉不已，所謂未念、欲念、正念、念已。從未念運至欲念，從欲念運至正念，從正念運至念已，復更起運，運運無窮，不知休息，如閉目在舟，不覺其疾。觀一運心即空、即假、即中，一一運心亦復如是，從心至心，無不即空、即假、即中。是則從三諦運至三諦，無不三諦時。若隨四運運入生死，若隨四運運入涅槃，即空之觀，乘於隨乘，運到真諦；即假之觀，乘於得乘，運到俗諦；即中之觀，乘於理乘，運到中諦。三乘即一乘，是乘微妙第一〔三〕，觀音〔四〕、普賢大人所乘故〔五〕。

校注

〔一〕「觀心三大乘者」至此，詳見智顗説、灌頂録金光明經玄義卷上。

〔二〕「是」，原無，據清藏本及金光明經玄義補。

〔三〕「第一」，金光明經玄義作「清浄第一」。

〔四〕「音」，原作「智」，據金光明經玄義改。

〔五〕按，金光明經玄義後有云：「故名大乘。」又，「觀一念之心」至此，詳見智顗説、灌頂録金光明經玄義卷下。

七、觀心三身者，所謂理法聚名法身，智法聚名報身，功德法聚名應身〔一〕。

諦觀一念心，即空、即假、即中，即是三身。何者？華嚴經頌云：「心如工畫師，造種種五陰。」〔二〕若心緣破戒事，即地獄身；緣無慚憍慢，即畜生身；緣諂曲慳貪，即餓鬼身；緣嫉妬諍競，即脩羅身；緣五戒防五惡，即人身；緣十善防十惡，即天身；緣無常、苦、空、無相、願，即〔三〕聲聞身；緣十二因緣法，即緣覺身；緣慈悲六度，即菩薩身；緣真如實相，即佛身。登難墜易，多緣諸惡身。故知諸身皆由心造，譬如大地一，能生種種牙〔四〕。若觀五受陰，洞達空無所有〔五〕，從心所生一切諸身，皆空無所有，如翻大地，草木傾盡，故言即空。若即空者，永沉灰寂，尚不能於一空心能起一身，云何能得遊戲五道，以現其身？不能應以佛身得度者，爲現佛身，應以三乘、四衆、天龍八部種種身得度者，皆悉示現，同其事業，爲此失故，故言即假，即假同六道身。如是觀身，墮在二邊，非善觀身。善觀身者，大經云：「不得身，不得身相，乃至〔六〕畢竟清淨。」〔七〕爲此義故云即中。言即中者，即是法身；即空者，即是報身；即假者，即是應身〔八〕。

校注

〔一〕「觀心三身者」至此，詳見智顗説、灌頂録金光明經玄義卷上。

〔二〕見佛陀跋陀羅譯大方廣佛華嚴經卷一〇。

〔三〕「即」，原無，據清藏本補。

〔四〕「牙」，嘉興藏本及金光明經玄義作「芽」。按，「牙」，通「芽」。

〔五〕維摩詰所説經卷上弟子品：「五受陰，洞達空無所起，是苦義。」注維摩詰經卷三：「肇曰：有漏五陰，愛染生死，名受陰也。小乘以受陰起則衆苦生爲苦義。大乘通達受陰，内外常空，本自無起，誰生苦者？此真苦義也。」知禮述金光明經玄義拾遺記卷五：「受陰，心也。五者，五處生受，謂受有、受無、受亦有亦無、受非有非無及受不受，亦名五取陰。觀此一陰空無所有，則令十界皆不可得。翻地喻心空，草木傾盡，一切身空。」

〔六〕乃至：表示引文中間有删略。

〔七〕智顗説、灌頂録金光明經玄義卷下：「大經云：不得身八尺之形也，不得身相五胞形也，不得身因飲食將養也，不得身果酬五戒也，不得身聚陰入界也，不得身一假實成身，不得身二四大成身也，不得身此已一身也，不得身彼彼遺體也，不得身識念念無常也，不得身等身中空也，六道皆等有身也，不得身修依身能修法也，不得修者即行人也，亦不得身如身相如乃至身修如修者如，亦不得身性身相性乃至身修性修者性，畢竟清浄。」曇無讖譯大般涅槃經卷三七：「不修身者，不能觀身，不能觀色及觀色相，不觀身相，不知身數，不知是身從此到彼，於非身中而生身相，於非色中而作色相，是故貪著我身身數，名不修身。」「第一義中，若見身、身相、身因、身果、身聚、身一、身二、此身、彼身、身滅、身等、身修、修者，若有如是見者，名不修身。」

〔八〕「諦觀一念心」至此，詳見智顗説、灌頂録金光明經玄義卷下。

八、觀心三涅槃者，一、性浄，二、圓浄，三、方便浄。不生不滅名涅槃，諸法實相不可染、不可浄。不染即不生，不浄即不滅，不生不滅，名性浄涅槃；修因契理，惑畢竟不生，智畢竟不滅，不生不滅，名圓浄涅槃；寂而常照，機感即生，此生非生，緣謝即滅，此滅非滅，不生不滅，名方便浄涅槃〔一〕。

諦觀心性，本來寂滅，不染、不浄，染故名生，浄故名滅，生滅不能毁故常，不能染故浄，不能礙故我，不能受故樂，是爲性浄涅槃；若妄念心起，悉以正觀觀之，令此正觀與法性相應，妄念不能毁、不能染、不能礙、不能受者，名圓浄涅槃；以無緣慈無生示生，以同體悲無滅現滅，一切生滅境界外道天魔不能毁、不能染、不能礙、不能受者，方便浄涅槃〔二〕。

校注

〔一〕「觀心三涅槃者」至此，詳見智顗説、灌頂録金光明經玄義卷上。

〔二〕「諦觀心性」至此，詳見智顗説、灌頂録金光明經玄義卷下。

九、觀心明三寶者，佛、法、僧是爲三，可尊可重爲寶。至理可尊，名法寶；覺理之智可尊，名佛寶；毗盧遮那偏一切處，即事而理，此和可尊，名僧寶〔一〕。

諦觀一念之心，即空、即假、即中，是三寶。三諦之理不覺故，是法寶；三諦之智能覺故，是佛寶，三諦三智相應和故，是僧寶。無諦智不發，無智諦不顯。諦〔二〕智不和，不能大用利益衆生。三〔三〕種皆可尊可重，是故俱稱爲寶〔四〕。

校注

〔一〕「觀心明三寶者」至此，詳見智顗説、灌頂録金光明經玄義卷上。

〔二〕「諦」，原無，據金光明經玄義補。

〔三〕「三」，原作「二」，據金光明經玄義改。

〔四〕「諦觀一念之心」至此，詳見智顗説、灌頂録金光明經玄義卷下。

十、觀心明三德者，云何三？云何德？法身、般若、解脱是爲三，常、樂、我、浄是爲德。一法身者，法名可軌，諸佛軌之而得成佛。故經云：「諸佛所師所謂法。」〔一〕身者，聚也。一法具一切法，無有缺減，故名爲身。經云：「我身即是一切衆生真善知識。」〔二〕般若者，覺了諸法集散，非集非散，即是覺了三諦之法。解脱者，於諸法無染無住。此三法，皆具常、樂、我、浄之四德〔三〕。

校注

〔一〕見大般涅槃經卷四。

〔二〕見大般涅槃經卷二六，南本見卷二四。

〔三〕「觀心明三德者」至此，詳見智顗説、灌頂録金光明經玄義卷上。

諦觀一念之心，即空、即假、即中。即空故，一空一切空，無假無中而不空，空無積聚而名藏，藏具足故，名之爲德；即假故，一假一切假，無空無中而不假，假攝諸法，亦名爲藏，藏具足故，名之爲德；即中故，一中一切中，無空無假而不中，中攝一切，亦名爲藏，藏具足故，稱之爲德。不可思議，不縱不横，不並不別。諸佛即中爲體，故名法身；以即空爲命，故名般若；以即假爲力，故名解脱。一一皆常、樂、我、浄，無有缺減，故稱三德。一一皆法界，多所含藏，故稱秘藏。故浄名云：「諸佛解脱，當於衆生心行中求。」〔一〕當知我心亦然，衆生亦然，彼我既然，諸佛亦然。「心、佛及衆生，是三無差別。」〔二〕

校注

〔一〕見維摩詰所説經卷中文殊師利問疾品。

〔二〕出佛陀跋陀羅譯大方廣佛華嚴經卷一〇。又，「諦觀一念之心」至此，詳見智顗説、灌頂録金光明經玄義卷下。

上十種三數，亦一非一、非一非非一。不思議三法也，始終只是一種三法，在凡爲三道，若入聖成三德。其餘約理、智、行、解等成諸三法，以爲眷屬：究竟不動衆生因地三道，成滿諸佛果地三德，本、末相在，因、果同時，以本有妙理，故名三性；妙理不虚，故名三諦；迷此妙理，故名三障。既有三世輪轉攀緣不息，故名十二因緣具足三苦。若欲反本還原，了達今日三障，即是本來三性，故名三觀。妙理顯現，故名三德。

又，軌則行人，呼爲三法。所照爲三諦，所發爲三觀，觀成爲三智，教他呼爲三語〔一〕，歸宗呼爲三趣〔二〕，得斯意類，一切皆成法門〔三〕。

校注

〔一〕三語：又稱佛三語、三意語，即隨自意語（佛隨自意所説自所證之真實明了法）、隨他意語（佛隨順衆生根機所説方便法）、隨自他意語（佛爲衆生半隨自證、半隨他機而説之法）。大般涅槃經卷三五：「如我所説十二部經，或隨自意説，或隨他意説，或隨自他意説。」

〔二〕三趣：謂頓、漸和不定。湛然述止觀輔行傳弘決卷五之四：「況復空、假、中三，不異頓、漸、不定之三，故前不思議未會異名中，所發爲三觀，觀成爲三智，教他爲三語，歸宗爲三趣，三趣即是頓等三也。」智顗説妙法蓮華經玄義卷一〇上：「南北地通用三種教相：一、頓，二、漸，三、不定。華嚴爲化菩薩，如日照高山，名爲頓教。三藏爲化小乘，先教半字，故名有相教，十二年後爲大乘人説五時般若乃至常住，名無相教，此等俱爲漸教也。別有一經，非頓漸攝，而明佛性常住，勝鬘、光明等是也，此名偏方不定教。

此之三意，通途共用也。」

〔三〕「軌則行人」至此，出智顗說、灌頂記摩訶止觀卷五上。

今又以三軌類通因中三道：一、苦道，二、煩惱道，三、業道。苦道即真性軌。經云：「世間相常住。」〔一〕豈不即彼生死而是法身耶？煩惱道即觀照軌，觀照本照惑，無惑則無照，一切法空是也。資成軌即業道，惡是善資，無惡亦無善〔二〕。書云：「善者是不善人之師，不善者是善人之資。」〔三〕經云：我等念佛故，皆當忍是事〔四〕。惡不來加，不得用念。所以云：善知識者，提婆達多是〔五〕。

校注

〔一〕見妙法蓮華經卷一方便品。

〔二〕「苦道即真性軌」至此，詳見智顗說妙法蓮華經玄義卷五下。

〔三〕見老子第二十七章。

〔四〕妙法蓮華經卷四勸持品：「念佛告敕故，皆當忍是事。」

〔五〕大寶積經卷二八：「提婆達多是善知識。」

又云：苦即法身，非顯現故名法身；貪、恚、癡即般若，非能明故名般若。無所可照，性自明了，業行繫縛，皆名解脱，非斷縛而脱，亦無體可繫，亦無能繫，故稱解脱〔一〕。

校　注

〔一〕「又云」至此，詳見智顗説妙法蓮華經文句卷一下。

又，先德云〔一〕：應説佛地障累盡，故稱解脱；體色實性，即如來身；種智圓明，爲大般若。三事即我，何處縱横？我即三事，若爲成别？如是安住，乃大涅槃。良爲一切諸佛即一色心，心爲能變，色爲所變，所變即相見，能變即自證。體既無别，誰復縱横？直由不了心緣，生二妄想，相縛麁重，遂成羈礙，迷執色相爲我所身，我所身生，實由癡闇，癡闇覆故，見死見生，生死相漂，心亦流轉，流轉之苦，素在身心。若能了心及境，則妄想不生，相縛既除，麁重亦遣，永絶羈礙，遂成解脱；通達色相，皆藏性現，無復我所，即如來身；照阿陁那甚深細處，癡闇不覆，爲摩訶般若。悟斯本性，由來不生，體用無窮，終亦不滅。

校　注

〔一〕按，此説未見他處，「先德」者，不詳。

又，三德者，有道前性得，道中分得，道後究竟得〔二〕。若性得者，如維摩經云：「衆生如、彌勒如，一如無二如。」〔二〕此性得法身。「一切衆生即菩提相，不可復得。」此性得般若。「一切衆生即涅槃相，不可復滅。」〔三〕此性得解脱〔四〕。此約道前圓性得。道中圓分得，即從十住位至等覺五十一〔五〕位，圓修智斷等。道後圓究竟得，即果上義，既了性得，須具歷後二德，以五忍、六即簡其訛濫，直至圓滿妙覺究竟之位。

校注

〔一〕智顗説金光明經玄義卷上：「華嚴云：初發心時，便成正覺，所有慧身，不由他悟，清淨妙法身，湛然應一切。妙法身，是法身德；慧身，是般若德；應一切即應身，是解脱德。此之三身，地地轉增，如月漸滿。豈非道始因中之位，那得因中祇有般若耶？道後具三德，如上説，此事可知，當知道前圓性德，道中圓分德，道後圓究竟德。」其中三「德」字，據大正藏校勘記，正保四年刊宗教大學藏金光明經玄義作「得」。法藏述華嚴經探玄記卷一四：「智慧如雲者，譬如如智有三：一、道前性得，二、道内修得，三、道後至得。」佛光大辭典「性德」注云：「一般稱性得，或自性得。於天台宗特用『德』字。衆生於本性所具足之先天能力，稱性德；而依修行所得之後天能力，稱修德，或修得、人功得。」分得，隨力隨分所得，即修得。又，從義撰金光明經玄義順正記卷上：「道後即是妙覺，究竟果證之後；道中即是初住已上，乃至等覺；道前即是無始，性德本有。法華文句又分二義，若方便品，乃以十地而爲道前，妙覺究竟而爲道中，究竟證後而爲道後。若藥草品，乃以博地凡夫無戒善者名爲道前，以五乘爲道中。是則道前、道後之名，有通有别。道後定在果後，道前通至凡夫故也。」「法華文句」云者，詳見法華文句記卷七下。

〔二〕按，此非維摩經原文，後同。參後注。

〔三〕維摩詰所説經卷上菩薩品：「夫如者，不二不異，若彌勒得阿耨多羅三藐三菩提者，一切衆生皆亦應得。所以者何？一切衆生即菩提相。若彌勒得滅度者，一切衆生亦應滅度。所以者何？諸佛知一切衆生畢竟寂滅，即涅槃相，不復更滅。」

〔四〕「如維摩經云」至此，見智顗説金光明經玄義卷上。

〔五〕「五十一」，嘉興藏、清藏本作「四十二」。按，大乘菩薩階位，諸經論所説不一，如唯識論明十住、十行、十迴向、十地、妙覺等四十一位，大智度論加入等覺明四十二位，仁王般若經明十信、十住、十行、十迴向、十地、妙覺等五十一位，菩薩瓔珞經等則加入等覺明五十二位。

如入此録中，智眼明浄，圓修圓解，雙照雙遮〔一〕，二鳥俱遊〔二〕，不墮偏見，一義不動，分別了然。如懸鏡高堂，無心虚照，萬像斯鑑，不簡妍媸〔三〕。以絶常、無常之静心，照常、無常之圓理，遮照無滯，破立同時，即非常非無常，而常而無常，常與無常，唯論真性，一一之性，性攝無邊。

校　注

〔一〕澄觀撰大方廣佛華嚴經疏卷三：「即照而遮，即遮而照，雙照雙遮，圓明一觀。」

〔二〕大般涅槃經卷八：「爾時，佛告迦葉菩薩：善男子，鳥有二種：一名迦隣提，二名鴛鴦，遊止共俱，不相捨離。是苦、無常、無我等法，亦復如是，不得相離。」

〔三〕澄觀撰大方廣佛華嚴經疏卷一八：「二理不偏，照與之符，猶懸鏡高堂，萬像斯鑑。」

净名經云：「畢竟不生不滅，是無常義。」〔一〕遠大師云：實相理窮，名爲畢竟。體寂無爲，名不生滅。此不生滅，是彼無常真實性故，名無常義〔二〕。肇法師云：畢竟者，決定之詞也。小乘觀法，以生滅爲無常義。大乘之士，以不生滅爲無常義。無常名同而幽致殊絶，其道虚微，故非常情之所能測，妙得其旨，其唯净名乎〔三〕？遣常故言無常，非謂有無常，無常與常俱無，故云「畢竟不生不滅，是無常義」〔四〕。

校注

〔一〕見維摩詰所説經卷上弟子品。

〔二〕隋慧遠維摩義記卷二：「離相窮極，名爲畢竟。理寂無爲，名不生滅。此不生滅，是其無常之實性故，名無常義。」澄觀述大方廣佛華嚴經隨疏演義鈔卷三八：「遠公釋净名經，多用中邊論意，意取圓成實性，釋不生滅是無常義，故云：實相理窮，名爲畢竟。體寂無爲，名不生不滅。此不生不滅，是彼無常真實性故，名無常義。」

〔三〕注維摩詰經卷三：「肇曰：此辯如來略説之本意也。小乘觀法，生滅爲無常義。大乘以不生不滅爲無常義。無常名同而幽致超絶，其道虚微，固非常情之所測，妙得其旨者，浄名其人也。」肇即僧肇。

〔四〕「肇法師云」至此，見澄觀述大方廣佛華嚴經隨疏演義鈔卷三八。

又，非常者，性徹相故；非無常者，相徹性故〔一〕。如庵提遮女經云〔二〕：生滅與不生滅，交絡而釋。經中答文殊師利言：「若知諸法畢竟生滅，變易無定如幻相，而能隨其所宜有所説者，是爲常義。以諸法生不自得生，滅不自得滅故。云何無常？謂若知諸法畢竟不生不滅，隨如是相，而能隨其所宜而有所説，是無常義。以諸法自在變易無定相〔三〕，不自得隨，如是知者，説〔四〕爲常義也。」〔五〕

釋曰：此意正顯性、相交徹，一義相成：生滅相盡，無常即常故，不生不滅是無常義；隨緣變易，常即無常，則生滅是常義也。又，性即相故，不生不滅是無常義；相即性故，生滅是常義。互奪則雙非，互成則雙立，雙樹中間入涅槃者，即斯意矣〔六〕。

校　注

〔一〕「非常者」至此，見澄觀述大方廣佛華嚴經隨疏演義鈔卷三八。

〔二〕「如庵提遮女經云」，大方廣佛華嚴經隨疏演義鈔作「初引菴提遮經則」。

〔三〕「相」，原作「明」，據佛説長者女菴提遮師子吼了義經改。按，大方廣佛華嚴經隨疏演義鈔已作「明」。

〔四〕「者説」，原作「説者」，據佛説長者女菴提遮師子吼了義經及大方廣佛華嚴經隨疏演義鈔改。

〔五〕見佛説長者女菴提遮師子吼了義經。

〔六〕「如菴提遮女經云」至此，見澄觀述大方廣佛華嚴經隨疏演義鈔卷三八。

常、無常既爾，我、樂、浄等乃至一切諸法皆然，即處處而入大涅槃，非獨雙林之下。若不了此旨，悉墮邊邪，即塵塵而盡成生死，豈止閻浮之中！若入宗鏡，即一切法趣無常，無常攝法無遺，義理無盡，方真無常，惣收諸義，以爲一致〔一〕。

校注

〔一〕澄觀述大方廣佛華嚴經隨疏演義鈔卷三八：「若華嚴宗，一切法趣無常，無常攝法無遺，義理無盡，方真無常，總收諸義，以爲一致，皆是此宗。一義所收無常既爾，餘句例然。」

問：涅槃三德，真如一心，果上因中，收盡無邊義理，豈唯十種三法！乃至無盡法門，息化凝神，究竟指歸何法？

答：惣、别指歸，還即指歸三德秘藏。如止觀：指歸者，「大涅槃經云：安置諸子秘密藏中，我亦不久自住其中〔二〕，是名惣相指歸〔三〕。别相者，身有三種：一、色身，二、法門身，三、實相身。若息化〔三〕論歸者，色身歸解脱，法門身歸般若，實相身歸法身〔四〕。

「復次，三法非三非一，不可思議。所以者何？若謂法身直〔五〕法身者，非法身也。當知法身亦身非身、非身非非身，住首楞嚴〔六〕，種種示現，作衆色像，故名爲身。所作辦已，歸於解脱。智慧照了諸色非色，故名非身。所作辦已，歸於般若。實相之身，非色像身、非法門身，是故非身非非身。所作辦已，歸於法身。達此三身無一異相，是名爲『歸』；説此三身無一異相，是名爲『指』。俱入秘藏，故言『指歸』。

「當知般若亦知非知、非知非不知，道種智般若徧知於俗，故名爲知。所作辦已，歸於解脱。一切智般若徧知於真，故名爲非知。所作辦已，歸於般若。若一切種智般若徧知於中，故名非知非不知。所作辦已，歸於法身。達三般若無一異相，是名爲『歸』；説三般若無一異相，名爲『指』。俱入秘藏，名『指歸』。

「當知解脱亦脱非脱、非脱非非脱，方便浄解脱調伏衆生，不爲所染，名脱。所作已辦，歸於解脱。圓浄解脱不見衆生及解脱相，故名非脱。所作辦已，歸於般若。性浄解脱則非脱非非脱，所作辦已，歸於法身。若達若説，如此三脱，非一異相，俱入秘密藏，故名爲『指歸』」〔七〕。

「當知種種相、種種説、種種神力，一一皆入秘密藏中。何等是指歸？指歸何處？誰是指歸？言語道斷，心行處滅，永寂如空，是名『指歸』。」故知能化、所化無盡法門，未有一法不指歸宗鏡。所以普智禪師〔八〕云：佛道皆因何法成？悟心無體蕩無明。莫怕落空沉斷見，萬法皆從此處生。

校注

〔一〕大般涅槃經卷二：「我今當令一切衆生及我諸子四部之衆，悉皆安住祕密藏中。我亦復當安住是中，入於涅槃。何等名爲祕密之藏？猶如伊字，三點若並則不成伊，縱亦不成；如摩醯首羅面上三目乃得成伊，三點若别亦不得成。我亦如是，解脱之法亦非涅槃、如來之身亦非涅槃、摩訶般若亦非涅槃，三法各異亦非涅槃。我今安住如是三法，爲衆生故名入涅槃，如世伊字。」

〔二〕湛然述止觀輔行傳弘決卷二之五：「言『總相』者，但總云『三德』，未於三德更各開三。」

〔三〕息化：謂佛陀息止教化而入於涅槃。

〔四〕按，此後摩訶止觀卷二下有：「般若説有三種，一説道種智，二説一切智，三説一切種智。若息化論歸，道種智歸解脱，一切智歸般若，一切種智歸法身。解脱有三種，一解無知縛，二解取相縛，三解無明縛。若息化歸真，解無知縛歸解脱，解取相縛歸般若，解無明縛歸法身。以是義故，别相旨歸亦歸三德祕密藏中。」

〔五〕「直」，原作「真」，據摩訶止觀改。

〔六〕「住首楞嚴」，原作「住首楞嚴經云」，據摩訶止觀删。「首楞嚴」，梵語三昧名，意譯「健相」「健行」「一切事究竟堅固」等，爲佛所得三昧。大般涅槃經卷二七：「『首楞』者，名『一切畢竟』；『嚴』者，名『堅』。一切畢竟而得堅固，名『首楞嚴』。以是故，言首楞嚴定名爲佛性。」首楞嚴三昧經卷上：「菩薩得首楞嚴三昧，能以三千大千世界入芥子中，令諸山河、日月、星宿現皆如故，而不迫迮示諸衆生。堅意，首楞嚴三昧不可思議勢力如是。」龍樹造、鳩摩羅什譯大智度論卷四七：「首楞嚴三昧者，秦言『健相』，分别知諸三昧行相多少深淺，如大將知諸兵力多少。復次，菩薩得是三昧，諸煩惱魔及魔人無能壞者，譬如轉輪聖王，主兵寶將所往至處，無不降伏。」子璿集首楞嚴義疏注經卷一：「『首楞嚴』者，梵語也。涅槃云：『首楞』者，名『一切事竟』。『嚴』者，名『堅』。即一切事究竟堅固也。得此三昧，觀法如幻，於法自在，能破最後微細無明，能獲二種殊勝之力，現身説法，無礙自在。」

〔七〕見智顗説、灌頂記摩訶止觀卷二下。下一處引文同。

〔八〕普智禪師：即天台山雲居智禪師。據景德傳燈録卷四、傳法正宗記卷九，爲天台山佛窟巖惟則（遺則）法嗣。又，惠運律師書目録中，著録雲居集一部，子注曰：「普智集。」

音　義

檝，即葉反，舟檝也。　碎，蘇對反，細破也。　警，居影反，寤也。　抉，於決反，抉出也。　鎞，邊奚反。鎞，釵也。　沃，烏酷反。　憲，許建反，法也。　耘，王分反，耨耘也。　沓，徒合反，重也。　駛，踈吏反，速也。　積，子智反，草名。

嫽，落蕭反，相嫽戲。又力弔反。嫽，戾性自是。　　訛，五戈反，謬也。　　鑑，古銜反。　　絡，盧各反，絲也。　　㲉，音弋。

戊申歲分司大藏都監開板

宗鏡録卷第九十一

慧日永明寺主智覺禪師延壽集

夫凡聖之道，同一法身，彼此俱亡，物我咸絶，則心内無得，身外無餘，如何起應、化之身，攝機宜之衆？

答：只爲衆生不了自他唯心，横生彼此。若自達真空，則諸佛終不出世，菩薩亦無功夫。

古德問云〔一〕：若言自、他俱是自心現，離心無實我、人者，諸佛亦見有衆生，豈可有妄心未盡耶？

答：諸佛見有衆生，俱是緣生幻有，不知謂實有我，所以造業受報，枉有輪迴。此由無實我，感諸佛慈悲。若實有我，非是妄有者，諸佛何故妄救衆生？以我實有不可救故。今爲救者，定知無我，妄計有也。故知衆生不離佛界，迷不覺知。

校注

〔一〕按，此説未見他處，「古德」者，不詳。

華嚴經頌云：「佛身非是〔一〕化，亦復非非化，於無化法中，示有變化形。」〔二〕古釋云：此則依真起化。真、化各有二義，初真中二者，一、不變義，雖化而常湛然，則「佛身非是化」也；二、隨緣義，謂不守自性，無不現時，則「亦復非非化」也。化中二者，一、無體即空義，謂攬緣無性故，則「於無化法中」也；二、從緣幻有義，則「示有變化形」也。以隨緣幻有，不異不變體空，是故現化紛然，未嘗不寂；真性湛然，未曾不化〔三〕。若不達此理，自尚未度，焉能化他？

校注

〔一〕「是」，華嚴經作「變」。

〔二〕見實叉難陀譯大方廣佛華嚴經卷二三。

〔三〕法藏述華嚴經探玄記卷七兜率天宮菩薩雲集讚佛品：「此明依真起化，作二門釋：一、開義，二、融合。初中真、應各有二義：真中，一、不變義，謂雖現化而常湛然，初句顯之；二、隨緣義，謂不守自性，無不現應，故云『亦非非化』。二、化中，一、無體即空義，謂攬緣無性，故云『諸法無化』；二、從緣幻有義，故云『示現有化』。二、融合亦二義：一、別合，二、通融。初中、由真中隨緣則不變故，是故亦真亦不真，非真不非真，名爲真法身；化中體空則幻有故，是故亦化亦不化，非化非不化，名爲佛化身。二、通融，謂由真不變，顯化體空。此是真不無，化不有，以爲法身，不無化用，以有化中空義故。又，由真隨緣，顯化幻有。此是化不無，真不有，以爲化身，不無真理，以有真中隨緣義故。又，由隨緣幻有，不異不變體空故。是故現化紛然，未嘗不寂；真性湛然，無曾不化。真化鎔融爲一無礙清浄法界，思之可見。」

又，以無緣慈，如石吸鐵，豈分能、所之化？以同體悲，猶若虛空，誰見自、他之身？故先德云：「窮源莫二，執迹多端。」〔一〕謂若據本以討源，則千途無異轍。若三江之浩渺，並源出於岷山也，乃窮源莫二。若執迹多端，則據末以適本，不知多端是應迹耳〔二〕。故光明覺品頌云：「一身爲無量，無量復爲一，了知諸世間，現形徧一切。此身無所從，亦無所積聚，衆生分別故，見佛種種身。」〔三〕即其義也。但是一法身，義分二、三、四、五乃至十身。且如説五身者，叡公維摩疏釋云：「所謂法性生身，亦言功德法身、變化法身、實相法身、虛空法身，詳而辯之，一法身也。何者？言其生，則本之法性，故曰法性生身；推其因，則是功德所成，故言功德法身；就其應，則無感不形，則是變化法身；稱其大，則彌綸虛空，所謂虛空法身；語其妙，則無相無爲，故曰實相法身。」〔四〕

故知一體不動，名逐緣分矣。故云：「同時異處，決是多身，而是一身全現，故非多矣。」

其猶一月，一刹那中百川齊現，皆即一即多。又，普現故非一，一月故非多。如智幢菩薩偈云『譬如浄滿月，普現一切水，影像雖無量，本月未曾二』〔五〕是也。」〔六〕

校注

〔一〕見澄觀撰大方廣佛華嚴經疏卷一。

〔二〕澄觀述大方廣佛華嚴經隨疏演義鈔卷四：「窮源莫二，謂若據本以適末，則一源有萬派；若尋流以討源，則千途無異轍。若三江之浩淼，並源出於岷山也。執迹多端者，即據本適末（校注者按，「據本適末」，當爲「據末適本」之誤），不知多端是應迹耳。」

〔三〕見實叉難陀譯大方廣佛華嚴經卷一三。

〔四〕「叡公維摩疏釋云」至此，見澄觀述大方廣佛華嚴經隨疏演義鈔卷四。叡公者，釋僧叡。高僧傳卷六釋僧叡傳：「釋僧叡，魏郡長樂人也。（中略）著大、小品、法華、維摩、思益、自在王、禪經等序，皆傳於世。」吉藏浄名玄論卷七次辨四會同明因果法：「生、肇、融、叡，並注浄名。」道液撰浄名經關中釋抄卷上：「叡法師者，高僧傳云：法師魏郡長樂人。（中略）疏記此經及製序。」出三藏記集卷八收録有僧叡毗摩羅詰堤經義疏序，傳中云其所「製序」者，即此。「叡公維摩疏」者，當即毗摩羅詰堤經義疏，已佚。

〔五〕見實叉難陀譯大方廣佛華嚴經卷二三。

〔六〕見澄觀述大方廣佛華嚴經隨疏演義鈔卷四。

又，經頌云：「如來清浄妙法身，一切三界無倫疋。以出世間言語道，其性非有非無故。雖無所依無不往，雖無不至而不去。如空中劃夢所見，當於佛體如是觀。」〔一〕由非真非應、非一非多故，不可作真應、一多等思也。故光明覺品頌云：「佛身〔二〕無生超戲論，非是蘊處〔三〕差別法。」〔四〕故難思也〔五〕。

又云：皆是自、他相作之身，能、所共成之化。自、他相作者，如華嚴經云：此菩薩能隨衆生心之所樂，能以自身作國土身、衆生身、業報身、聲聞身、緣覺身、菩薩身、如來身、法身、智身、虛空身。此即自作他也。又，隨衆生心之所樂，能以衆生身作自身〔六〕。即他作自也〔七〕。

能、所共成者，若無所化之機，則無能化之跡。又，若無所應之身，亦無能感之事。自、他，能、所，非一非異，緣起相由，成茲密旨。然緣起相由者，皆是自心爲緣，終無心外法，能與心爲緣〔八〕。

校注

〔一〕見實叉難陀譯大方廣佛華嚴經卷八〇。

〔二〕「身」，原作「見」，據磧砂藏、嘉興藏本及華嚴經、演義鈔改。

〔三〕「處」，華嚴經、演義鈔作「聚」。

〔四〕見實叉難陀譯大方廣佛華嚴經卷一三。

〔五〕「又，經頌云」至此，見澄觀述大方廣佛華嚴經隨疏演義鈔卷四。

〔六〕實叉難陀譯大方廣佛華嚴經卷三八：「此菩薩遠離一切身想分別，住於平等。此菩薩知衆生身、國土身、業報身、聲聞身、獨覺身、菩薩身、如來身、智身、法身、虚空身。此菩薩知諸衆生心之所樂，能以衆生身作自身，亦作國土身、業報身，乃至虚空身。又知衆生心之所樂，能以國土身作自身，亦作衆生身、業報身，乃至虚空身。又知諸衆生心之所樂，能以業報身作自身，亦作衆生身、國土身，乃至虚空身。又知衆生心之所樂，能以自身作衆生身、國土身，乃至虚空身。隨諸衆生所樂不同，則於此身現如是形。」

〔七〕「如華嚴經云」至此，見澄觀述大方廣佛華嚴經隨疏演義鈔卷五二。

〔八〕法藏述華嚴經義海百門體用顯露門第五：「明自心現者，如見此塵時，是自心現也。今塵既由心現，即還與自心爲緣，終無心外法，而能爲心緣。以非外故，即以塵爲自心現也。離心之外，更無一法，縱見內外，但是自心所現，無別內外。」

所以古德云：「十方諸佛，皆我本師海印頓現。且法華分身，有多浄土，如來何不指己浄土而令別往弥陀妙喜？思之，故知賢首、弥陀等佛皆本師矣，復何怪哉？言賢首者，即壽量品中，過百萬阿僧祇刹，最後勝蓮華世界之如來也〔一〕。經中偈云：『或見蓮華勝妙刹，賢首如來住其中。』〔二〕若此不是歎本師者，說他如來在他國土爲何用耶？且如揔持教中，亦説三十七尊〔三〕皆遮那一佛所現，謂毗盧遮那如來内心證自受用，成於五智，從四智流出四如來：謂大圓鏡智流出東方阿閦如來，平等性智流出南方寶生如來，妙觀察智流出西方無量壽如來，成所作智流出北方不空成就如來。法界清淨智，即自當毗盧遮那如來。」〔四〕

又，「問：若依此義，豈不違於平等意趣？若言即我者，依於平等意趣而説，非即我身，如何皆説爲本師耶？答：平等之言，乃是一義。唯識尚説一切衆生中有屬多佛，多佛共化以爲一佛。若屬一佛，佛能示現以爲多身。十方如來，一一皆尔。今正一佛能爲多身，依此而讚本師耳」。

校注

〔一〕實叉難陀譯大方廣佛華嚴經卷四五壽量品：「如是次第，乃至過百萬阿僧祇世界，最後世界一劫，於勝蓮華世界賢勝佛刹爲一日一夜，普賢菩薩及諸同行大菩薩等充滿其中。」

〔二〕見實叉難陀譯大方廣佛華嚴經卷八〇。

〔三〕三十七尊：指安置在金剛界曼荼羅成身會中的三十七尊。詳見本書卷二四注。

〔四〕見澄觀述大方廣佛華嚴經隨疏演義鈔卷九〇。下一處引文同。亦見本書卷二四引。

如華嚴不思議解脱境界品頌云：「佛智通達淨無礙，刹那普了三世法，皆從心識因緣

現，生滅無常無自性。於一刹中成正覺，一切刹處悉亦然，一切入一一亦尔，隨衆生心而示現。」〔一〕

校注

〔一〕見般若譯大方廣佛華嚴經卷三九入不思議解脱境界普賢行願品。

大乘千鉢大教王經云：「如是一切諸佛教化方便法智，我皆集在一心中，同金剛菩提聖性三摩地故。」〔一〕

校注

〔一〕見大乘瑜伽金剛性海曼殊室利千臂千鉢大教王經卷八。

金光明最勝王經云：「譬如日月無有分別，亦如水鏡無有分別，光明亦無分別，三種和合，得有影生。如是法如如、如如智亦無分別，以願自在故，衆生有感，現應化身，如日月影，和合出現。」〔一〕

校注

〔一〕見金剛名最勝王經卷二分别三身品。

如來者，無去無來，故云「往應群機而不去，恒歸寂滅而不來」〔一〕。何者？「依體起用故是去，以即體之用故不去；應機現前合是來，以應不離體如月之影故不來。」〔二〕又，「往應合故是去，應無應相故不去。恒歸寂滅合是來，滅不可得故不來」。乃至一切法皆無來去。如經偈云：「一切法無來，是故無有生。」〔三〕然於無生法中，現起悲化。所以大丈夫論云：「菩薩思惟：一切衆生，能爲我作端嚴業，不使一衆生作不端嚴意。菩薩作是思惟：言利他者，求他人之相，都不可得，都如自己。」〔四〕又云：「菩薩思惟：使我悲猶如虚空，一切山河樹木、飛鳥走獸，皆依空住，一切衆生，一切時皆入我悲中。」〔五〕斯則以同體之大悲，何生而不度？起平等之大慧，何道而不成？

校　注

〔一〕見澄觀撰大方廣佛華嚴經疏卷六。

〔二〕見澄觀述大方廣佛華嚴經隨疏演義鈔卷二〇。下一處引文同。

〔三〕見實叉難陀譯大方廣佛華嚴經卷一九。

〔四〕見道泰譯大丈夫論卷下發願品。

〔五〕見道泰譯大丈夫論卷下等同發願品。

如華嚴論云：「無盡功德藏迴向者，此位明禪與智冥、智與悲會，以無盡虚空爲一道場，以無盡衆生無明行相而爲佛事，身恒承事無盡諸佛，而徧周法界化無盡衆生摠成佛身，表裏相亡，始終都盡，徧知諸法不壞無心，名〔一〕無盡功德藏。經〔二〕云『於一毛孔，見阿僧祇諸佛出興於世，得入法無盡藏』〔三〕者，明心性本無，大小繫盡，身爲智影，國土亦然，智淨影明，大小相入，如因陁羅網〔四〕境界喻是也。經云『以佛智力，觀一切法悉入一法』者，明萬境雖多，皆一心而起，心亡境滅，萬境皆虚，如浄水中衆影也，水亡影滅，此約破有成無説。又，以境約智生，智虚境幻，多相相入，不離一虚，幻不異虚，虚不異幻，幻虚無二，一異摠虚，此約以智幻虚自在無礙門説。此皆借法況説，如實所知，唯亡思者智會。其智會者，方可用而常真，不惑心境，以大願力，隨智幻生等衆生數身，如應攝化，故名無盡功德藏。」〔五〕

校注

〔一〕「名」，原無，據新華嚴經論補。

〔二〕「經」，原作「品」，據新華嚴經論卷二一改。

〔三〕見實叉難陀譯大方廣佛華嚴經卷二五。下一處引文同。

〔四〕因陁羅網：爲帝釋天宫殿裏一種用寶珠結成的網。寶珠其數無量，一一寶珠皆映現自他一切寶珠之影，重重影現，重重無盡。慧苑新譯大方廣佛華嚴經音義卷下：「因陀羅網，『因陀羅』者，此云『帝』也，帝謂帝釋；『網』謂帝釋大衙殿上結珠之網。其網孔相望，更爲中表，遞相圍繞，互作主伴，同時成就，圍繞相應也。」

〔五〕見李通玄撰新華嚴經論卷二一。

又云：「法雲地菩薩〔一〕隨心念力，廣大微細，自、他相入，一多、大小互參，神通、德用自在，皆隨自心念所成故。如一切衆生作用境界，皆是自心執業所成，人、天、地獄、畜生、餓鬼、善惡等報果，一依心造。如此十地菩薩，以無作法身大智之力，隨所心念，莫不十方一時自在，皆悉知見：以普光明智爲體，爲智體無依，稱性徧周法界，與虚空量等，周滿十方世界；以無性智，大用隨念；以不忘失智，隨念皆成；以具揔别智，揔别成壞，同異〔二〕俱作；以廣狹大小自在智，化通無礙；以與一切衆生同體智，能變一切衆生境界，純爲淨土之刹；以自他無二智，一身而作多身，多身而作一身；以法身無大小離量之智，能以毛孔廣容佛刹；以等虚空無邊無方之智，而一念現生，滿十方而無去來；以如響智，而能響應對現，等衆生應形。以是具足圓滿福德智，而恒居妙刹，常與一切衆生同居。若非聖所加持力，而衆生不見。」〔三〕

校注

〔一〕法雲地菩薩：即第十地菩薩，謂此地菩薩以大慈悲普覆一切衆生，如雲之普覆萬物，雖施作利潤而本寂不動。

〔二〕「成壞同異」，原作「同異成壞」，據新華嚴經論改。

〔三〕見李通玄撰新華嚴經論卷二九。按，又見本書卷四〇引。

又，「問曰：云何見佛出興？答曰：當見自身無身無心，無出無没，無内無外，不動不寂，無思無求，世及出世，都無住處，無心所法，無心、心法，心法無依，性無始末，以無依住智，説如斯法，教化衆生，皆令悟入，是名見佛出興。如光明覺品文殊師利頌云：『世及出世見，一切皆超越，而能善知法，當成大光耀。若於一切智，發生迴向心，見心無所生，當獲大名稱。衆生無所生，亦復無有壞，若得如是知，當成無上道』」〔一〕。

校注

〔一〕見李通玄撰新華嚴經論卷九。「光明覺品文殊師利頌云」者，見實叉難陀譯大方廣佛華嚴經卷一三。

又，大乘大集經云：「佛告賢護：『如火未生，或時有人發如是言：「我於今日，先滅是火。」賢護，於意云何？彼人是語，爲誠實不？』賢護答言：『不也，世尊。』佛告賢護：『如是諸法，從本以來，畢竟無得，云何於今乃作斯説：「我能證知一切諸法，我能了達一切諸法，我能覺悟一切諸法，我能度脱一切衆生於生死中。」此非正言。所以者何？彼法界中，本無諸法，亦無衆生。云何言度？但世諦中因緣度耳。』」〔一〕

校注

〔一〕見大方等大集經賢護分卷三觀察品。

故知心外無法，何所得耶？佛身無爲，但隨緣現。如肇論云：「放光云：『佛如虛空，無去無來，應緣而現，無有方所。』〔二〕然則聖人之在天下也，寂寞虛無，無執無競，導而弗先，感而後應。譬猶幽谷之響，明鏡之像，對之不知其所以來，隨之罔識其所以往。恍〔三〕焉而有，惚焉而亡。動而逾寂，隱而弥彰。出幽入冥，變化無常。其爲稱也，因應而作。顯迹爲生，息迹爲滅；生名有餘，滅名無餘。然則有無之稱，本乎無名；無名之道，于何不名？是以聖人居方而方，止圓而圓，在天而天，處人而人。原夫能天能人者，豈天人之所能哉！果以非天非人，故能天能人耳。」〔三〕是以明鏡無形，能現萬形；聖人無心，能應萬心。隱不韜光，顯不現迹。故論云：「聖人寂怕〔四〕無兆，隱顯同原，存不爲有，亡不爲無。何者？佛言：吾無生不生，雖生不生；無形不形，雖形不形。」

校注

〔一〕文才述肇論新疏卷下：「皆古譯之經，與今經少殊。放光下即義引彼經第三十卷法上菩薩答薩陀波崙所問之意。大疏云：『若有方所，此現彼無。無方所故，感處即形。』」澄觀撰大方廣佛華嚴經疏卷五〇：「身若是實，有不可滅。身若是虚，何能起滅？若有方所，此現彼無。由非實故，起滅無恒；由非虚故，能無不現。無方所故，感處即形。本願力故，化周法界。隨堪度故，見則不同。」

〔二〕「怳」，諸校本作「慌」，肇論作「恍」。按，「怳」「慌」同「恍」。

〔三〕見肇論涅槃無名論位體第三。下一處引文同。

〔四〕怕：即今「泊」。説文解字注：「从心，白聲。李善：蒲各切。」宋遵式注肇論疏卷四：「心静曰怕，怕即寂也。」

問：如來法身，即真心性。如來報身，依真而起。若如來化身，還有心否？

答：若約體亦不離，若約事即分。如深密經云：「曼殊室利菩薩復白佛言：『世尊，如來化身，當言有心？爲無心耶？』佛告曼殊室利菩薩曰：『善男子，非是有心，亦非無心。何以故？無自依心故，有依他心故。』」〔一〕

校注

〔一〕見解深密經卷五如來成所作事品。

問：經云「菩薩關閉一切諸惡趣門」〔一〕者，夫一切衆生，隨自心業，各受苦報。所以經偈云：「假使百千劫，所作業不亡，因緣會遇時，果報還自受。」〔二〕云何菩薩能關一切惡趣門？

答：只約自心常開，六識門何曾暫閉？日夜計校，緣想一切不善事，徧諸境界，念念恒造生死地獄。經云：集起心想，名爲地獄。若能觀自心識性無所有，即是開善趣門；若不起心想，即是閉惡趣門。若得自在智現前，即現身生五道，入地獄、餓鬼、畜生等界，救苦衆生。故禪門中，立無念爲宗，以爲要學〔三〕。故經偈云：勤念於無念，佛法不難得〔四〕。何謂不難得？以無念故，萬境不生，當處解脱。若有念起，非獨開惡趣之門，二十五有一時俱現。故知萬質皆從念異，十二之類縱横；千差盡逐想〔五〕生，八萬之門競起。如信心銘云：「眼若不睡，諸夢自除。心若不異，萬法一如。」〔六〕以諸法無體，從自心生，心若不生，外境常寂，故云「萬法本閑而人自鬧」〔七〕。

所以肇論云：「是以聖人乘真心以履〔八〕順，則無滯而不通。審一氣以觀化，故所遇而順適。無滯而不通，故能渾雜致純；所遇而順適，故〔九〕則觸物而一。如此，則萬象雖殊而不能自異。不能自異故，知象非真象。象非真象，則雖象而非象。然則物我同根，是非一氣，潛微幽隱，殆非群情之所盡。」〔一〇〕

故知乘一心而履踐，則何往而不真如？稟一氣而化行，則何物而不順？如莊子云：「天地一氣，而能萬化〔一一〕。」老子云：「天得一以清，地得一以寧，神得一以靈，萬物得一以生。」〔一二〕故聖人以一真心而觀萬境，則所遇而順適，觸物而冥一矣。是知諸法無體，緣假相依，似有差殊，不能自異。何者？長無長相，且自不言我長；短無短相，亦自不言我短。皆是隨念計度分別，徧計執著情生，則知萬物本虚，即象而無象也。

校　注

〔一〕見維摩詰所説經卷上佛國品。

〔二〕見大寶積經卷五七。

〔三〕宗寶本壇經定慧第四：「我此法門，從上以來，先立無念爲宗，無相爲體，無住爲本。無相者，於相而離相。無念者，於念而無念。無住者，人之本性。（中略）於諸境上，心不染曰無念。於自念上，常離諸境，不於境上生心。若只百物不思，念盡除卻，一念絶即死，别處受生，是爲大錯，學道者思之。若不識法意，自錯猶可，更誤他人。自迷不見，又謗佛經，所以立無念爲宗。善知識，云何立無念爲宗？只緣口說見性，迷人於境上有念，念上便起邪見，一切塵勞妄想從此而生。自性本無一法可得，若有所得，妄説禍福，即是塵勞邪見，故此法門立無念爲宗。」

〔四〕大寶積經卷一一一淨信童女會第四十：「常修無諍行，住大沙門法，遠離瞋恚過，積集諸善根。善觀如實義，得諸無盡辯，安住菩提心，常念於無念。一切波羅蜜，勤修無退轉，得諸方便力，由是度衆生。能以法王財，悲心施一切，速證無生忍，不退轉菩提。若能如是行，佛法不難得，不久降魔衆，證最上菩提。」

〔五〕「想」，諸校本作「相」。按，冥樞會要卷下作「想」。

〔六〕見僧璨信心銘。

〔七〕按，據祖庭事苑卷一雪竇後録：「青蘿夤緣，語出忠國師碑，乃草堂沙門飛錫撰。其間數語，叢林率多舉唱。」後列諸句中即有此句，則此説出飛錫撰忠國師碑文。忠國師，釋慧忠，傳見宋高僧傳卷九唐均州武當山慧忠傳。飛錫，傳見宋高僧傳卷三唐大聖千福寺飛錫傳。

〔八〕「履」，肇論作「理」。遵式述注肇論疏卷二：「『乘真心』者，運無照之真智，契無生之真理。理智相符，故曰『理順』。理外無事，故智無惑滯不通之處。」元康撰肇論疏卷上：「『是以乘真心以理順，則無滯而不通』者，順謂諸法是空，不違正道也。乘御般若之心，憋理順空之道，則無有滯礙而不通暢也。有本作『履』字，亦可然也，謂履踐順空之道耳。」則「履」字亦非無據。

〔九〕「故」，原無，據肇論補。

〔一〇〕見肇論不真空論。

〔二〕莊子知北遊：「人之生，氣之聚也。聚則爲生，散則爲死。若死生爲徒，吾又何患？故萬物一也。是其所美者爲神奇，其所惡者爲臭腐。臭腐復化爲神奇，神奇復化爲臭腐。故曰：『通天下一氣耳。』」

〔三〕見老子第三十九章。

問：如上所説，衆生自心造業，自受苦報，又云何説代一切衆生苦？

答：約古德釋，代苦有七意：一、起悲意樂，事未必能；二、修諸苦行，能與物爲增上緣，即名代苦；三、留惑潤生，受有苦身，爲物説法，令不造惡，因亡果喪，即名代苦；四、若見衆生造無間業，當受大苦，無畏方便，要須斷命，自墮地獄，令彼脱苦；五、由初發心，常處惡道，乃至飢世，身爲大魚，即名爲代；六、大願與苦，皆同真性，今以即真之大願，潛至即真之苦；七、法界爲身，自他無異，衆生受苦，即是菩薩。初唯意樂，次二爲緣，次二實代，後二理觀。然約有緣，方能代耳〔一〕。

校　注

〔一〕「代苦有七意」至此，詳見澄觀撰華嚴經行願品疏卷一〇。還原觀云：「普代衆生受苦德者，謂菩薩修諸行法，不爲自身，但欲廣益群生，怨親平等，普令斷惡，備修萬行，速證菩提。又，是菩薩本行菩薩道時，大悲大願，以身爲質，於三惡趣，救贖一切受苦衆生，要令得樂，盡未來際，心無退屈，不於衆生希望毛髮報恩之心也。經頌云：『廣大悲雲徧一切，捨身無量等刹塵，以昔劫海修諸行，今〔一〕此世界無諸垢。』〔二〕謂衆生妄執，念念遷流，名之爲苦。菩薩教令了蘊空寂，自性本空，故言離苦。

「問曰：衆生無邊，苦業亦無邊，云何菩薩而能代受？

「答曰：菩薩代衆生受苦者，由大悲方便力故，但以衆生妄執，不了業體從妄而生，無由出苦。菩薩教令修行止觀兩門，心無暫替，因亡果喪，苦無由生，但令不入三塗，名爲代衆生受苦也。」〔三〕

是以三界生死之苦者，皆是衆生妄受，以不了根塵無性、本末常空，於畢竟無中，執成究竟之有，因茲貪取，結業受生，於無量劫，來受輪迴苦，無明所罩，莫省莫知。菩薩於是垂大悲心，愍茲顛倒，説性空之法藥，破情有之病根，則達苦無生，不造惡業。知諸受互起，能破惑因。妄受之苦既空，對治之樂自絶。所以先德云：「苦是〔四〕樂，樂是苦，只箇修行斷門户。亦無苦，亦無樂，本來自性無繩索〔五〕。」〔六〕

以茲妙悟，入一際門，遂得人法俱空，不爲心境所縛，當處解脱，永出苦源，豈非代苦乎？又，經云説法是大神變，能令即凡成聖，變禍爲祥，於地獄火輪之中，踊净刹蓮臺之上，豈非神變耶？

校注

〔一〕「令」，原本作「令」，據大方廣佛華嚴經改。
〔二〕見實叉難陀譯大方廣佛華嚴經卷八。
〔三〕見法藏述修華嚴奥旨妄盡還源觀。
〔四〕「是」，景德傳燈録、禪門諸祖師偈頌作「時」。下一「是」字同。
〔五〕「性」，景德傳燈録作「在」。又，「自性無繩索」，禪門諸祖師偈頌作「二性無纏縛」。
〔六〕出一鉢歌。全詩見景德傳燈録卷三〇、禪門諸祖師偈頌上之下。一鉢歌，詳見本書卷一注。

問：一切境界，因心分別。若有分別，即屬無明。故云：「無心分別，一切法正。有心分別，一切法邪。」〔一〕諸佛如來已斷無明，無有心相，云何能知真俗差別之境，名一切種智？

答：以法無自體故，即分別無分別；以體不礙緣故，無分別即分別。如起信論云「自體顯照，故名爲覺」〔二〕者，「謂有難言：若無別體，何能普現衆生心行？故答云：自體顯現，如珠有光，自照珠體。珠體喻心，光喻於智。心之體性，即諸法性，照諸法時，是自照耳，故論文甚分明。然論中『問曰：虚空無邊故，世界無邊。世界無邊故，衆生無邊。衆生無邊故，心行差别亦復無邊。如是境界，不可分劑，難知難解。若無明斷，無有心想，云何能了名一切種智？答曰：一切境界，本來一心，離於想念，以衆生妄見境界故，心有分劑。以妄起想念，不稱法性故，不能決了。諸佛如來離於見想，無所不徧，心真實故，即是諸法之性。自體顯照一切妄法。有大智用無量方便，隨諸衆生所應得解，皆能開示種種法義，是故得名一切種智。』」〔三〕

釋云：「『心真實故，則是諸法之性』，佛心離想，體一心原。離妄想故，名心真實；體一心故，爲諸法性。是則佛心爲諸妄法之體，一切妄法皆是佛一心相。相現於自體，自體照其相。如是了知，有何爲難？故能『自體顯照一切妄法』，是謂無所見故無所不見之由也。」〔四〕

鈔云：「以内迷真理，識外見塵故，於如量之境，不能隨順種種知也。如人動目，天地傾摇，故不能如實知也。」〔五〕

是知心海波停，萬像齊鑒；澄潭浪起，諸境皆昏。

校注

〔一〕按，此説敦煌遺書伯二〇四〇寫卷維摩經疏卷六引，云「思益經云」。鳩摩羅什譯思益梵天所問經卷一分别品：「『又，網明，一切法正，一切法邪。』網明言：『梵天，何謂一切法正，一切法邪？』梵天言：『於諸法性無心故，一切法名爲正；若於無心法中，以心分别觀者，一切法名爲邪。一切法離相名爲正，若不信解達是離相，是即分别諸法。若分别諸法，則入增上慢，隨所分别，皆名爲邪。』」

〔二〕按，此説真諦譯本和實叉難陀譯本大乘起信論中皆未見。真諦譯大乘起信論中有云：「諸佛如來離於見想，無所不徧，心真實故，即是諸法之性，自體顯照一切妄法，有大智用無量方便，隨諸衆生所應得解，皆能開示種種法義，是故得名一切種智。」澄觀撰大方廣佛華嚴經疏卷五〇：「自體顯現，故名爲覺。起信論云：『諸佛如來離於見想，無所不遍，心真實故，即是諸法之性。自體顯照一切妄法，有大智用。』」大方廣佛華嚴經隨疏演義鈔卷八〇：「疏先正釋，後『自體顯現，故名爲覺』者通妨。謂有難言：若無别體，何能普現衆生心行？」或由此而致誤。

〔三〕見澄觀述大方廣佛華嚴經隨疏演義鈔卷八〇。按，所引「論中」問答，見真諦譯大乘起信論。

〔四〕見元曉起信論疏卷下。

〔五〕按，此説見起信論疏筆削記卷一二，故此鈔者，當即傳奥大乘起信論隨疏記，參見本書卷六注。

音　義

吸，許及反。　渺，亡沼反。　岷，武中反。　叡，以芮反，聖也。　劃，胡麥反，計策也。　恍，許昉反，恍惚也。　惚，呼骨反。　怕，普伯反，憺怕，静也。　殆，徒亥反，危近也。　贖，時祝反。　罩，陟教反。

戊申歲分司大藏都監開板

宗鏡録卷第九十二

慧日永明寺主智覺禪師延壽集

夫約世諦門中，凡、聖天絶〔一〕。凡夫心外立法，妄執見聞，聖人既了一心，云何同凡知見？

答：聖雖知見，常了物虚，如同幻生，無有執著。如大涅槃經云：「迦葉菩薩白佛言：『世尊，若以因此煩惱之想，生於倒想，一切聖人實有倒想而無煩惱。是義云何？』佛言：『善男子，云何聖人而有倒想？』迦葉菩薩言：『世尊，一切聖人，牛〔二〕作牛想，亦説是牛；馬作馬想，亦説是馬。男女、大小、舍宅、車乘、去來亦尔，是名倒想。善男子，一切凡夫有二種想：一者、世流布想，二者、著想。一切聖人唯有世流布想，無有著想。一切凡夫惡覺觀故，於世流布生於著想；一切聖人善覺觀故，於世流布不生著想。是故凡夫名爲倒想，聖人雖知，不名倒想。』」〔三〕

又，以境本自空，何須壞相？以心靈自照，豈假緣生？不同凡夫能所情執知見。故肇論云：「夫有所知，則有所不知。以聖心無知，故無所不知。不知之知，乃曰一切知。故經云：聖心無知，無所不知〔四〕。信矣！是以聖人虛其心而實其照，終日知而未嘗知也。」〔五〕如止水鑒影，豈立能所之心？則境智俱空，何有覺知之想？

校注

〔一〕天絶：謂自然不同，有天壤之别。

〔二〕「牛」，原作「生」，據諸校本及大般涅槃經改。

〔三〕見大般涅槃經卷三七，南本見卷三四。

〔四〕「聖心無知，無所不知」，肇論引作「聖心無所知，無所不知」。文才述肇論新疏卷中注云：「思益經第一云：以無所知故知。」鳩摩羅什譯思益梵天所問經卷一解諸法品第四：「如來坐道場時，惟得虛妄顛倒所起煩惱畢竟空性。以無所得故得，以無所知故知。所以者何？我所得法，不可見、不可聞、不可覺、不可識、不可取、不可著、不可説、不可難，出過一切法相，無語、無説、無有文字，無言説道。」

〔五〕見肇論般若無知論。

楞伽經云：「佛告大慧：爲惑亂〔一〕。以彼惑亂，諸聖亦現，而非顛倒。大慧，如春時燄、火輪、垂髮、乾闥婆城、幻、夢、鏡像，世間顛倒，非明智也，然非不現。」〔二〕釋曰：上七喻者，明境即是一而見有殊，然聖人用彼惑亂之境，一同凡現色等諸塵，以聖人無念著故，而非顛倒。然聖人非不見彼惑亂法，見時正同水月鏡像。龍樹菩薩云：日光著塵，微風吹之曠野中轉，名之爲燄。愚夫見云，謂之野馬。渴人見之，以爲流水。業報亦尔，煩惱日光熱諸行塵，邪憶念風於生死曠野中吹之令轉，妄見爲人、爲鬼、爲男、爲女，渴愛染著，耽湎無已。不近聖法，無由識之〔三〕。夫火日外朗，水鏡内照，光在上爲影，光在下爲像。像以明傳而像現於水，形以日映而光隔爲影，二物雖虛而所待妄有，妄有雖空而狂惑見之，見之以不狂則形與影一，像與形同。世法亦尔，衆緣所起，起者之有與所起之緣俱爲空物，無一異也，而人以虛妄風病顛倒故，不應見而見，不應聞而聞。若得大慧之明，則風狂心息，無此見也。

又，般若無知者，不同木石；不是有知者，非同情想。古德云〔四〕：佛見無我，不是無知，但是不知知，不見見。以知是不知知故，即無心而不知；見是不見見故，無色而不見。無色而不見故，由不見見也；無心而不知故，以不知知也。如淨名經云「所見色與盲等」〔五〕者，崇福疏云：「譬如五指塗空，空無像現。」〔六〕不以空無像現，便言指不塗空，豈以五指塗空，便欲令空中像現？事亦不然。不妨熾然塗空，空中元無像現，豈以眼根見色，便令如盲？豈以眼根如盲，而便都無所見？不妨滿眼見色，了色本自性空。雖然，見色之時，元來與盲無異，但息自分別心，非除法也。法本自空，無所除也。

又,「所聞聲與響等」[七]者,豈是不聞?但一切聲皆如谷響,無執受分别也。所以滿眼見色,滿耳聞聲,不隨不壞,了聲色之正性故。何者?若隨聲色之門,即墮凡夫之執,分别妍醜之相,深著愛憎;領受毁讚之音,妄生欣獃。若壞聲色之相,即同小乘之心,則有三過:一、色等性空,無可壞故,若壞方空,非本空故;二、由空即真,同法性故,若壞方真,事在理外故;三、由即空,不待壞故,壞則斷滅[八]。

是以如來五眼,洞照無遺,豈同凡夫生盲、二乘眇目,都無見耶?但不隨不壞,離二見之邊邪;非有非空,契一心之中理。則逢緣無礙,觸境無生矣。

是以萬物本虚,從心見實,因想念而執無執有,墮惑亂之門;以取著而成幻成狂,受雜染之報。若能反照唯心大智,鑒窮實相真原,則幻夢頓惺,影像俱寂,然後以不二相,洞見十方;用一心門,統收萬彙。則見無所見,衆相參天;聞無所聞,群音揭地。如此了達,心虚境空,則入大摠持門,紹佛乘種性。楞伽經云:「謂覺自心現量,外性非性,不妄想相,起佛乘種性。」[九]若迷外法,以心取心,則成業幻之門,續衆生種性。首楞嚴經偈云:「自心取自心,非幻成幻法。不取無非幻,非幻尚不生,幻法從何立?」[一〇]故知一切染、浄諸法,皆從取生,是以云:「取我是垢,不取我是浄。」[一一]若無能取、所取之心,亦無是幻、非幻之法。非幻實法尚乃不生,幻起虚蹤憑何建立?

又如心外見法，盡成相待，以無體無力，緣假相依故。所以楞伽經偈云：「以有故有無，以無故有有。若無不應受，若有不應想。」〔一二〕若開方便，或説有治無、説無破有，即無所礙。如十地毗婆沙論偈云：「若用有與無，亦遮亦應聽。雖言心不著，是則無有過。」〔一三〕若約正宗，則有無雙泯。故大智度論云：佛有不言無，無不言有，但説諸法實相。譬如日光，不作高下，平等一照。佛亦如是，非令有作無，非令無作有〔一四〕。是知若迷大旨，則見有無。

如涅槃論云：「無名曰：有無之數，誠已〔一五〕法無不該，理無不統。然其所統，俗諦而矣。經曰：『真諦何也？涅槃道是。俗諦何耶？有無法是。』〔一六〕何者？有者有於無，無者無於有。有無，所以稱有；無有，所以稱無。然則有生於無，無生於有，離有無無，離無無有，有無相生，其猶高下相傾，有高必有下，有下必有高矣。然則有無雖殊，俱未免于有。此乃言像之所以形，是非之所以生，豈足以統夫幽極而擬夫神道者乎？是以論稱出有無者，良以有無之數止乎六境之内。六境之内，非涅槃之宅，故借出以袪之耳。庶希道之流，髣髴幽途，託情絶域，得意忘言，體其非有非無耳。豈曰有無之外，别有妙道而可稱哉？經曰『三無爲』〔一七〕者，蓋是群生紛擾，生于篤患。篤患之尤，莫先於有〔一八〕。絶有之稱，莫先於無。故借無以明其非有，明其非有，非謂無也。」〔一九〕

「有名曰：論旨云涅槃既不出有無，又不在有無。不在有無，則不可於有無得之矣；

不出有無，則不可離有無求之矣。求之無所，便應都無，然復不無其道。其道不無，則幽途可尋，所以千聖同轍，未嘗虚返者也。其道既存，而曰不出不在，必有異旨，可得聞乎？」〔二〇〕

「無名曰：夫言由名起，名以相生。相因可相，無相無名，無名無説，無説無聞。經云：『涅槃非法非非法，無聞無説，非心所知。』〔二一〕吾何敢言之？而子欲聞之耶？雖然，善吉有言：『衆若能以無心而受，無聽而聽者，吾當以無言言之。』〔二二〕庶述其道，亦可以言。净名曰：『不離煩惱而得涅槃。』〔二三〕天女曰：『不出魔界而入佛界。』〔二四〕然則玄道在於妙悟，妙悟在於即真，即真則有無齊觀，有無齊觀則彼己莫二，所以天地與我同根，萬物與我一體。同我則非復有無，異我則乖於會通，所以不出不在，而道存乎其間矣。何者？夫至人虚心冥照，理無不統。懷六合於胸中，而靈鑒有餘；鏡萬像於方寸，而其神常虚。至能拔玄根於未始，即群動以静心，恬澹〔二五〕淵默，妙契自然。所以處有不有，居無不無。居無不無故，不無於無；處有不有故，不有於有。故能不出有無，而不在有無者也。然則法無有無之相，聖無有無之知。聖無有無之知，則無心於内；法無有無之相，則無數於外。於外無數，於内無心，此彼寂滅，物我冥一，怕〔二六〕尔無眹，乃曰涅槃。涅槃若此，啚度絶矣，豈容責之於有無之内，又可徵之於有無之外耶？」〔二七〕

釋曰：「玄道在於妙悟，妙悟在於即真」者，夫幽玄之道，無名無相，淺近之情知莫及，麁浮之意解難量，唯當妙悟之時，方省斯旨。得其旨故，實不思議，心境融通，如同神變，指法界於掌内，收萬像於目前。如鏡照空含，一時平現，既無前後，亦絶中間，妙旨焕然，言思絶矣。可謂妙悟，可謂即真，則有、無齊觀，彼、己莫二，不出、不在，其道在兹乎！

校注

〔一〕「惑亂」，原作「世間」，據楞伽阿跋多羅寶經改。按，此引文前，經文云：「爾時，大慧菩薩摩訶薩復白佛言：『世尊，常聲者，何事說？』」宗泐、如玘注楞伽阿跋多羅寶經注解卷二：「惑亂者，無常也。」

〔二〕見楞伽阿跋多羅寶經卷二。

〔三〕龍樹造、鳩摩羅什譯大智度論卷六：「『如炎』者，炎以日光風動塵故，曠野中見如野馬，無智人初見謂之爲水。男相、女相亦如是，結使煩惱日光熱諸行塵，邪憶念風生死曠野中轉，無智慧者謂爲一相，爲男、爲女，是名『如炎』。復次，若遠見炎，想爲水，近則無水想。無智人亦如是，若遠聖法，不知無我，不知諸法空，於陰、界、入性空法中，生人相、男相、女相。近聖法，則知諸法實相，是時虚誑種種妄想盡除。」

〔四〕按，此說未見他處，「古德」者，不詳。

〔五〕見維摩詰所說經卷上弟子品。

〔六〕崇福疏：即釋神楷維摩經疏，據高麗義天新編諸宗教藏總目卷一海東有本見行録上，七卷；新唐書藝文志云六卷。神楷，姓郭，太原人，傳見宋高僧傳卷四周京兆崇福寺神楷傳。按，此引文見敦煌遺書伯二〇四九寫卷維摩經疏卷三（大正藏卷八五載）。按，此説出鳩摩羅什譯諸法無行經卷上：「文殊師利，是識如幻，無實無起無生，空無相無性，如五指塗空，空無相現，是故識陰名爲種性。文殊師利，色是種性。」

〔七〕見維摩詰所説經卷一弟子品。

〔八〕「一、色等性空」至此，見澄觀撰大方廣佛華嚴經疏卷二四。

〔九〕見楞伽阿跋多羅寶經卷二。

〔一〇〕見大佛頂如來密因修證了義諸菩薩萬行首楞嚴經卷五。

〔一一〕見維摩詰所説經卷一弟子品。

〔一二〕見楞伽阿跋多羅寶經卷四。

〔一三〕見十住毗婆沙論卷四阿惟越致相品。

〔一四〕龍樹造、鳩摩羅什譯大智度論卷二：「一切智人有言有，無言無。佛有不言無，無不言有，但説諸法實相，云何不名一切智人？譬如日不作高下，亦不作平地，等一而照。佛亦如是，非令有作無，非令無作有，常説實智慧光照諸法。」

〔一五〕「已」，嘉興藏本、肇論作「以」，同。

〔一六〕按，元康撰肇論疏卷下：「『經曰真諦何也』下，此是引經文，或是釋經語。引經文者，通真俗兩句，皆是經文也。釋經語者，經言真諦者，涅槃是也；經言俗諦者，有無是也。」文才肇論新疏卷下：「義引大品。道樹品云：菩薩以世諦故，示衆生若有若無，非以第一義諦，問以屬體二諦迢。然仁王經亦以有無爲俗諦。」

〔一七〕大般涅槃經卷三三：「或有説言有三無爲，或有説言無三無爲。」又，文才肇論新疏卷下：「經即羅什所譯仁王也。」按，仁王般若波羅蜜護國經卷上觀空品：「滅果空，或前已空故，佛得三無爲果。」三無爲，即虚空無爲、擇滅無爲和非擇滅無爲。真空寂滅之理本無造作，故謂之無爲。

〔一八〕文才肇論新疏卷下：「紛繞，煩惱也，亦業也。篤患，生死也。有謂三有，有爲有漏故。」遵式述注肇論疏卷五：「紛繞者，妄心紛飛，衆惑纏遶。篤，重也。患，害也，即善惡等業也。由妄動故，造業受報，故曰篤患。」

〔一九〕見肇論涅槃無名論超境第五。

〔二〇〕見肇論涅槃無名論搜玄第六。

〔二一〕元康肇論疏卷下：「涅槃十九云『如來涅槃，非有非無，非有爲非無爲』等，今述彼大意也。」「涅槃十九云」者，見南本大般涅槃經卷一九，曇無讖譯本見卷二一。

〔二二〕按，文才肇論新疏卷下：「義引大品須菩提告釋提桓因諸天子之意，非正文也。」善吉，須菩提之意譯。

〔二三〕維摩詰所説經卷上弟子品：「不斷煩惱而入涅槃，是爲宴坐。」

〔二四〕按，文才肇論新疏卷下：「『天女』下即寶女所問經第四寶女偈答舍利弗云：如魔之境界，佛境（校注者按：「境」，寶女所問經無）界則平等，相應爲一類，以是印見印。」「寶女所問經第四」者，見寶女所問經卷四不退轉品。

〔二五〕「澮」，嘉興藏、清藏本作「儈」。按，「恬澮」，同「恬儈」。

〔二六〕怕：即今「泊」。説文解字注：「从心，白聲。李善：蒲各切。」宋遵式注肇論疏卷四：「心静曰怕，怕即寂也。」

〔二七〕見肇論涅槃無名論妙存第七。

問：六塵境界，但依妄念而有差别。若無念之人，還見一切境界不？

答：妄念執有前塵，作實知解，妙性不通，遂成差别。若無念之人，非是離念，但是即念無念，念無異相，雖有見聞，皆如幻化。又，一念頓圓，常見十法界萬法中道之理。

古德問云〔一〕：若言念唯無念，豈得揔不聞不見人畜聲色等耶？

答：恒聞見，以聞見即不聞見故。何者？以但聞見聲、色等法，即是眼、耳等識見聞也。知是畜等色聲，自是意識分别也。然眼等識見聞性無别，但稱色等法得，更無異緣也。意識妄有，了知無體，所知如幻也，故云「所見色與盲等」〔二〕。

校　注

〔一〕按，此説未見他處，「古德」者，不詳。

〔二〕見維摩詰所説經卷上弟子品。

又，觀彼色、聲等法從緣生，緣無作者，自性不有，故非人畜等也。又，人畜等由名相起，名相非彼，即妄除也。即此但由見聞等故，即無念心，非謂盲聾人一念無念也，如説聞不聞、見不見等是也，故經云「常求無念實相智慧」〔一〕等是也。

又，但就緣起名見，求緣見實，不生此見，乃名真見。何以故？無見之見照法界故。所以寶藏論云：「無眼無耳謂之離，有見有聞謂之微；無我無造謂之離，有通有達謂之微。又，離者涅槃，微者般若。般若故頓興大用，涅槃故寂滅無餘。無餘故煩惱永盡，大用故聖化無窮。若人不達離微者，雖復苦行頭陀，遠離塵境，斷貪、恚、癡，法忍成就，經無量劫數，終不入真實。何以故？依止所行故。心有所得，不離顛倒夢想惡覺諸見。若復有人體解離微者，雖復近有妄想習氣及見煩惱，數數覺知離微之義，此人不久即入真實無上道也。何以故？了正見根本也。」〔二〕

釋曰：離微者，萬法之體用也。離者，即體。經中云「自性離故」，亦云「自性空故」，斯乃無名無相，非見非聞，通凡、聖之體，爲真、俗之原。思益經云：「知離名爲法。」〔三〕即「諸佛所師，所謂法也」〔四〕。微者即用，有見有聞，能通能達。以微者妙也，於無見中有見，於無聞中有聞，斯乃不思議之法，微妙難知，唯佛能覺。思益經云：「知法名爲佛。」〔五〕離微不二，體用和融，名之爲僧。則一體三寶，常現世間。有佛無佛，性相常住〔六〕。即正見之本，真實之門矣。故聖人照體是無，約用爲有，此有不有，即有以辯於無；當無非無，即無以辯於有。有而不有是妙有，無而不無是真無。故真無是涅槃之體，如太虚不雜於五色，猶明鏡不合於萬像，故稱離也；妙有是般若之用，於不二法内現妙神通，向無作門中興大佛事，故稱微也。

是以凡夫不達離微故，常被内結所縛、外塵所羈，外道即執作斷常，二乘遂證爲生滅。若不入宗鏡中，難究離微之妙旨矣。

校注

〔一〕見維摩詰所説經卷下菩薩行品。
〔二〕見寶藏論離微體浄品。
〔三〕見思益梵天所問經卷一分别品。
〔四〕見大般涅槃經卷四。
〔五〕見思益梵天所問經卷一分别品。
〔六〕大般涅槃經卷二一：「有佛無佛，性相常住，以諸衆生煩惱覆故，不見涅槃，便謂爲無。菩薩摩訶薩以戒、定、慧勤修其心，斷煩惱已，便得見之。當知涅槃是常住法，非本無今有，是故爲常。」

問：無明違理，自性差别者，其事可然。本覺浄法，云何復説恒沙差别功德？

答：「由對治彼染法差别故，成始覺萬德差别也。」〔一〕起信論云：對業識等差别染法故，説本覺恒沙性德。如是染、淨，皆是真如隨緣顯現，似而無體〔二〕。染法尚空，淨法何有？淨名經云：「見垢實性，即無淨相。」〔三〕又，所言淨者，對垢得名。因客塵煩惱不染而染，穢汙真性，稱之爲垢；因始覺般若不淨而淨，開悟本心，名之爲淨。是以真如一心，湛然不動，名義唯客，垢淨本空。祖師云：「性本清淨，淨無淨相，方見我心。」〔四〕

華嚴經頌云：「若有知如來，體相無所有，修習得明了，是人疾作佛。」〔五〕

故經云：「一切衆生，無始已來常入涅槃，菩提非可修相，非可生相，畢竟無得，無有色相而可得見。見色相者，當知皆是隨染幻用，非是智色不空之相，以智相不可得故。」〔六〕釋云：「隨染幻用」者，無流法〔七〕也。「染幻性自差别」者，是無明法也。以彼無明迷平等理，是故其性自差别。諸無流法，順平等性，空論其性，即無差别，但隨染法差别相故，説無流有差别耳〔八〕。

校注

〔一〕出法藏撰大乘起信論義記卷中末。

〔二〕按，此非起信論文。真諦譯大乘起信論：「言異相者，如種種瓦器，各各不同，如是無漏無明，隨染幻差别，性染幻差别故。」法藏撰大乘起信論義記卷中末：「諸無漏法，順平等性，直論其性，則無差别。但隨染法差別相故，説無漏法有差別耳。如下文中，對業識等差別染法故，説本覺恒沙性德。又由對治彼染法差別故，成始覺萬德差別也。如是染、淨，皆是真如隨緣顯現，似有而無體，故通名幻也。」

〔三〕見維摩詰所説經卷中入不二法門品。

〔四〕按，此説本書卷三一引云「古德云」。澄觀述大方廣佛華嚴經隨疏演義鈔卷二七：「夫言淨者，懸法本無生性寂諸相故名爲淨，豈待蕩蕩無物方稱淨耶？非但事無而爲真淨，見真本淨，事爲非淨，亦是相待，能、所未忘，安得稱淨？故真善知識令看淨門，云：『性本清淨，淨無淨相，方見我心。』即斯義矣。」

〔五〕見實叉難陀譯大方廣佛華嚴經卷一三。

〔六〕出實叉難陀譯大乘起信論卷上。按，「故經云」，起信論作「故佛説」。

〔七〕「無流法」，大乘起信論義記作「無漏法」，參後注。流謂流轉生死。無流法，即無漏法。慧暉述俱舍論釋頌疏義鈔卷上本：「舊云有流、無流法，與今有漏何別？答：漏義寬，一、流義名漏，二、住亦名漏。即久住生死，漏具二義，流無住義。又釋久住生死及反本還源，正趣向涅槃，亦是流義。流義通染、淨。漏義局染，故爲有漏。」

〔八〕法藏撰大乘起信論義記卷中末：「『隨染幻差別』者，是無漏法也。『性染幻差別』者，是無明法也。以彼無明，迷平等理，是故其性自是差別。故下文云：如是無明，自性差別故也。諸無漏法，順平等性，直論其性，則無差別，但隨染法差別相故，説無漏法有差別耳。」按，法藏所據爲真諦譯大乘起信論：「是故修多羅中，依於此真如義故，説一切衆生本來常住入於涅槃。菩提之法，非可修相，非可作相，畢竟無得，亦無色相可見。而有見色相者，唯是隨染業幻所作，非是智色不空之性，以智相無可見故。言異相者，如種種瓦器，各各不同。如是無漏無明，隨染幻差別，性染幻差別故。」

又，若能觀心性，法尔顯性起功德，是無盡法門，非論差別。如無盡意菩薩經云：「云何菩薩觀心念處？乃至〔一〕我今當勤修集〔二〕莊嚴，不離心性。云何心性？云何莊嚴？心性者，猶如幻化，無主、無作、無有施設。莊嚴者，所作布施，悉以迴向嚴淨佛土。乃至以一念智，成阿耨多羅三藐三菩提。舍利弗，是名菩薩正心念處而不可盡。」〔三〕

釋曰：心雖性空，能成萬行，了之而頓圓正覺，修之而廣備莊嚴，故云：「體性雖空，能成〔四〕法則。」〔五〕又云：「以有空義故，一切法得成。」〔六〕若離此真空之門，無有一法建立，則菩薩行廢，佛道不成，如不依風輪，世界隳壞〔七〕。

校注

〔一〕乃至：表示引文中間有删略。下二「乃至」同。

〔二〕「集」，嘉興藏本作「習」。按，據大正藏本大方等大集經校記，磧砂藏、嘉興藏本大方等大集經中亦作「習」。「習」，「集」義。

〔三〕見大方等大集經卷三〇無盡意菩薩品第十二之四。

〔四〕「成」，心王銘中作「施」。

〔五〕見傅大士心王銘。
〔六〕見龍樹造、鳩摩羅什譯中論卷四觀四諦品。
〔七〕風輪：成立器世間(國土世界)的四輪(金輪、水輪、風輪、空輪)之一。金輪在大地之下，金輪之下有水輪，水輪之下有風輪，風輪之下有空輪。空輪者，虚空也，故俱舍論以風輪爲世界最下層。阿毗達磨俱舍論卷一一：「安立器世間，風輪最居下。」「先於最下依止虚空有風輪生，廣無數，厚十六億踰繕那。如是風輪，其體堅密，假設有一大諾健那，以金剛輪奮威懸擊，金剛有碎，風輪無損。」

問：一切衆生無始無明，種子堅牢，現行濃厚，云何一念而得頓除？

答：根隨結使，體性本空，愚夫不了，自生纏縛。若明佛知見，開悟本心，更有何塵境而能障礙乎？

寶積經云：佛言：「譬如燃燈，一切黑闇皆自無有，無所從來，去無所至。非東方來，去亦不至。南、西、北方，四維上下，不從彼來，去亦不至。而此燈明，無有是念：『我能滅闇。』但因燈明，法自無闇，明闇俱空，無作無取。如是，迦葉，實智慧生，無智便滅。智與無智，二相俱空，無作無取。迦葉，譬如千歲冥室，未曾見明。若燃燈時，於意云何？闇寧有念：『我久住此，不欲去耶？』」「不也，世尊，若燃燈時，是闇無力而不欲去，必當磨滅。」「如是，迦葉，百千萬劫，久習結業，以一實觀，即皆消滅。其燈明者，聖智慧是。其黑闇者，

諸結業是。」〔一〕

所言「一實觀」者，即是唯心真如實觀。離心之外，盡成虚幻，故稱一實境界。亦云實相、實地、實際、實法，乃至名佛知見、聖智慧等。以此一心法，治煩惱病，如熱疾得汗，無有不應手差者。出要之道，唯在兹乎？

校注

〔一〕見大寶積經卷一一二。

如大智度論云：「尔時，菩薩照明菩薩道，其心安隱，自念：『我但斷著心，道自然至。』知是事已，念衆生深著世間，而畢竟空亦空、無性、無有住處，衆生難可信受。爲令衆生信受是法故，學一切法，修行生起是度衆生方便法。觀衆生心行所起，知好何法、念何事、何所志願。觀時，悉知衆生所著處皆是虚誑顛倒，憶想分别故著，無有根本實事。尔時，菩薩大歡喜，作是念：『衆生易度耳。所以者何？衆生所著，皆是虚誑無實。』譬如人有一子，喜不浄中戲，聚土爲穀，以草木爲鳥獸，而生愛著。人有奪者，瞋恚啼哭。其父知已，此子今雖愛著，此事易離耳，小〔二〕大自休。何以故？此物非真故。菩薩亦如是，觀衆生愛著不浄臭身及五欲，是無常種種苦因，知是衆生得信等五善根成就時，即能捨離。若小兒所著實是真物，雖復年至百歲，著之轉深，不可得捨；若衆生所著物定實有者，雖得信等五根，著之轉深，亦不能離。以諸法皆空，虚誑不實故，得無漏清淨智慧眼時，即能遠離所著，大自慚愧。譬如狂病，所作非法，惺悟之後，羞慙無顔。菩薩知衆生易度已，安住般若中，以方便力教化衆生。」〔三〕

校注

〔一〕「以」，按，據大正藏本大智度論校記，宋本大智度論作「以」。

〔三〕見龍樹造、鳩摩羅什譯大智度論卷九二。

是以如來密藏經云：若人父爲緣覺而害、盜三寶物、母爲羅漢而汙、不實事謗佛、兩舌間賢聖、惡口駡聖人、壞亂求法者、五逆初業之瞋、奪持戒人物之貪、邊見之癡，是爲十惡者。若能知如來説因緣法，無我、人、衆生、壽命，無生、無滅、無染、無著，本性清淨。又，於一切法知本性清淨，解知信入者，我不説是人趣向地獄及諸惡道果。何以故？法無積聚，法無集惱，一切法不生不住，因緣和合而得生起，起已還滅。若心生已滅，一切結使亦生已滅。如是解，無犯處。若有犯有住，無有是處〔一〕。

校注

〔一〕「是以如來密藏經云」至此，見智顗説、灌頂記摩訶止觀卷一下。按，失譯人大方廣如來祕密藏經卷下：「無有自在而犯於殺，無可親信而犯於盜，非無主無護而犯邪婬，非爲護他而犯妄語，非爲調伏而犯惡口，非爲破壞外道邪增而犯兩舌，無隨應器而犯綺語，無麁惡教而犯瞋恚，無有希望增上善根名之爲貪，無有將護自在者意少不正言而犯邪見。迦葉，是十惡道，若不堅著，我不説彼名之有過。」「十惡業道，何者爲重？迦葉，如人有父得緣覺道，子斷父命，名殺中重；奪三寶物，名盜中重；若復有人其母出家得羅漢道，共爲不浄，是婬中重；若以不實謗毀如來，是妄語中重；若兩舌語壞賢聖僧，是兩舌中重；若罵聖人，是惡口中重；言説壞亂求法之人，是綺語中重；若五逆初業，是瞋恚中重；若欲劫奪持浄戒人物，是貪中重、邪見中重，謂之邊見。迦葉，此十惡道，是爲最重。迦葉，若有一人具是十惡，迦葉，是惡衆生若解知如來説因緣法，是中無有衆生、壽命，無人、無丈夫、無我、無年少、無作業者、無受者起者，無知者見者、無福伽羅，無生、無滅、無行，是爲盡法，無染無著，無善不善，本性清浄。一切諸法本性常浄，解知信入，迦葉，我不説彼趣向惡道，無惡道果。何以故？迦葉，法無積聚，法無集無惱。迦葉，一切諸法生滅不住，因緣和合而得生起，起已還滅。迦葉，若心生滅，一切結使亦生已滅；若如是解，無犯犯處。迦葉，若犯有住，無有是處。迦葉，如百千歲極大闇室不然燈明，是極闇室無門窗牖，乃至無有如針鼻孔日月珠火，所有光明無能得入。」

台教釋云：「此經具指四菩提心：若知如來説因緣法，即指初藏教菩提心；若無生、無滅，指第一通教菩提心；若本性清淨，指第三別教菩提心；若於一切法知本性清淨，指第四圓教菩提心。初菩提心，已能除重重十惡，況第二、第三、第四菩提心耶？行者聞此勝妙功德，當自慶幸，如闇處伊蘭〔一〕，得光明栴檀。」〔二〕

校注

〔一〕伊蘭：又作「伊羅」等，樹名，氣味甚惡，其惡臭可達數十里。慧琳一切經音義卷二五：「伊蘭，具足應云『伊那拔羅』，此云『極臭木』也。」

〔二〕見智顗説、灌頂記摩訶止觀卷二下。栴檀，檀香木。慧琳一切經音義卷二九：「栴檀，梵語香木名也，唐無正譯，即白檀香是也，微赤色者爲上。」

故知見佛罪滅，如阿闍世王之深愆〔一〕，得道業亡，若鴦崛摩羅之重罪〔二〕。但了無人無我，緣生性空，無我則無能受罪之人，性空又無所受罪之法，人、法俱寂，罪垢何生？以心生罪生，心滅罪滅故。若能如是信入，諦了圓明，猶伊蘭之林，布栴檀之香氣；若積闇之室，耀桂燼之光明。能悟此心，功力無量，纔入宗鏡，業海頓枯，如風吹雲，似湯沃雪，猶燈破闇，若火焚薪。

校注

〔一〕智顗説妙法蓮華經文句卷二下：「阿闍世者，未生怨，或呼爲婆留支，此云無指。（中略）大經云：『阿闍』名『不生』，『世』者名『怨』。以不生佛性故，則煩惱怨生，煩惱怨生故不見佛性，不生煩惱即見佛性。又，『阿闍』者名『不生』，『世』名『世法』，以世八法所不污故，故名阿闍世，此是本義也。普超經云：阿闍世從文殊懺悔，得柔順忍，命終入賓吒羅地獄，即入、即出，生上方佛土，得無生忍。彌勒出時，復來此界，名不動菩薩，後當作佛，號浄界如來。」湛然述法華文句記卷二下：「言『未生怨』者，母懷之日，已常有惡心於缾沙王，未生已惡，故因爲名。『無指』者，初生，相者云凶，王令升樓，撲之不死，但損一指，故爲名也。」

〔二〕慧琳撰一切經音義卷二六：「鴦崛摩羅，此云『指以爲鬘花』，外道也，殺人取指以爲花鬘，爲欠一指，路中見佛，拔刀走趁，口云：『住住大沙門，白浄王太子，我是鴦崛摩，應當税一指。』世尊徐步引至伽藍，聞法出家，便令受戒。此出鴦崛摩經。」大唐西域記卷六室羅伐悉底國：「鴦窶利摩羅，唐言『指鬘』，舊曰『央崛摩羅』，訛也。」「鴦窶利摩羅者，室羅伐悉底之凶人也。作害生靈，爲暴城國，殺人取指，冠首爲鬘。將欲害母，以充指數。世尊悲愍，方行導化。遥見世尊，竊自喜曰：『我今生天必矣。先師有教，遺言在兹，害佛殺母，當生梵天。』謂其母曰：『老今且止，先當害彼大沙門。』尋即仗劍，往逆世尊。如來於是徐行而退，凶人指鬘疾驅不逮。世尊謂曰：『何守鄙志，捨善本，激惡源？』時指鬘聞誨，悟所行非，因即歸命，求入法中，精勤不怠，證羅漢果。」

如密嚴經頌云：「如火燎長楚，須臾作灰燼，智火焚業薪，當知亦如是。又如燈破闇，一念盡無餘，諸業習闇冥，無始之熏聚，牟尼智燈起，剎那皆頓滅。」〔一〕

所以大涅槃經云：「有智慧時，則無煩惱。」〔二〕故云：夫免三塗惡業者，要須離有、無二相，證解一心，方得解脱也。是知迷從自心迷，悟還自心悟，迷悟無性，但任緣興。

校　注

〔一〕「見不空譯大乘密嚴經卷中自作境界品。

〔二〕見大般涅槃經卷三一，南本見卷二九。

如華嚴論「問云：一切衆生本有不動智，何故不應真常？何故隨染？「答：一切衆生以此智故而生三界者，爲智無性，不能自知是智非智、善惡苦樂等法。爲智體無性，但隨緣現，如空中響，應物成音。無性之智，但應緣分別，以分別故，癡愛隨起；因癡愛故，即我所病生。有我所故，自、他執業便起。因執取故，号曰末那。執取不斷，名之爲識。因識種子，生死相續。以生死故，衆苦無量。以苦無量，方求不苦之道。迷不知苦者，不能發心；知苦求真者，還是本智。會苦緣故，方能知苦；不會苦緣，不能知苦。故知苦緣故，方能發心求無上道。有種性菩薩〔一〕，以宿世先已知苦發心〔二〕，信解種强者，雖受人天樂果，亦能發心求無上道。是故如人因地而倒，因地而起，正隨迷時，名之爲識；正隨悟之時，名之爲智。在纏名識，在覺名智，識之與智，本無自名，但隨迷悟而立其名，故不可繫常繫斷也。此智之與識，但隨迷悟立名。若覓始終，如空中求迹，如影中求人，如身中求我，依住所在，終不可得也〔三〕。故新長短處所之相也〔四〕，如此無明及智，無有始終。若得菩提時，無明不滅。何以故？爲本無故，更無有滅。若隨無明時，不動智亦不滅，爲本無故，亦更無滅。但爲隨色、聲、香所取緣，名爲無明；但爲知苦發心緣，名之爲智；但隨緣名之爲有，故體本無也，如空中響，思之可見」〔五〕。

是以若入宗鏡，成佛義圓。昇、降隨緣，知衆生無永沉之義；聖、凡不隔，明諸佛有同體之文。

校注

〔一〕有種性：謂具有可能證得菩提之本性。種，種子，有發生之義；性，性分，有不改之義。

〔二〕「心」，原無，據新華嚴經論補。發心，謂發願求無上菩提之心。菩提心，是一切諸佛的種子，若發起此心，勤行精進，乃得速成無上菩提。

〔三〕「也」，華嚴經合論無。參後注。

〔四〕「終不可得也，故新長短處所之相也」，新華嚴經論作「故新長短處所之相，終不可得也」，清藏本作「終不可得也，故無長短處所之相也」。華嚴經合論同宗鏡録引，然無前一「也」字，則意實同新華嚴經論，疑是。故前一「也」字，或爲衍文，此句當作：「終不可得，故新長短處所之相也。」「故」，舊也，與「新」相對，語義亦庶幾可通。

〔五〕見李通玄撰新華嚴經論卷一四。

問：上所説一心諸法門海，爲復是自行權實法？化他權實法？

答：若説隨自意自行權實，則但説一心門；若隨他意化他權實，廣開八萬法。今但説自行權實，本末歸宗。台教云：若佛心中所觀，十界、十如皆無上相，唯是一佛法界，如海摠衆流、千〔一〕車共一轍，此即自行權實。若隨他等意，則有九法界、十〔二〕如，即是化他權實。隨他則開，隨自則合，横豎周照，開合自在。雖開無量，無量而一；雖合爲一，一而無量。雖無量一，而非一、非無量；雖非一、非無量，而一而無量〔三〕。

校注

〔一〕「千」，諸校本作「十」。按，妙法蓮華經文句作「千」。

〔二〕「十」，諸校本作「千」。按，妙法蓮華經文句作「十」。

〔三〕「台教云」至此，詳見智顗説妙法蓮華經文句卷三下。

問：此自他權實二門，於正理中決定耶？

答：但隨化門，無有決定。經云：無有定法故，号阿耨菩提〔一〕。若執一門，皆成外道；或定一相，即是魔王。是以一切法權，一切法實，一切法亦權亦實，一切法非權非實。台教云：若一切法權，何所不破？如來有所説，尚復是權，況復人師？若一切法皆實者，何所不破？「唯此一事實」〔二〕，但一究竟道，寧得衆多究竟道耶？若一切法亦權亦實，復何所不破？一切悉有權有實，不得一向權一向實。若一切法非權非實，復何所不破？何得〔三〕紛紜强生建立〔四〕？

古德云〔五〕：即實而權，則有而不有；即權而實，則無而不無。若雙遮權實，即有無俱非；若雙照權實，則有無俱是。若非遮非照，則是非俱非；而遮而照，則是非俱是。若是非俱是，終日非而不非；若是非俱非，終日是而不是。若是而不是，則非是非非之非；若非而不非，則非是是是之是。是則心該色末，色徹心原，心色一如，何非何是？故知心外有法，是非競生；法外無心，取捨俱喪。

校　注

〔一〕鳩摩羅什譯金剛般若波羅蜜經：「無有定法，名阿耨多羅三藐三菩提。」

〔二〕見妙法蓮華經卷一方便品。

〔三〕「得」，妙法蓮華經文句作「復」。

〔四〕「台教云」至此，詳見智顗説妙法蓮華經文句卷三下。

〔五〕按，此説未見他處，「古德」者，不詳。

問：此宗鏡録何教所攝？

答：真唯識性，理無偏圓。約見不同，略分五教：一、小乘教，唯説六識，不知第八賴耶；二、初教，説有賴耶生滅，亦不言有如來藏；三、終教，有如來藏，生滅、不生滅和合爲賴耶識〔一〕；四、頓教，揔無六、七、八識等。何以故？以一心真實，從本已來，無有動念，體、用無二，是故無有妄法可顯；五、一乘圓教，説普賢圓明之智，不言唯識次第。又言：佛子，三界虚僞，唯一心作〔二〕。亦攝入故。此宗則圓教所攝，乃是如來所説法門之根本，以如來依此心成佛故，此心得爲如來根本之義，無有一法不收，無有一理不具。如明鏡照物，曷有遺餘？若寶印文成，更無前後。

校注

〔一〕澄觀述華嚴經行願品疏卷一：「若實教中所辯，唯心八識，皆通如來藏性隨緣成立，不生不滅與生滅和合，非一非異，名阿賴耶識。」

〔二〕真諦譯大乘起信論：「三界虚僞，唯心所作，離心則無六塵境界。此義云何？以一切法皆從心起，妄念而生。一切分别，即分别自心，心不見心，無相可得。」

問：凡立五乘之道，皆爲運載有心。若境、識俱亡，則無乘可説。今約方便乘理，不無此宗，究竟何乘所攝？

答：於諸乘中，一乘所攝。亦云最上之乘，出過諸法頂故；亦云不思議乘〔一〕，非情識測量故。今所言一乘者，即一心也，以運載爲義。若攀緣取境，則運入六趣之門；若妄想不生，運至一實之地。

楞伽經云：「云何得一乘道覺？謂攝所攝妄想，如實處不生妄想，是名一乘覺。」〔二〕斯則了生死妄，即涅槃真，頓悟一心，更無所趣。乃不覺而覺，稱爲大覺；不來而來，名爲如來。所以情塵已遣，人乘即是真歸；心跡未亡，佛乘猶非究竟。何者？有心分别，一切皆邪；無意攀緣，萬途自正。是以無乘之乘爲一乘，無教之教爲真教。舉足而便登寶所，言下而即契無生。若未能萬境齊觀，一法頓悟，遂乃教開八教，乘出五乘，則寶所程遥，豈唯五百？無生路遠，何啻三祇！論位則天地懸殊，校功則日劫相倍。雖登聖位，猶爲絶分之人；經劫練磨，唯得假名之稱。若達斯旨，直入無疑，當迷心而見悟心，全成覺道；即世智而成真智，靡易絲毫。可謂虚明自照，不勞心力矣。

校注

〔一〕法藏述華嚴經探玄記卷一：「圓教者，明一位即一切位，一切位即一位，是故十信滿心即攝五位成正覺等。依普賢法界，帝網重重，主伴具足，故名圓教。」「乘者，運轉爲義。若依別門，初運至十信，次轉至十住乃至佛果，次第相乘以階彼岸，名可思議。若依普門，一位即一切位故，亦一運即一切運，名不思議乘。」

〔二〕見楞伽阿跋多羅寶經卷二。宗泐、如玘楞伽阿跋多羅寶經注解卷二：「言一乘者，一佛乘也，謂如來所乘大乘之法也。此一乘法，不離人之一心。所謂妙法者，即心也。蓋心具妙法，與佛所證無二無別，欲覺一乘之道，須究自心，故云『攝所攝妄想』。謂了根塵能取、所取妄心，即妄顯真，如實而住，故云『如實處不生妄想』。」

問：既有能説，必對所機，此宗鏡録當何等機？

答：當上上機。若已達者，憑佛旨而印可；若未入者，假教理以發明。又，若圓通之人，不俟更述，自覺聖智，無説無示；真如妙性，無得無聞。若闇昧之者，須假助成，因教理而照心，即言詮而體道。若宗明則教息，道顯則言空，絶待真心，境、智俱亡矣。如是則方入宗鏡，深達玄門，真能聽佛説經，親談妙旨，可謂得諸法之性，徹一心之原。

如首楞嚴經云：「阿難承佛悲救深誨，垂泣叉手而白佛言：『我雖承佛如是妙音，悟妙明心元所圓滿常住心地，而我悟佛現説法音，現以緣心允所瞻仰，徒獲此心，未敢認爲本元心地。願佛哀愍，宣示圓音，拔我疑根，歸無上道。』佛告阿難：『汝等尚以緣心聽法，此法亦緣，非得法性。如人以手指月示人，彼人因指，當應看月。若復觀指以爲月體，此人豈唯亡失月輪，亦亡其指。何以故？以所標指爲明月故。豈唯亡指，亦復不識明之與暗。何以故？即以指體爲月明性，明、暗二性無所了故。汝亦如是，若以分别我説法音爲汝心者，此心自應離分别音，有分别性。譬如有客，寄宿旅亭，暫止便去，終不常住，而掌亭人都無所去，名爲亭主。此亦如是，若真汝心，則無所去。云何離聲無分别性？斯則豈唯聲分别心，分别我容，離諸色相，無分别性，如是乃至分别都無，非色非空。拘舍利等，昧爲冥諦〔一〕，離諸法緣，無分别性，則汝心性各有所還，云何爲主？』」〔二〕

釋曰：阿難言「而我悟佛現説法音，現以緣心允所瞻仰，徒獲此心，未敢認爲本元心地」者，阿難尚認緣心聽佛説法音以爲常住真心，取佛定旨，佛言若執因緣心聽，只得因緣法，以法隨情變，境逐心生故。又，定緣佛音聲是自心者，若説法聲斷時，分别心應滅，此心如客，不常住故。今時多迷自性本聞，但隨能、所之聞，一向徇他聲流轉。此聲是對因緣所生法，非真實有，但因聲而立名字，因名字而有詮表。若旋復本聞，則脱聲塵之境。所脱之境既虚，能脱之名何立？則能脱、所脱皆空。以强記多聞，是識想邊際，本非實故。若因聞見性，則多聞有助顯之功；若背性徇聞，則畜聞成邪思過悮。故文殊頌云：「今此娑婆國，聲論得宣明，衆生迷本聞，循〔三〕聲故流轉。阿難縱强記，不免落邪思，豈非隨所淪，旋流獲無妄。阿難汝諦聽：我承佛威力，宣説金剛王，如幻不思議，佛母真三昧。汝聞微塵佛，一切秘密門，欲漏不先除，畜聞成過悮。將聞持佛佛，何不自聞聞？聞非自然生，因聲有名字。旋聞與聲脱，能脱欲誰名？一根既返原，六根成解脱。見聞如幻瞖，三界若空華，聞復瞖根除，塵消覺圓浄。」〔四〕故知若耳根歸本原，六根皆寂滅，以六根同一心故。何者？在眼曰見，在耳曰聞。若攝用歸根時，「見聞如幻瞖」；若攝境歸心時，「三界若空華」，則瞖滅塵消，覺圓心浄。如是解者，則是因指見月，藉教明宗者也。

校注

〔一〕冥諦：數論派所立二十五諦的第一諦，是萬物的本源，冥漠無諦，故曰冥諦。子璿集首楞嚴義疏注經卷二：「言『冥諦』者，或云『冥性』，或云『自性』。梵云『僧伽奢薩咀羅』，此云『數論』，立二十五諦，最初一諦名爲冥性，計以爲常。第二十五名爲神我，亦計爲常。我思勝境，冥性即變二十三諦爲我受用。我既受用，爲境纏縛，不得解脱。我若不思，冥諦不變。既無纏縛，我即解脱，名爲涅槃，如别處説。『拘舍梨』者，非即數論，是彼類耳。」仁岳述楞嚴經熏聞記卷二：「數論外道者，證真云：拘舍離是自然外道，今經云『昧爲冥諦』，非斯人所談，故長水云：是彼類耳。」慧琳一切經音義卷二六：「『末伽梨』，是姓也；『拘舍梨』，是母名也。此計苦樂不由因，是自然外道也。」

〔二〕見大佛頂如來密因修證了義諸菩薩萬行首楞嚴經卷二。

〔三〕「循」，原作「脩」，據諸校本和首楞嚴經改。

〔四〕見大佛頂如來密因修證了義諸菩薩萬行首楞嚴經卷六。

若執指〔一〕爲月，迷心徇文者，如經云：「如人以手指月示人，彼人因指，當應看月。若復觀指以爲月體，此人豈唯亡失月輪，亦亡其指。」夫三乘十二分教，如標月指，若能見月，了知所標。若因教明心，從言見性者，則知言教如指，心性如月。真悟道者，終不滯言，實見月人，更不存指。或看經聽法之時，不一一消歸自己，但逐文句名身而轉，即是觀指以爲月體。此人豈唯不見自性，亦不辯於教文，指、月雙迷，教、觀俱失。故經云：「此人豈唯亡失月輪，亦亡其指。」

校注

〔一〕「指」，原作「拍」，據諸校本改。

又，既亡其指，非唯不了自心之真妄，亦乃不識教之遮表，錯亂顛倒，莫辯方隅，猶鳥言空，如鼠云即〔一〕，似形音響，豈合正宗？故經云：「豈唯亡指，亦復不識明之與暗。何以故？即以指體爲月明性，明、暗二性無所了故。」所以證道謌云：「吾早年來積學問，亦曾討疏尋經論。分别名相不知休，入海筭沙徒自困。卻被如來苦訶責：數他珍寶有何益？從來蹭蹬覺虚行，多年枉作風塵客。種性邪，錯知解，不達如來圓頓制。二乘精進勿道心，外道聰明無智慧。亦愚癡，亦小騃，空拳指上生實解。執指爲月枉施功，根境法中虚揑怪。不見一法即如來，方得名爲觀自在。」〔二〕

校注

〔一〕智顗説、灌頂記摩訶止觀卷八上：「謬謂即是，猶如鼠唧；若言空空，如空鳥空。」湛然述止觀輔行傳弘決卷八之二：「云『鼠唧』等者，不達諦理，謬説即名，何異怪鼠作唧唧聲？即聲無旨，濫擬生死即是涅槃。亦如怪鳥作空空聲，豈得濫同重空三昧！」

〔二〕出玄覺永嘉證道歌。

是以若實真心，不逐他聲而起分别，湛然恒照，性自了故。如掌亭人，都無所去，云何離色、離聲無分别性？此須得旨親見性時，方知離聲、色諸緣，性自常住，不假前塵所起知

見，則悟無始已來皆是執聲爲聞而生顛倒。故文殊頌云：「旋汝倒聞機，反聞聞自性，性成無上道，圓通實如是。」〔一〕

若非色非空，都無分別，不見性之人，到此之時全歸斷滅，便同外道拘舍離〔二〕等，己眼不開，昧爲冥諦，以冥寂闇昧無知以爲至極，從此復立二十五諦，迷真實心，成外道種。

校注

〔一〕見大佛頂如來密因修證了義諸菩薩萬行首楞嚴經卷六。

〔二〕拘捨離：外道名，即前引首楞嚴經文中之「拘舍利」。

或有禪宗不得旨者，法學起空見人〔一〕，多拂心境俱空，執無分別，將狂解癡盲以爲至道，然非離因緣求法性，滅妄心取真心，對增上慢人，初學之者不可雷同，應須甄別。

如經云：「離諸法緣無分別性，則汝心性各有所還，云何爲主？阿難言：『若我心性各有所還，則如來説妙明元心云何無還？唯垂哀愍，爲我宣説。』佛告阿難：『且汝見我見精明元，此見雖非妙精明心，如第二月，非是月影〔二〕。汝應諦聽，今當示汝無所還地。阿難，此大講堂洞開，東方日輪昇天，則有明耀；中夜黑月，雲霧晦暝，則復昏暗。户牖之隙，則復見通；牆宇之間，則復觀壅。分別之處，則復見緣；頑虛之中，偏是空性。鬱㪍之像，則紆昏塵；澄霽斂氛，又觀清浄。阿難，汝咸看此諸變化相，吾今各還本所因處。云何本因？阿難，此諸變化，明還日輪。何以故？無日不明，明因屬日，是故還日，暗還黑月，通還户牖，壅還牆宇，緣還分別，頑虚還空，鬱㶿還塵，清明還霽，則諸世間一切所有，不出斯類。汝見八種〔三〕，見精明性〔四〕，當欲誰還？何以故？若還於明，則不明時無復見暗，雖明、暗等種種差別，見無差別。諸可還者，自然非汝。不汝還者，非汝而誰？則知汝心本妙明浄，汝自迷悶，喪本受輪，於生死中常被漂溺，是故如來，名可憐愍。』」〔五〕

故知一切衆生，即今見精明心，非定真忘〔六〕，昧之則麁，明之則妙。只於八種不還之中，了了見性常住，云何隨境流轉，失本真常，永没苦輪，常漂死海？大聖憐愍，非不驚嗟。阿難示起疑心，寄破情執；釋迦微細開演，直指覺原。可謂不易凡身，頓成聖體；現於生滅，顯出圓常。宗鏡前後明文，一一全證於此。

校注

〔一〕空見：指否定三世因果之理，或執著於空法而全然否定諸法存在的妄見。智顗説、灌頂記摩訶止觀卷一〇上：「起空見人，於果報財位非其諍處，空是其處。」

〔二〕思坦集楞嚴經集注卷二：「長水云：且者，權宜之辭，權指阿難能見之心爲明元也。孤山云：真月喻真心，第二月喻見精，水中影喻緣塵分別。第二月由捏目而成，見精由迷真而起，既分能、所，豈達一如？不捏目則真月宛然，亡能所則真心可了。」

〔三〕八種：即經文中所説八種見。其體有八：日輪、夜晦、户牖、牆宇、分别、空性、昏塵、澄霽，其相亦有八：明、暗、通、壅、緣、虚、鬱、浄。

〔四〕子璿集首楞嚴義疏注經卷二：「能觀八種之見，名爲見精明性。」

〔五〕見大佛頂如來密因修證了義諸菩薩萬行首楞嚴經卷二。

〔六〕「忘」，永樂南藏、清藏本作「妄」。

又，江西馬祖和尚問亮座主〔一〕：「藴何經業？」對云：「講三十本經論。」師云：「正講時將什麽講？」對云：「將心講。」師云：「心如工技兒，意如和技者〔二〕，争解講他經？」對云：「不可是虚空講也？」師云：「卻是虚空講得。」座主於言下大悟，遂下堦禮拜，驀自〔三〕汗流。師云：「者鈍根阿師，用禮拜作什麽？」其座主卻迴本寺，語學徒言：「某一生學業，將謂天下無人敵者，今日被開元寺老宿一唾浄盡。我尔許多時，皆是誑謼〔四〕汝。」遂散學徒，一入西山，更無消息〔五〕。

又，如有學士問馬祖和尚：「『如水無筋骨，能勝萬斛舟』時如何？」師云：「我遮裏水亦無，舟亦無，説什麽筋骨？」〔六〕

校注

〔一〕亮座主：蜀人，事跡不詳。

〔二〕楞伽阿跋多羅寶經卷四：「心爲工伎兒，意如和伎者，五識爲伴侣，妄想觀伎衆。」明宗泐、如玘楞伽阿跋多羅寶經注解卷四：「心謂如來藏心，隨緣變造，如伎兒之化現。意即意根，復起意識，識起善惡，如和伎者。五識取塵，意識同起，是爲伴侣。妄想分别，如觀伎人也。」

〔三〕「自」，原作「目」，據諸校本改。

〔四〕「謼」，嘉興藏、清藏本作「謔」。按，「謼」，同「謔」。誑謔，謊騙。又，「謼」，據卷後音義，或作「謯」。

〔五〕按，此事亦見祖堂集卷一四江西馬祖、景德傳燈録卷八洪州西山亮座主。

〔六〕按，據龐居士語録卷上、景德傳燈録卷六江西道一禪師，「學士」者爲龐居士。

又，學人問龍潭和尚：「久嚮龍潭，及至到來，爲什麽龍亦不見？潭亦不見？」師云：「卻是子親到龍潭。」〔一〕

校注

〔一〕按，據祖堂集卷五德山和尚：「（德山）便問：『久嚮龍潭，及至到來，潭又不見、龍又不見時如何？』潭云：『子親到龍潭也。』」則「學人」者，德山也。又見景德傳燈録卷一四。龍潭和尚者，澧州龍潭崇信禪師，傳見宋高僧傳卷一〇唐荆州天皇寺道悟傳附。德山，朗州德山宣鑒禪師，劍南人，俗姓周，傳見宋高僧傳卷一二唐朗州德山院宣鑒傳。

又，俗官王常侍問先洞山和尚：「五十二位菩薩中，爲甚麽不見妙覺菩薩？」師云：「卻是常侍親見。」〔一〕

校注

〔一〕先洞山和尚：釋良价。宋高僧傳卷一二唐洪州洞山良价傳：「釋良价，俗姓俞氏，會稽諸暨人也。」按，惠洪撰智證傳：「陳尚書問洞山：『五十二位菩薩中，爲什麽不見妙覺？』答曰：『尚書親見妙覺。』」顯係一事。據居士分燈録卷上，「陳尚書」者，爲永州陳操。

所以智者大師一生弘教，雖廣垂開示，唯顯正宗。如止觀中云：「究竟指歸何處？言語道斷，心行處滅，永寂如空。」〔二〕

又，觀心論中云：「復以傷念一家門徒，隨逐積年，看心稍久，遂不研覈問心。是以不染内法，著外文字，偷記注而奔走，負經論而浪行，何不絶語置文，破一微塵，讀大千經卷？」〔三〕

若能如上聽法講經，提宗問答，方諧祖意，稱可佛心。如遇此機，可歸宗鏡。

校注

〔一〕見智顗説、灌頂記摩訶止觀卷二下。

〔二〕見智顗觀心論。

音義

躭，丁含反。　湎，弥兖反，酖湎。　眇，亡沼反。　彙，云貴反。　揭，居列反。　髣，妃兩反。　髴，敷勿反。　篤，冬毒反，厚。　恬，徒兼反，静也。　憺，徒敢反，安緩也。　淵，烏玄反，深也。　眹，直引反，兆眹也。　隳，許規反，毁也。　詺，弥征反。　耀，弋笑反，光也。　燼，疾刃反，燭也。　沃，烏酷反，灌也。　燎，力照反，照也。　啻，施智反，不啻也。　騃，五駭反，癡也。　儡，落猥反。　隙，綺戟反，壁孔也。　㶿，蒲没反，煙起皃也。　紆，憶俱反，縈紆也。　霽，子計反。　氛，符分反。　鬱，紆物反。　驀，莫白反。　謔，許若反。　筋，舉欣反，筋骨也。　覈，下革反，實也。

戊申歲分司大藏都監開板